安全生产新做法与新经验丛书

# 企业生产班组自主安全管理新做法与新经验

"安全生产新做法与新经验丛书"编委会　编

中国劳动社会保障出版社

**图书在版编目（CIP）数据**

企业生产班组自主安全管理新做法与新经验/“安全生产新做法与新经验丛书”编委会编. —北京：中国劳动社会保障出版社，2013
（安全生产新做法与新经验丛书）
ISBN 978-7-5167-0179-9

Ⅰ.①企… Ⅱ.①安… Ⅲ.①生产小组-工业企业管理-安全管理-中国 Ⅳ.①F425.6

中国版本图书馆 CIP 数据核字（2013）第 027558 号

**中国劳动社会保障出版社出版发行**
（北京市惠新东街 1 号 邮政编码：100029）
*
北京金明盛印刷有限公司印刷装订 新华书店经销

880 毫米×1230 毫米 32 开本 9.375 印张 230 千字
2014 年 1 月第 1 版 2014 年 1 月第 1 次印刷
**定价：25.00 元**

读者服务部电话：（010）64929211/64921644/84643933
发行部电话：（010）64961894
出版社网址：http://www.class.com.cn

# 编 委 会


**主　　编**：郑希文

**副 主 编**：张力娜

**编写人员**：张力娜　张立军　张　平　张　滇　张开文

张金保　王建平　李　康　赵钰波　赵霁春

刘丽华　袁　晖　袁东旭　袁济东　曹　军

曹永坤　舒江华　闫　炜　陈国恩　高海燕

林　文　谭　英　乔文传　吴志娟　杨晓淞

杨　敏　司建中　李金国　孙　群　尹之山

徐晋青　丁　盛　秦　芳　于晓薇　郑　煜

郑文芸　曾启勇　侯静霞　冯寿亭　冯荣兰

# 内容提要

班组是企业安全生产的基本单元，处于安全生产的第一线，企业安全生产的各项措施都要通过班组来落实，衡量企业安全管理水平的高低，班组安全生产水平是一个重要指标。加强生产班组安全建设，使生产班组具有较强的自主安全管理能力，是夯实企业安全生产基础、搞好安全生产的关键环节。

对于企业来讲，加强生产班组安全建设，一方面需要开展对班组长的培训，制定引导班组安全建设的规章制度；另一方面需要推动生产班组自主安全管理，选择适合本行业、本企业班组自主安全管理的方法，双管齐下，才会取得预期的效果。近几年，国家安监总局、国家煤矿安全监察局、国务院国有资产监督管理委员会等，先后下发一系列文件，要求进一步加强班组长安全培训工作，积极推动生产班组的自主安全管理建设。

本书依据新的政策规定、新的管理思路，以“创建自主安全管理班组”为主题，介绍有色冶金企业、煤矿企业、化工企业、电力企业、机械制造企业以及其他各类企业在班组建设中的新做法、新经验，介绍不同行业企业生产班组所采用的方法和效果，对生产班组自主安全管理有很好的借鉴作用，也是对班组长进行培训的好教材，同时也是班组进行安全管理的有益读本。

# 前 言

近几年，在科学发展观思想指导下，党和国家采取了一系列重大措施加强安全生产工作。这些重大政策干预措施对促进安全生产形势稳定好转发挥了重要作用，并且表现出强劲和持久的后续推动力。在连续多年工伤事故死亡人数持续下降后，国家政策干预并没有出现减弱趋势，反而更为增强，安全生产法律法规体系、安全生产政策体系逐步完善，政府安全生产监管工作更为加强。

对于许多企业来讲，在安全生产管理工作中都取得了一定的成绩，同时也遇到许多新情况、新问题，亟待有新的方式方法予以解决。例如，一些企业随着青年工人的大量增加，人员流动性很大，安全生产的严格管理与人员的自由流动形成突出矛盾；再如，一些企业安全生产管理方式日益固定化，缺乏应有的变化和新鲜感，造成人员安全意识的麻木与淡薄，也造成管理者与被管理者矛盾冲突增多，致使安全管理走下坡路。企业安全生产管理工作的实质，是职工广泛参与的自我教育、自我改进的活动，离开了广大职工的积极参与，安全生产管理工作就很难取得实质性的效果。因此，在企业安全生产管理上，需要不断地根据新情况、新问题，学习借鉴其他企业的实用做法、新鲜经验，采取有针对性的措施，从而缓和管理者与被管理者之间的矛盾，不断提高职工对安全生产的认识，促进本企业安全管理水平的提高。

这套丛书，在对大量不同类型企业调研的基础上，从企业的实际情况和实际需要出发，确定相应的选题和内容，主要的读者对象是企业安全生产管理人员和班组职工。

本套丛书共有10本：

1.《企业开展安全生产标准化建设新做法与新经验》

2.《企业推进安全文化建设新做法与新经验》

3.《企业强化班组安全建设新做法与新经验》

4.《企业落实职业危害防治责任新做法与新经验》

5.《企业加强安全生产管理工作新做法与新经验》

6.《企业应急救援与应急处置管理新做法与新经验》

7.《企业开展事故隐患排查工作新做法与新经验》

8.《企业开展宣传教育工作新做法与新经验》

9.《企业生产班组自主安全管理新做法与新经验》

10.《企业培养遵章守纪优秀员工新做法与新经验》

每本书都分为三个部分，即相关政策法规要点、企业做法与经验、相关问题解答与探讨。在相关政策法规要点中，对相关政策法规的要点进行提示；在企业做法与经验中，对企业做法与经验进行评述，即对相关做法与经验的适用范围、内在价值、未来改进之处等进行分析，以利于其他企业能够更好地参考借鉴。

本套丛书主要围绕近几年来国家新近颁布实施的安全生产方面的相关法律法规、国家安全生产监督管理总局制定并实施的相关部门规章、企业安全管理人员和班组职工的迫切需要，系统全面地介绍先进企业的新做法、新经验，为企业及班组提供可以参考借鉴的知识，供不同企业直接运用，以利推进实际工作。

编　者

2012年10月

# 目　录

# 一、企业生产班组自主安全管理相关政策法规要点

班组是企业的基层组织，是加强企业管理、搞好安全生产的基础。班组处于企业生产作业的第一线，安全问题最为重要，根据大量的事故统计分析，90%以上的事故发生在班组，80%以上的事故是由于违章指挥、违章作业和设备隐患没能及时发现和消除等人为因素造成的。企业安全生产的最终目标是为了员工的生命安全和健康保障，而企业安全生产的实现最终要落实到班组，要依靠班组员工的安全作业和操作规范来实现。因此，在现有的条件下，加强班组安全建设是企业加强安全生产管理的关键，也是减少伤亡和各类灾害事故最切实、最有效的办法。

**1.《关于贯彻落实国务院〈通知〉精神加强企业班组长安全培训工作的指导意见》相关要点**

2010年11月22日，国务院安全生产委员会办公室印发《关于贯彻落实国务院〈通知〉精神加强企业班组长安全培训工作的指导意见》（安委办［2010］27号）。《指导意见》指出：为认真学习贯彻党的十七届五中全会精神，深入贯彻落实《国务院关于进一步加强企业安全生产工作的通知》（国发［2010］23号）的工作部署，着力推进企业班组安全生产基础建设，切实加强以班组长为重点的企业全员安全培训，提高从业人员的安全意识和技能，促进全国安全生产形势持续稳定好转，现就加强企业班组长安全培训工作提出如下指导意见：

**（1）充分认识加强班组长安全培训工作的重要性和紧迫性**

班组是企业的最基层组织，是安全生产的第一道防线。班组长是企业安全生产工作一线的直接指挥者和组织者。加强企业班组长安全培训工作，是全面提高从业人员安全意识和操作技能，规范作

业行为，杜绝违章指挥、违章作业、违反劳动纪律的“三违”现象，从根本上防止事故发生的有效途径，也是当前进一步强化企业班组安全生产基础建设，提升现场安全管理水平，促进企业安全生产的一项重要而紧迫的任务。

当前，我国一些企业特别是中小企业班组安全管理仍然薄弱，班组长的安全素质、安全操作技能和安全管理水平与企业安全生产工作要求有很大差距，“三违”现象大量存在，给安全生产带来很大风险。各地区、各有关部门和企业一定要从切实维护人民群众生命财产安全，推动科学发展、安全发展的战略高度，充分认识加强企业班组长安全培训工作的重要性，增强责任感和紧迫感，加大工作力度，采取有力措施，切实抓紧、抓好、抓出成效。

**（2）明确指导思想、基本原则和工作目标**

● 指导思想。深入贯彻落实科学发展观，认真贯彻执行《国务院关于进一步加强企业安全生产工作的通知》，坚持以人为本，牢固树立安全发展的理念，坚持“安全第一、预防为主、综合治理”的方针，以提高班组长和班组全体人员安全素质为重点，以提升企业现场安全管理水平、减少和杜绝“三违”现象为目的，落实责任，完善措施，提高质量，进一步强化企业安全培训的基础作用，大力加强企业班组长安全培训，夯实企业安全生产工作基础，预防和减少各类伤亡事故发生，促进全国安全生产形势持续稳定好转。

● 基本原则。

——统筹规划，依法培训。各级安全监管监察机构和企业要把班组长安全培训纳入安全生产工作总体部署，建立政府、企业、培训机构相互配合、运行有序的工作机制，依据《安全生产法》和《生产经营单位安全培训规定》（国家安全监管总局令第 3 号）等法律、法规和规章，大力开展企业班组长安全培训。

——政府监管，企业落实。各级安全监管监察机构和各地有关部门要依法对企业班组长安全培训工作实施监督、指导和检查。企业要建立健全管理制度，制订培训计划，明确目标任务，加大投入力度，切实把班组长安全培训工作落到实处。

——突出重点，整体推进。以企业自主培训为主，实施企业班组长安全培训工程。企业要把班组长安全培训作为重要工作来抓，结合工作实际制订本企业班组长安全培训实施方案，以班组长培训带动班组全员培训，确保员工做到应知应会，并经安全培训合格后上岗。

——形式多样，注重实效。坚持从班组生产工作实际出发，坚持学用结合，针对班组长岗位要求和特点，确定培训内容，编选培训教材，创新培训方式方法，增强培训的针对性和实效性。

● 工作目标。全面落实企业班组长安全培训的主体责任，确保每个企业每年将本企业班组长轮训一遍；进一步加大对企业班组长安全培训工作的执法检查力度，切实把《国务院关于进一步加强企业安全生产工作的通知》中有关加强安全培训工作的要求落到实处；形成工矿商贸行业（领域）企业班组长安全培训教材体系，建立一支能够胜任培训工作的专兼职教师队伍，切实提高班组长安全培训的针对性和实效性。

**(3) 严格培训要求，规范培训管理**

● 制订培训计划。各企业要把班组长安全培训纳入本企业安全生产发展规划、年度工作计划和目标责任体系，制订班组长安全培训实施方案，将班组长普遍培训一遍，并确保以后每年轮训一遍。要把农民工和外包施工企业人员纳入班组长安全培训范围，统筹安排、分类指导。对新进员工要严格按照有关规定，开展岗前“三级”[厂（矿）、车间（工段、区、队）、班组] 安全教育培训。

● 规范培训内容。根据企业班组安全生产工作要求和班组长的特点，确定培训内容，保证培训实效。班组长安全培训的主要内容包括：本企业安全生产状况及安全生产规章制度；岗位危险有害因素及安全操作规程；作业设备安全使用与管理；作业条件与环境改善；个人劳动防护用品的使用和维护；作业现场安全标准化；现场安全检查与隐患排查治理；现场应急处置和自救互救；本企业、本行业典型事故案例；班组长的职责和作用；员工的权利与义务；与员工沟通的方式和技巧；班组安全生产的组织管理及"白国周班组管理法"等先进的班组安全管理经验等。

● 细化工作措施。班组长安全培训由企业自行组织实施或由企业委托具有四级以上资质的安全培训机构实施。各企业要指定专门机构负责班组长安全培训工作，明确任务分工，落实培训责任。要不断完善培训制度，妥善处理工作与培训的关系，确保培训时间，保障培训经费。有条件的企业应建立安全培训机构或设立班组长学习室，配备班组长安全教育视频与相关设施设备，为班组长安全培训提供必要条件。企业班组新上岗的从业人员必须按照《生产经营单位安全培训规定》，经过相应安全培训并考核合格后上岗。已在岗的班组长每年接受安全培训的时间不得少于 24 学时，班组其他员工每年接受安全培训的时间不得少于 16 学时。

● 加强培训考核。班组长安全培训考核工作由企业指定专门机构负责。要本着有效、管用、简便的原则，建立健全培训考核制度，制定培训质量效益评估指标体系，统一考核指标、考核程序和考核方法，严格考核管理，严禁形式主义和弄虚作假。对考核合格的班组长，颁发安全培训合格证书。要完善班组长安全培训激励机制，充分运用考核结果，激发班组长参加培训的积极性和主动性。

● 建立培训档案。各企业或培训机构要建立班组长安全培训档案，对班组长培训考核情况实行单位与个人签字管理，真实记录培训内容、技能训练科目、培训时间、培训学时及考核情况等。要规范班组长安全培训工作流程，加强对培训考核全程的监督管理，做到培训信息公开、培训过程透明、考核结果公示、部门参与监督。

**(4) 加强基础工作，提高培训质量**

● 培养师资队伍。各企业要结合企业班组长安全培训实际，建立专兼职结合的师资队伍，重点从企业和安全生产一线选聘教师。班组长安全培训教师一般应在具有 5 年以上现场工作经历、取得注册安全工程师资格的企业安全管理人员或经过专门培训并取得资格证书的教师中选聘。要有计划地组织开展师资培训，培养和优化班组长安全培训师资队伍；建立培训教师跟班劳动、现场调研等制度，强化实践锻炼，不断提高教师的实践教学水平，增强培训的针对性和实效性。

● 开发适用的培训教材。本着少而精、管用的原则，注重多媒体教材的研制和开发，组织编写班组长安全培训适用教材。国家安全监管总局指导工矿商贸企业班组长师资培训教材以及煤矿、非煤矿山、危险化学品、烟花爆竹、冶金等重点行业企业班组长安全培训教材的编写工作；每 2 年组织开展一次优秀教材评选活动，并向社会推荐。各有关行业主管部门指导本行业班组长安全培训教材的编写工作。各省级安全监管监察机构根据实际工作需要，指导其他工矿商贸企业班组长安全培训教材的编写工作。各企业要根据本企业实际，编制通俗易懂、图文并茂的班组安全培训适用教材。

● 丰富培训形式。各企业或培训机构要结合企业生产实际，采取集中培训、半工半培、送教上门等多种形式开展班组长安全培训。要针对企业现场安全管理和班组长的特点，通过开设安全宣传栏，利用多媒体、企业内部网站、电视、报刊、板报等平台以及安全讲座、班前班后会、安全知识竞赛和安全日活动等时机，抓好日常安全教育培训。要通过岗位描述、技术比武、应急演练、现场事故分析、反事故演习、现场安全自检等方式，大力开展岗位练兵，不断提高班组长和员工自我安全保护意识和能力。要注重发挥老工人“传、帮、带”作用，以师带徒，提高员工实际操作技能。

**(5) 加强指导监督，确保班组安全培训落到实处**

各企业要把班组长安全培训作为安全生产工作的重要内容，紧密结合生产经营实际，统筹安排部署，采取有力措施，确保工作到位。企业主要负责人和分管负责人要切实加强对班组长安全培训工作的领导，定期组织开展企业内部班组长安全培训工作的检查，及时发现和解决工作中的重大问题，不断推进班组长安全培训的规范化、制度化和经常化。

各级安全监管监察机构和有关行业管理部门要加强协调配合，强化对所辖企业特别是高危行业企业班组长安全培训的监督、指导和检查，指导督促企业落实班组长安全培训要求；要强化服务意识，帮助企业解决班组长安全培训中的实际困难。各级安全监管监察机构要把班组长安全培训纳入安全监管监察的重要内容，加强对企业班组长安全培训的监督检查，适时组织有关部门进行联合执法检查。凡存在不经培训上岗、无证上岗的企业，依法停产整顿；没有对井下作业人员进行安全培训教育，或存在特种作业人员无证上岗的企业，情节严重的要依法予以关闭。

各地区、各有关部门和各单位要注重总结和推广企业班组长安全培训工作中涌现出来的新鲜经验和有效做法，推动工作深入开展。

**2.《煤矿班组安全建设规定（试行）》相关要点**

2012 年 6 月 26 日，国家安全监管总局、国家煤矿安监局、中华全国总工会印发《煤矿班组安全建设规定（试行）》（安监总煤行［2012］86 号），自 2012 年 10 月 1 日起施行。

《煤矿班组安全建设规定（试行）》分为八章四十四条，各章内容为：第一章总则、第二章组织建设、第三章班组长管理、第四章现场安全管理、第五章班组安全培训、第六章班组安全文化建设、第七章表彰奖励、第八章附则。制定本规定的目的是依据《安全生产法》《煤炭法》《工会法》等法律法规，为进一步规范和加强煤矿班组安全建设，提高煤矿现场管理水平，促进煤矿安全生产。适用于全国煤矿开展班组安全建设。

**（1）有关原则性的规定**

在第一章总则中，对有关原则性问题作了规定。具体规定如下：

地方各级人民政府煤炭行业管理部门是煤矿班组安全建设的主管部门，负责督促煤矿企业建立班组安全建设制度、落实班组安全建设规定。各地工会要组织协调、督促煤矿企业开展煤矿班组安全建设工作，指导煤矿企业建立工会基层组织，维护职工合法权益。

煤矿企业应当建立健全从企业、矿井、区队到班组的班组安全建设体系，把班组安全建设作为加强煤矿安全生产基层和基础管理的重要环节，明确分管负责人和主管部门，制定班组建设总体规划、目标和保障措施。

煤矿企业工会要加强宣传和指导，积极参与煤矿班组安全建设。要建立健全区队工会和班组工会小组，强化班组民主管理，维护职工合法权益。

煤矿（井）是班组安全建设的责任主体，要围绕班组安全建设建立各项制度，落实建设资金和各项保障措施，保证职工福利补贴，完善职工收入与企业效益同步增长机制。区队（车间）是班组安全建设的直接管理层，负责班组日常管理、业务培训等工作。

煤矿班组安全建设以“作风优良、技能过硬、管理严格、生产安全、团结和谐”为总要求，着力加强现场安全管理、班组安全教育培训、班组安全文化建设，筑牢煤矿安全生产第一道防线。

**(2) 有关组织建设的规定**

在第二章组织建设中，对相关事项作了规定。具体规定如下：

煤矿企业必须建立区队、班组建制，制定班组定员标准，确保班组基本配置。班组长应当发挥带头表率作用，加强班组作业现场管理，确保安全生产。

煤矿企业班组工会小组要设群众安全监督员，且不得由班组长兼任。中华全国总工会和国家煤矿安全监察局按规定程序在煤矿井下生产一线班组中聘任煤矿特聘群众安全监督员。

煤矿企业应当建立和完善以下班组安全管理规章制度：

- 班前、班后会和交接班制度；

● 安全质量标准化和文明生产管理制度；
● 隐患排查治理报告制度；
● 事故报告和处置制度；
● 学习培训制度；
● 安全承诺制度；
● 民主管理制度；
● 安全绩效考核制度；
● 煤矿企业认为需要制定的其他制度。

煤矿企业在制定、修改班组安全管理规章制度时，应当经职工代表大会或者全体职工讨论，与工会或者职工代表平等协商确定。

煤矿企业应当加强班组信息管理，班组要有质量验收、交接、隐患排查治理等记录，并做到字迹清晰、内容完整、妥善保存。

煤矿企业应当指导班组建立健全从班组长到每个岗位人员的安全生产责任制。

煤矿企业必须全面推行安全生产目标管理，将安全生产目标层层分解落实到班组，完善安全、生产、效益结构工资制，区队每月进行考核兑现。

煤矿企业必须依据国家标准要求，改善作业环境，完善安全防护设施，按标准为职工配备合格的劳动防护用品，按规定对职工进行职业健康检查，建立职工个人健康档案，对接触有职业危害作业的职工，按有关规定落实相应待遇。

煤矿企业应当制定班组作业现场应急处置方案，明确班组长应急处置指挥权和职工紧急避险逃生权。

煤矿企业应当建立班组民主管理机构，组织开展班组民主活动，认真执行班务公开制度，赋予职工在班组安全生产管理、规章制度制定、安全奖罚、班组长民主评议等方面的知情权、参与权、表达权、监督权。

**(3) 有关班组长管理的规定**

在第三章班组长管理中，对相关事项作了规定。具体规定如下：

煤矿企业必须建立班组长选聘、使用、培养制度和机制，积极从优秀班组长中选拔人才，把班组长纳入科（区）管理人才培养计划，区队安全生产管理人员原则上要有班组长经历。

班组长应当具备以下任职条件：

● 热爱煤炭事业，关心企业发展，思想政治素质好、责任意识强，具有良好的道德品质；

● 认真贯彻执行党的安全生产方针，模范遵守安全生产法律法规、企业规章制度和规程措施；

● 熟悉本班组生产工艺流程，掌握矿井相关专业灾害预防知识，具备现场急救技能；

● 服从组织领导，坚持原则，公道正派，有较强的组织管理能力、创新能力和团队协作精神，在职工中具有较高威信；

● 一般应当具有高中（技校）及以上文化程度、3 年及以上现场工作经验，具有较好的身体素质。

班组长应当履行以下职责：

● 班组长是本班组安全生产的第一责任人，对管辖范围内的现场安全管理全面负责，严格落实各项安全生产责任制，执行安全生产法律、法规、规程和技术措施，实行对本班组全员、全过程、全方位的动态安全生产管理；

● 负责分解落实生产任务，严格按照《煤矿安全规程》、作业规程和煤矿安全技术操作规程组织生产，科学合理地安排劳动组织、配置生产要素，强化以岗位为核心的现场管理，提高生产效率；

● 负责加强班组安全质量标准化建设，推行作业现场精细化管理；

● 负有班组团队、安全文化建设和规范化管理等其他职责。

班组长享有以下权利：

● 有权按规定组织落实安全规程措施，检查现场安全生产环境和职工安全作业情况，制止和处理职工违章作业，抵制违章指挥，在不具备安全生产条件且自身无力解决时有权拒绝开工、停止作业，遇到险情时有在第一时间下达停产撤人命令的直接决策权和指挥权，并组织班组人员安全有序撤离；煤矿企业不得因此降低从业人员工资、福利等待遇或者解除与其订立的劳动合同。

● 有权根据区队生产作业计划和本班组的实际情况，合理安排劳动组织，调配人员、设备、材料等。

● 有权核算班组安全、质量、生产等指标完成情况，根据有关规定，对班组成员的工作绩效进行考核。

● 企业赋予的其他权利。

班组长任用应当遵循以下原则：

● 采取组织推荐、公开竞聘或民主选举等方式选拔班组长；

● 经选拔的班组长，要按规定履行正式聘任手续，不得随意更换班组长；

● 撤免班组长应当由区队提出撤免理由和建议，严格按相应程序办理。

煤矿企业必须建立班组长考核激励约束机制，明确班组长岗位津贴，制定班组长绩效考核制度，定期进行严格考核，并将考核结果作为班组长提拔、奖励、推优评先以及解聘、处罚的重要依据。

**(4) 有关现场安全管理的规定**

在第四章现场安全管理中，对相关事项作了规定。具体规定如下：

煤矿企业应当依据《煤矿安全规程》、作业规程和煤矿安全技术操作规程等规定，制定班组安全工作标准、操作标准，规范工作流程。

班组必须严格落实班前会制度，结合上一班作业现场情况，合理布置当班安全生产任务，分析可能遇到的事故隐患并采取相应的安全防范措施，严格班前安全确认。

班组必须严格执行交接班制度，重点交接清楚现场安全状况、存在隐患及整改情况、生产条件和应当注意的安全事项等。

班组要坚持正规循环作业和正规操作，实现合理均衡生产，严禁两班交叉作业。

班组必须严格执行隐患排查治理制度，对作业环境、安全设施及生产系统进行巡回检查，及时排查治理现场动态隐患，隐患未消除前不得组织生产。

班组必须认真开展安全质量标准化工作，加强作业现场精细化管理，确保设备设施完好，各类材料、备品配件、工器具等排放整齐有序，清洁文明生产，做到岗位达标、工程质量达标，实现动态达标。

班组应当加强作业现场的安全监测监控系统、安全监测仪器仪表、工器具和其他安全生产设施的保护和管理，确保正确正常使用、安全有效。

**(5) 有关班组安全培训的规定**

在第五章班组安全培训中，对相关事项作了规定。具体规定如下：

煤矿企业应当重视和发挥班组在职工安全教育培训中的主阵地作用，开展安全警示教育，强化班组成员的安全风险意识、责任意识，增强职工遵章作业的自觉性；加强班组职工安全知识、操作技能、规程措施和新工艺、新设备、新技术安全培训，提高职工遵章作业的能力。

煤矿企业应当强化危险源辨识和风险评估培训，提高职工对生产作业过程中各类隐患的辨识和防范能力。

煤矿企业应当加强班组应急救援知识培训和模拟演练，班组成员应当牢固掌握防灾、避灾路线，增强自救互救和现场处置能力。

煤矿企业应当加强班组现场急救知识和处置技能培训，班组成员应当具有正确使用安全防护设备、及时果断进行现场急救的能力。

煤矿企业应当确保班组教育培训的投入，建立实训基地，建立学习活动室，配备教学所需的设施、多媒体器材、书籍和资料等。

煤矿企业每年必须对班组长及班组成员进行专题安全培训，培训时间不得少于20学时。

**(6) 有关班组安全文化建设的规定**

在第六章班组安全文化建设中，对相关事项作了规定。具体规定如下：

煤矿企业应当把班组安全文化建设作为矿井整体安全文化建设的重要组成部分，切实加强组织领导，加大安全文化建设的投入，为班组安全文化建设提供必要的条件和支持，培育独具特色的班组安全文化。

煤矿班组应当落实“安全第一、预防为主、综合治理”的安全生产方针，牢固树立“以人为本”“事故可防可控”和“班组安全生产、企业安全发展”等安全生产理念。

煤矿企业应当以提高职工的责任意识、法制意识、安全意识和防范技能为重点，加强正面舆论引导和法制宣传，发挥群众安全监督组织、家属协管的作用，培养正确的安全生产价值观，增强班组安全生产的内在动力。

煤矿企业应当建立安全诚信考核机制，建立职工安全诚信档案，并将安全诚信与安全生产抵押金、工资分配挂钩。

班组长应当加强人文关怀、情感交流和心理疏导，提高班组凝聚力，强化班组团队建设。

煤矿企业应当建立班组合理化建议与创新激励机制，鼓励班组开展岗位创新、质量管理（QC）小组等活动，培育团队创新精神。

**(7) 有关表彰奖励的规定**

在第七章表彰奖励中，对相关事项作了规定。具体规定如下：

煤矿企业应当积极开展班组建设创优争先活动，每年组织优秀班组和优秀班组长评选，对班组安全建设工作开展情况进行总结考核，对在安全生产工作中做出突出贡献的班组及班组长给予表彰奖励。煤矿企业在组织职工休（疗）养、外出学习考察活动时，优先选派优秀班组长参加。

各省（区、市）人民政府煤炭行业管理部门会同本级总工会，定期对在安全生产工作中做出突出贡献的班组、班组长进行表彰奖励。

国家安全生产监督管理总局、国家煤矿安全监察局和中华全国总工会结合煤矿开展争创优秀安全班组、优秀班组长、优秀群监员活动，对在安全生产工作中做出突出贡献的班组、班组长进行表彰奖励。

**3.《关于加强煤矿班组安全生产建设的指导意见》相关要点**

2009 年 3 月 3 日，中华全国总工会、国家煤矿安全监察局印发《关于加强煤矿班组安全生产建设的指导意见》（总工发［2009］15 号）。《指导意见》指出：为深入贯彻落实国家七部门《关于加强国有重点煤矿安全基础管理的指导意见》（安监总煤矿［2006］116 号）和《关于加强小煤矿安全基础管理的指导意见》（安监总煤调［2007］95 号）精神，坚持关口前移、重心下移，抓基层、打基础，提高班组安全管理水平，促进煤矿安全生产形势稳定好转。现就加强煤矿班组安全生产建设提出以下指导意见：

**（1）加强煤矿班组安全生产建设的重要性和紧迫性**

● 加强班组安全生产建设是强化煤矿安全基础管理的重要组成部分。班组是煤矿安全生产的最基层组织，煤矿安全生产法律法规、规程、标准和相关规章制度的贯彻落实，以及先进适用安全技术的推广应用都要落实到班组、体现在现场。关口前移，实现班组规范化管理、标准化建设，是夯实煤矿安全基础、创建本质安全型煤矿、推进煤矿企业安全发展和可持续发展的关键环节。

● 加强煤矿班组安全生产建设是减少“三违”、防止事故的有效途径。据统计，煤矿生产安全事故多数是由“三违”造成的。有效遏制重特大事故、减少事故总量，必须落实班组长、职工岗位安全生产责任制，充分发挥班组安全生产第一道防线的作用，减少和杜绝“三违”，为实现煤矿安全生产形势的稳定好转提供重要保障。

**（2）加强煤矿班组安全生产建设的指导原则和目标**

● 指导原则。牢固树立“安全发展”理念，认真贯彻落实“安全第一、预防为主、综合治理”方针，把班组安全生产建设作为加强煤矿安全生产基层和基础管理的重要工作，倡导先进的班组安全文化，健全完善班组安全生产责任制，建立激励约束机制，加强班组安全教育和规范化管理，深入开展安全质量标准化工作，加强现场安全管理和隐患排查治理，提高煤矿企业现场安全管理水平。

● 建设目标。持续、有效地加强和改进班组建设，提高防范事故、保证安全的五种能力：抓好班组长选拔使用，提高班组安全生产的组织管理能力；加强安全生产教育，提高班组职工自觉抵制“三违”行为的能力；强化班组安全生产应知应会的技能培训，提高业务保安能力；严格班组现场安全管理，提高隐患排查治理能力；搞好班组应急救援预案演练，提高防灾、避灾和自救等应急处置能力。通过不断提高班组安全生产能力，使班组员工真正做到不伤害自己、不伤害别人、不被别人伤害，实现班组安全生产，为煤矿安全生产奠定基础。

**（3）煤矿班组安全生产建设的主要内容**

1）建立和完善班组安全生产管理体系

● 煤矿要建立区队、班组建制。严禁层层转包、以包代管。

● 严格班组安全生产定员管理。按照精简高效的原则，制定班组定员标准，保证班组安全生产基本配置，推行四班六小时工作制，实行现场“限员挂牌”制，严格控制作业人数，严禁超定员生产，严禁两班交叉作业。

● 建立和完善班组安全生产管理规章制度。主要包括班前会制度、班组长随班工作制度、安全质量标准化管理制度、隐患排查治理制度、班组和各岗位安全评估制度、事故报告和处理程序、事故分析处理制度、安全检查与奖惩制度、班组学习培训制度、岗位练兵与技能竞赛制度、交接班制度、现场安全文明生产制度、安全举报制度、员工安全权益维护制度、安全绩效考核制度以及企业认为需要制定的其他相关制度。

● 健全落实安全生产责任制。明确班组是作业现场安全生产的责任主体，实行班组长作业现场安全生产负责制。安全检查员、质量监督员、群众安监员和瓦斯检查员按职责做好班组相应的安全监督检查工作。

● 推行班组安全生产风险预控管理。在危险源辨识、风险评估的基础上，制定各岗位、各工种的安全工作程序和工作标准，实行风险超前预控，提高员工对生产作业中出现的各种不安全因素的认知和防范能力。

● 完善班组安全生产目标控制考核激励约束机制。把企业的安全生产控制目标层层分解落实到班组，实行班组安全生产目标考核制度，完善安全、生产、效益结构工资制，加大安全构成比重，严格考核奖惩，将安全生产作为班组、班组长、班组员工推优评先、效益工资分配的“一票否决”指标。煤矿企业对班组安全生产工作每月进行一次集中考核，对考核结果实行备案管理。

● 加强班组安全信息管理。建立健全班组信息管理系统。班组要做好班前、班后会安全信息记录和生产、施工等作业记录；认真填写出勤、安全质量、隐患排查治理、班组井下员工到岗、培训等信息，提高班组安全信息基础管理水平。

2）规范班组长管理

● 完善班组长任用机制。明确班组长任用标准条件、产生办法和聘任方法，规范班组长选拔程序，选拔优秀的班组长。班组长一般应具有高中以上文化程度、3 年以上现场工作经历。国有重点煤矿要争取在3～5年内，使班组长达到中等或中等以上文化水平。

● 规范班组长管理方式。实行班组长定期聘用制管理，要制定聘用和解聘条件、程序。

● 健全班组长人才激励机制。拓宽用人渠道，把班组长纳入煤矿管理人才培养计划，积极从优秀班组长中选拔人才，有条件的要送到高等院校培养。鼓励大学毕业生到基层班组锻炼。推优评先要向基层班组长倾斜，并应占有一定比例。

3）加强班组现场安全管理

● 严格落实班前会制度。把开好班前会作为现场管理的第一道程序，结合上一班作业现场存在的问题，针对每个环节、每个岗位，布置好当班安全生产及各岗位应协调处理的事项。明确工作中应注意的问题，识别不安全因素，落实相应的防范措施，做到安全注意事项不讲明不下井、责任不明确不下井。

● 严格执行交接班制度。特殊岗位严格执行相关规定，除带班人员、要害岗位人员必须在现场交接班以外，严禁其他人员现场交接班；要填写好交接班日志，必须把相关安全生产原始记录一一交接清楚，防止问题不明、措施不当而危及安全生产。

● 充分发挥特聘煤矿安全生产群众监督员的作用。明确职责，坚持把查找隐患、制止“三违”作为煤矿安全生产群众监督员工作的重中之重，做到班组长不违章指挥、班组成员不违章作业、所有人员不违反劳动纪律。对“三违”现象要当作事故进行分析处理，做到治之于未现、防患于未然。加强现场监督检查，严格监督落实现场安全技术操作规程，严格监督按批准的技术措施进行施工或生产，严禁违规作业。

● 搞好安全质量标准化动态达标。积极开展安全质量标准化工作，推行作业现场精细化管理，文明生产；每班要对作业现场工程质量、岗位工作质量进行验收和评估，实现动态达标，积极创建安全精品工程。

● 加强隐患排查治理。抓好隐患排查，实行班组隐患分级管理，落实治理责任。对生产作业场所、安全生产设备及各系统进行定时、定点、定路线、定项目巡回检查，及时排查治理现场事故隐患，隐患没有排除，班组长不得组织生产；对限期治理的事故隐患，要严格落实现场防范措施；遇到重大险情要及时报告，并有序组织人员及时撤离现场，避免事态扩大。

● 落实班组安全生产权益。班组长对现场作业条件的变化情况，有安全生产决策权和组织指挥权；有检查职工安全作业情况、抵制上级违章指挥权；有对作业现场工程质量、岗位工作质量进行安全评估验收权；在安全隐患没有排除或不具备安全生产条件时，有拒绝开工或停止生产权。切实落实煤矿工人安全生产权利。

4）加强班组安全文化建设和教育培训工作

● 加强班组安全文化建设。积极开展切合实际、形式多样、体现班组特色的安全文化活动，强化安全生产法制意识，培养安全生产价值观，培植先进的安全生产理念，落实职工群众安全生产知情权、参与权、监督权、表达权和举报权，增强安全生产内在动力，实现“我要安全”。培养和弘扬班组团队精神，做到工作相互支持、密切配合，工序衔接协调无误。

● 强化安全教育培训工作。重视和发挥班组在员工教育培训中的主阵地作用，加强班组安全知识、岗位技能培训，严格新招录员工的岗前培训，做到应知应会；班组长和班组所有员工须经培训考核合格方可上岗，特殊工种要做到持证上岗。加强班组应急救援知识培训，建立班组应急预案，加强模拟演练，熟悉防灾、避灾路线，增强自救处置能力；加强对采用的新工艺、新设备、新技术的培训，适应安全发展需要；充分利用典型案例，开展警示教育，吸取事故教训，增强事故防范意识；以师带徒，提高安全生产实际操作技能；大力开展岗位练兵，促使班组员工熟练掌握安全生产操作技术，提高防范事故的能力。

● 积极开展班组安全技术革新。鼓励员工广泛开展安全生产小发明、小创造、小改造等安全技术革新和管理创新实践活动；鼓励员工立足岗位进行技术创新，努力营造学技术、钻业务、争先进、保安全的浓厚氛围。

**（4）加强煤矿班组安全生产建设组织领导**

● 加强组织领导。各地、各有关部门和煤矿企业要制定煤矿班组建设的总体规划、目标和措施，明确组织实施部门及职责，发挥安全生产党政工团齐抓共管的制度优势，把各项组织活动开展到班组，不断加强班组建设。根据相关规定，健全班组组织机构，设立班组安全检查员、质量监督员、群众安监员和瓦斯检查员；加强班组民主管理，充分发挥职工在安全管理中的积极性和创造性，维护职工的安全保障权益；积极开展争创党团员安全示范岗活动，促进班组安全生产。

● 深入组织开展安全生产优秀班组创建活动。煤矿企业要结合实际制定具体办法，各级工会、煤炭行业管理部门要加强工作指导和宣传推动，定期组织开展煤矿班组建设先进经验交流活动，每年组织开展一次班组技能竞赛，对优秀班组要给予表彰奖励，以点带面，全面推进；积极组织参加全国“安康杯”竞赛。

● 本指导意见适用于所有煤矿。各地、各有关部门可据此制定本区域内的指导意见或具体实施办法。

**4.《关于进一步加强煤矿班组长安全培训工作的通知》相关要点**

2009 年 4 月 23 日，国家安全监管总局、国家煤矿安监局印发《关于进一步加强煤矿班组长安全培训工作的通知》（安监总煤行[2009] 87 号）。《通知》指出：为不断提升煤矿班组长的安全素质，提高班组安全生产管理水平，强化煤矿井下现场安全生产管理，促进煤矿安全生产形势稳定好转，国家安全监管总局、国家煤矿安监局决定 2009 年在全国煤矿实施“万名班组长安全培训工程”，以切实加强和规范煤矿班组长安全培训，强化煤矿安全基础管理工作。现将有关事项通知如下：

**（1）充分认识加强煤矿班组长安全培训工作的重要性**

班组长是煤矿安全生产最基层的管理人员，是煤矿井下安全生产的直接组织者。提高班组长的安全素质和安全意识，是确保煤矿安全生产相关法律法规、规程、标准和规章制度等落到实处的重要举措，也是加强煤矿井下现场安全生产管理、反"三违"、防范事故的有效途径。强化煤矿班组长安全培训工作，对提高班组长的安全素质和业务管理能力、推动煤矿井下班组建设、强化煤矿安全生产管理具有重要意义。各部门和各煤矿企业要进一步提高认识，加强领导，落实责任，细化措施，精心组织，切实做好煤矿班组长安全培训工作。

**（2）明确培训目标，界定培训范围及对象，规范培训组织形式**

● 培训目标。通过实施"万名班组长安全培训工程"，至2009年年底，力争在全国煤矿培训1万名以上班组长；通过推动全国煤矿班组长安全培训工作的经常化和制度化，使各类煤矿从事井下作业的班组长都能够参加安全培训；通过强化培训，使班组长安全生产意识明显增强，安全技能和班组安全生产管理能力明显提高，煤矿班组建设取得明显成效。

● 培训对象。主要是全国各类煤矿从事井下采煤、掘进、通风、机电、运输等作业的班组长。各地也可根据辖区内煤矿实际情况，安排其他方面作业的班组长参加培训。

● 组织形式。班组长安全培训要在具有三级以上培训资质的煤矿安全培训机构分专业进行。国有重点煤矿企业负责本企业所属煤矿的班组长安全培训工作；市（地）、县级政府有关部门分别负责辖区内所属煤矿的班组长安全培训工作；其他煤矿班组长安全培训工作由省级政府有关部门负责，或委托市（地）、县级政府有关部门组织。本地区或煤矿企业没有三级以上安全培训机构或培训机构数量较少、难以满足培训需要的，经上级主管部门同意，可由四级安全培训机构承担培训任务，但要切实加强组织和监督指导，确保培训考核质量。

**(3) 统一培训内容和时间，坚持“教考分离”，严格考核，切实提高培训质量**

● 培训内容。以煤矿现场安全管理和劳动组织管理为主题，以《煤矿安全培训教学大纲》中有关采煤、掘进、通风、机电、运输等工种班组长安全培训教学大纲为基础，结合各地区、各企业煤矿安全生产实际，科学、合理地确定培训内容。主要应包括以下内容：

——煤矿安全生产相关法律法规及煤矿安全质量标准化、瓦斯治理等方面的有关标准。主要是《安全生产法》《国务院关于预防煤矿生产安全事故的特别规定》（国务院令第 446 号）和《煤矿安全质量标准化标准及考核评级办法（试行）》（煤安监办字［2004］24 号）、《煤矿井工开采通风技术条件》（AQ 1028—2006）、《煤矿安全监控系统及检测仪器使用管理规范》（AQ 1029—2007）等。

——国家有关部门印发的煤矿安全基础管理、瓦斯治理等方面的规范性文件。主要是《关于加强国有重点煤矿安全基础管理的指导意见》（安监总煤矿［2006］116 号）、《关于加强小煤矿安全基础管理的指导意见》（安监总煤调［2007］95 号）、《关于进一步加强煤矿瓦斯治理的指导意见》（安委办［2008］17 号）、《关于加强煤矿班组安全生产建设的指导意见》（总工发［2009］15 号）等。

——煤矿有关专业技术知识和管理知识。主要是采煤、掘进、通风、机电、运输及灾害防治等专业技术知识，煤矿安全生产的新理论、新技术、新工艺、新装备和现场安全管理、劳动组织管理等。

——应急救援知识。主要是自救、互救和创伤急救基本知识，井下发生各种灾害后的避灾、救灾方法等。

——典型事故案例分析。主要是对近年来本地区或本企业发生的煤矿典型事故案例的分析，剖析事故原因，吸取事故教训，提出防范措施等。

——经验交流。主要是现场安全管理和班组建设的经验，并研讨强化现场安全管理、整治“三违”和提升班组安全管理水平的主要措施等内容。

● 培训时间。不少于 48 学时。

● 考核发证。坚持“教考分离”原则，班组长培训结束后，由国有重点煤矿企业或省、市（地）、县级政府有关部门组织考试，并经考核合格后颁发《班组长安全培训合格证书》。

**(4) 加强组织领导，强化监督管理，确保班组长安全培训工作落实到位**

● 落实工作责任。由地方政府承担矿长和特种作业人员安全培训职能的部门具体负责煤矿班组长安全培训监督管理工作。各地要结合实际，研究制定煤矿班组长安全培训的实施办法，建立安全培训、考核发证、档案管理和信息统计报送制度，推进煤矿班组长安全培训工作的规范化、科学化。省、市（地）、县级政府有关部门和国有重点煤矿企业要按煤矿的隶属关系，切实做好所属煤矿班组长安全培训的具体组织实施工作，并严格按照考核标准进行考试、考核。所有煤矿都要认真制订培训计划，保证培训范围内的所有班组长都能够参加培训。

● 强化培训管理。承担煤矿班组长培训工作的培训机构要严格按照规定的培训内容和培训时间进行教学，严格教学管理，提高培训质量。要建立由煤矿、培训机构和班组长本人三方签字的培训档案，详细准确记录培训、考核情况。

● 加强监督检查。省级政府有关部门要加强对煤矿班组长安全培训的监督检查，重点检查培训的内容、时间、教学管理、考核达标情况和培训效果，对发现的问题要及时责令有关单位限期整改，确保班组长安全培训工作取得实效。

**5.《关于加强中央企业班组建设的指导意见》相关要点**

2009 年 3 月 30 日，国务院国有资产监督管理委员会印发《关于加强中央企业班组建设的指导意见》（国资发群工［2009］52 号）。《指导意见》指出：为加强企业基础管理，切实推进班组建设健康发展，提高班组管理水平，培育高素质、高技能员工队伍，提升企业核心竞争力，推动中央企业科学发展，结合中央企业实际，提出以下意见：

**（1）指导思想**

班组是企业从事生产经营活动或管理工作最基层的组织单元，是激发职工活力的细胞，是提升企业管理水平，构建和谐企业的落脚点。加强班组建设要以邓小平理论、“三个代表”重要思想为指导，深入贯彻落实科学发展观，坚持改革创新，不断完善加强班组建设管理机制，坚持以落实岗位责任制为核心，以高效安全完成各项生产（工作）指标（任务）为目标，以不断提升班组管理水平和员工队伍素质为重点，增强班组团队的学习能力、创新能力、实践能力，切实加强中央企业基层组织基础管理，实现员工与企业的和谐发展、共同进步，为提高中央企业核心竞争力打牢坚实的基础，推动中央企业又好又快发展。

**（2）总体目标**

适应建立现代企业制度的总体要求，在班组建设和班组长队伍建设中，做到工作内容指标化、工作要求标准化、工作步骤程序化、工作考核数据化、工作管理系统化，奠定企业扎实的管理基础。把班组长培养成为政治强、业务精、懂技术、会管理和具有现代意识的企业基层管理者；提升班组成员的综合素质，把班组员工培育成为有理想、有道德、有纪律、有文化，敬业、勤奋、创新、踏实，热爱本职岗位的劳动者。把中央企业班组建设成为“安全文明高效、培养凝聚人才、开拓进取创新、团结学习和谐”的企业基层组织，为职工搭建不断提升技能水平、充分展示自身能力和抱负的平台。

**(3) 基本原则**

● 坚持班组建设与企业发展战略相统一的原则。班组建设是企业发展的基础工作，通过加强班组建设夯实企业基础管理，促进企业实现发展战略目标。

● 坚持员工发展与企业发展相统一的原则。营造员工工作、学习的良好环境，拓展员工的发展空间，充分调动和发挥员工的积极性、主动性、创造性，激发员工的活力，促进员工全面发展，努力为企业发展贡献智慧和力量，实现员工发展与企业发展的和谐统一。

● 坚持积极推进与分类指导相统一的原则。坚持以生产经营为中心，紧密结合企业改革发展和班组建设的实际，分类指导，分步实施，积极推进，务求实效。

● 坚持继承与改革创新相统一的原则。总结国内外优秀企业的优秀班组建设与管理经验，赋予新的内涵，适应建立现代企业制度、提高企业核心竞争力的需要。

**(4) 主要内容**

● 班组基础建设。要根据生产（工作）需要，坚持人力资源合理配置、精干高效的原则，科学合理设置班组。建立健全以岗位责任制为主要内容的生产管理、安全环保与职业健康管理、劳动管理、质量管理、设备管理、成本管理、5S管理、操作规程、学习培训与思想教育管理等班组标准化作业和管理制度。完善和加强信息记录、标准规范、定额计量工具及职工行为养成等基础工作。加强班组基本设施建设，加大资源保障力度，努力改善员工工作、学习和休息条件，适时推进班组信息化建设，不断提高班组现代科学管理水平。

● 班组组织建设。完善以班组长为核心的生产指挥、组织协调、岗位协作等职能，理顺运行机制，整合、优化班组各项资源，实现班组目标。

● 班组创新建设。要把组织员工学习创造作为班组持续创新建设的重要内容，通过建立攻关团队、创新小组、专业技术协会等形式，增强员工的创新意识和节能减排意识。完善班组创新成果奖励机制，开展提合理化建议、技术革新、发明创造、“五小”（小改进、小发明、小设计、小建议、小革新）、QC小组、班组劳动竞赛和降本增效等活动，提高班组自主创新能力。班组主要技术经济指标持续进步，不断增强企业核心竞争力。

● 班组技能建设。要以培养高素质、高技能、适应性强的员工队伍为目标，通过读书自学、岗位培训、技术比武等活动，激发员工的学习热情，增强学习的紧迫性和自觉性，充实和更新员工的科学技术和文化知识，全面提升员工的技能水平、服务水平、协作能力和自主创新能力。

● 班组思想建设。要以构建社会主义核心价值体系为主线，用中国特色社会主义理论体系武装职工头脑，加强社会主义、爱国主义、集体主义教育，遵纪守法教育，社会主义荣辱观教育及企业精神教育，增强员工的主人翁责任感。要紧紧围绕完成企业生产经营任务、提高经济效益等中心工作，结合班组实际做好深入细致的思想政治工作，培养员工良好的职业道德和社会公德。

● 班组民主建设。要尊重员工的主人翁地位，坚持和完善班务公开、班组民主生活会、对话会等民主管理形式，保障员工享有对企业改革发展、班组生产目标任务和各项规章制度的知情权、参与权，对班组经济责任制、奖金分配、先进评选等事项的参与权、监督权，以及平等享有教育、培训、职业健康等权利。

● 班组文化建设。要根据本企业文化特点努力塑造独具特色、凝聚员工精神内涵和价值取向的班组理念。要通过大力弘扬改革创新的时代精神，培育个人愿景，加强以爱岗敬业、诚实守信、遵章守纪、团结和谐、开拓创新和提升执行力为主要内容的班组文化建设，制定和完善员工行为规范，推行与传播班组文化，塑造班组良好整体形象。

● 班组团队建设。要以企业愿景为平台，把员工的个人愿景融入团队的使命中，培育员工共同价值理念和团队意识，建立班组良好的沟通氛围与沟通平台，构建和睦的人际关系，形成班组团队精神，加强班组间的协作配合，努力把班组建设成为一支精干高效的团队。

● 班组健康安全环保建设。要坚持以人为本，关爱员工生命，结合企业和岗位的特点，大力开展班组健康、安全、环保宣传教育活动，增强员工的健康、安全、环保意识；组织员工学习国家相关法律法规，增强员工遵章守纪的自觉性；加强安全操作技能培训，增强员工自我防范能力；认真落实健康、安全、环保责任，严格执行各项规章制度和操作规程；建立健全各项应急预案，开展应急预案的培训和演练，加强对危险源、污染源的控制。

**(5) 班组长队伍建设**

● 班组长的任职条件。思想政治素质好、责任意识强，具有良好的职业道德；熟悉生产，懂业务，技术精；了解现代管理知识，具有一定的管理水平和分析问题、解决问题的能力；以身作则，坚持原则，办事公道，关心爱护和团结员工，有较好的群众基础，身心健康；经过岗位培训。

● 班组长的选拔和培训。企业可根据实际情况，采取公开招聘、行政任命和民主选举等方式选拔班组长。建立班组长培训制度及培训规划，结合本行业、本企业实际，以参加企业组织的培训与有关培训机构组织的培训相结合的方式开展班组长培训，要保证班组长能完成规定内容的培训，提高班组长的综合素质。有计划地组织班组长外出学习和与国内外知名企业开展对口交流，学习班组建设的先进经验与管理理念。

● 班组长的管理和使用。要对班组长岗位从工作内容、工作职责和工作关系等方面进行分析与设计，根据时代与企业发展的需要，科学制定班组长岗位任职资格标准和岗位规范，建立班组长培养、选拔、使用、评价等机制，做好班组长职业生涯设计，促进班组长成长。各企业可根据实际情况，建立领导干部与班组长沟通交流制度和班组长活动日制度，也可组建班组长联谊会，加强领导干部与班组长及班组长之间的沟通交流。注重把优秀班组长选拔到各级管理、技术或领导岗位上来。

● 班组长的待遇。建立完善对班组长的考核、奖励、晋升等机制，设立班组长岗位工资或岗位津贴，使班组长获得与其贡献相适应的经济报酬和精神鼓励。

**(6) 工作要求**

● 提高认识，加强领导。各中央企业要从贯彻落实科学发展观和企业发展战略的高度，深刻认识加强班组建设的重要性、必要性。企业党委要把班组建设列入重要议事日程，加强思想政治领导；行政部门要把班组建设纳入企业管理重要组成部分，指定职责部门负责组织实施；工会（政工部或党群部）要积极协助党政推进班组建设；各相关部门各司其职、各负其责，形成工作合力，有序、有力、有效地推进班组建设。

● 建立机制，加大投入。各中央企业要认真研究制定加强班组建设的工作目标、实施方案和主要措施，建立班组长的培养选拔、考核激励机制和班组建设管理机制，明确班组建设的工作考核标准，有重点、分步骤地加强和改进班组建设。要加大班组建设投入力度，保证班组建设和班组长培训费用。

● 抓好载体，创建品牌。各中央企业要从本企业的实际出发，开展多种形式、多种类型的班组创建活动。要及时总结经验和树立宣传典型，推动创建活动持续开展。要在总结班组建设经验的基础上，着力分析与解决班组建设中存在的主要问题，探索加强与改进班组建设的新方式与途径，使班组建设更加适应中央企业发展战略的需要，努力建设制度健全、创新力强、能打硬仗、业绩突出的一流班组，推动班组建设工作不断迈上新台阶，为中央企业实现科学发展、和谐发展、又好又快发展奠定坚实的基础。

**6.《关于加强中央企业班组建设的指导意见》解读**

国务院国有资产监督管理委员会（以下简称国资委）群众工作局局长李学东从宏观层面和基础层面，就如何全面提升班组长队伍综合素质与履职能力，对《关于加强中央企业班组建设的指导意见》进行了解读。

推进中央企业班组建设工作的核心是总结中央企业班组建设的经验，找出与世界一流企业基层管理建设上的差距，促进制度建设与行为规范，使中央企业班组建设工作向科学化、现代化和常态化发展。

**(1) 出台《关于加强中央企业班组建设的指导意见》，从宏观层面指导中央企业班组建设**

国资委推进班组建设的总体目标：把中央企业班组建设成为“安全高效生产、培养凝聚人才、技术攻关创新、团结学习和谐”的企业基层组织；把班组长培养成为政治强、懂技术、会管理，具有现代意识的企业基层管理者；把班组员工培育成为有理想、有道德、有纪律、有文化，思想作风好、业务技能高的劳动者。

在《关于加强中央企业班组建设的指导意见》中，明确了中央企业班组建设的指导思想、战略目标、基本原则、制度建设、主要任务、工作要求、关键环节和保障机制等。这是国资委在中央企业班组建设战略层面的总体构思，使中央企业对班组建设的思想认识、战略部署和规范要求达到统一。各中央企业要根据《关于加强中央企业班组建设的指导意见》的原则、精神和要求，在不同层面上制定所属企业班组建设的指导意见，促进中央企业班组建设的健康发展。

**(2) 推进班组建设工作的制度建设，从基础层面规范中央企业班组建设的发展**

我们应该充分认识到，中央企业与世界一流企业的实质性差距体现在企业的基础管理上，关键是中央企业基础管理的制度建设和执行力度上的差距。例如，代表美国形象的著名餐饮企业麦当劳就曾花费 200 万美元进行制度建设。我们曾经将麦当劳规定的接待员、收银员和备膳员的六个步骤与大庆石油管理局供水公司龙庆所雪梅班组规定收费员入户收费的六个步骤进行了比较，发现雪梅班组的服务标准丝毫不比麦当劳的服务标准逊色，甚至更强。然而作为制度建设，麦当劳的服务质量与水平在全世界基本一致，形成了麦当劳成员共同遵守的办事规程和行动准则。而我们只是一个典型经验，或者在中央企业 62 万个班组（科室）中有几十个、上百个典型经验，但是没有总结、归纳、提炼成制度，没有通过制度建设促进中央企业班组管理和员工行为的规范化、常态化，没有形成中央企业基础管理的整体质量标准和行为规范。

中央企业班组建设工作的制度建设分为两个层面：一个是企业层面，即从组织、领导与协调方面进行制度建设，使班组建设工作产生外部约束力，达到规范化，其内容包括：指导思想、战略目标、基本原则、主要任务、组织体系、职权分工、决策机制、工作流程、工作要求、关键环节和保障机制等；另一个是班组层面，即从责任、权力与利益方面进行制度建设，使班组建设工作产生内部激励，达到常态化，其内容包括：班组理念、建设目标、基本任务、班组长和员工职责、工作流程、安全生产、团队学习、业务培训、民主管理、学习型组织与团队建设等。制度建设使中央企业班组建设工作有章可依、有规可循，促使班组建设工作的规范化和常态化。

**(3) 突出重点抓班组长队伍培养，全面提升班组长的综合素质与履职能力**

● 抓班组长岗位任职标准、能力结构模型、培训课程与培训体系的建设。国资委牵头或者鼓励中央企业首先要做的一项基础性工作就是对班组长岗位的工作内容、工作职责和工作关系三个方面进行工作分析，确定班组长与工作岗位要求相匹配的知识结构和能力结构，从而完成《班组长岗位任职资格标准》和《班组长能力结构模型》的建设。这两项工作的完成（即建立一套培训、考评、选拔、使用和待遇相结合的班组长培养体系与发展机制），对中央企业班组长队伍的培养起着基础、依据和导向作用。

中央企业《班组长能力结构模型》主要由三个方面构成，即学习能力、技术能力和管理能力。学习能力即班组长与“己”之间的关系，技术能力即班组长与“物”之间的关系，管理能力即班组长与“人”之间的关系。站在国资委的角度，编制《班组长岗位任职资格标准》应该把重点放在班组长的学习能力和管理能力上，即班组长岗位对履职个人的基本要求和对班组管理知识、管理内容、管理过程与管理方式等职务功能要素的细化。各中央企业编制《班组长岗位任职资格标准》，重点应该放在班组长的技术能力方面。

以标准与能力结构模型为依据，编制班组长培训大纲并选定培训教材，完成班组长课程体系的建设。《现代企业班组建设与管理》和即将出版的《现代企业班组建设与管理培训大纲》是在对班组长岗位进行工作分析的基础上完成的，为在中央企业建立一套班组长课程体系打下了基础。各中央企业应该以这套书为基础教材，结合各自企业的实际，构建班组长课程体系，对班组长进行系统的综合素质和履职能力的培训。

《班组长岗位任职资格标准》规范了中央企业班组长的培训标准与质量，《现代企业班组建设与管理》和《现代企业班组建设与管理培训大纲》规范了中央企业班组长的培训课程与内容。构建中央企业班组长培训体系，还需要出台《中央企业班组长培训管理办法》，用于规范中央企业班组长的培训要求与流程，明确国资委对各中央企业在班组长培训上的引导、指导和督导的关系。

● 抓班组长资格认证，促进中央企业人力资源开发与建设。为了激励中央企业班组长提升综合素质和履职能力的积极性，满足企业人力资源开发与建设的需要，国资委鼓励并组织各中央企业抓班组长资格认证是一种有效的途径，但也需要克服体制上的障碍。中央企业抓班组长资格认证，主要从两个方面进行：一是以《现代企业班组建设与管理》为基础教材对班组长进行培训，考核合格后颁发结业证书并给予任职资格的效力，这是普及性质的培训；二是在此基础上，选拔中央企业优秀班组长与国内外培训认证机构联合进行专项能力培训，考核合格后给予资格认证。这是提高性质的培训，特别是参与国际项目管理资格认证，可以使班组长能够运用现代企业管理的最新知识和最有效方法对班组实施现代化管理，必将使中央企业的班组管理水平产生质的飞跃，从而适应中央企业产业结构调整、设备更新、技术升级、产能扩大、工艺革新等的发展需要，推动中央企业“走出去”战略的实施，提高企业国际竞争力，为中央企业参与国际竞争奠定基础。

**7.《关于加强班组建设的指导意见》相关要点**

2010 年 10 月 9 日，中华全国总工会、工业和信息化部、国务院国资委、中华全国工商业联合会四部门联合印发《关于加强班组建设的指导意见》。《指导意见》指出：加强班组建设是强化企业基础管理，提升企业核心竞争力，促进职工全面发展，构建和谐企业的必然要求。为切实加强新形势下不同类型企业的班组建设，提出如下意见：

**(1) 班组建设的总体要求和目标任务**

班组建设要以科学发展观为指导，以提升班组管理水平为核心，以提高班组成员整体素质为重点，以开展班组创优争先劳动竞赛和创建“工人先锋号”活动为载体，不断提高班组工作水平，促进企业健康稳定发展。

班组建设要以打造高效、创新、和谐班组为目标，进一步推动班组工作制度化、规范化、科学化和民主化，不断提高班组执行力、创新力和凝聚力，努力把班组建设成为能够出色完成生产（工作）任务，具有较强的创新能力，管理科学、纪律严明、团结和谐的坚强集体。

**(2) 班组建设应遵循的原则**

● 适应企业发展需要原则。紧紧围绕企业发展目标，从企业改革、发展和生产、经营、管理的实际出发，全面加强班组建设，努力夯实基础工作，进一步提高企业竞争力。

● 促进职工全面发展原则。班组工作要坚持以人为本，尊重职工、依靠职工，充分发挥职工主观能动性；保障职工权益，实现体面劳动；加强文化建设，体现人文关怀；注重提升素质，促进职工全面发展。

● 继承与创新相结合原则。要在总结班组建设工作经验、坚持成功做法的基础上，认真研究新情况，努力解决新问题，积极探索新路子，不断创造新方法，使班组始终富有生机和活力。

● 行政管理与民主管理相结合原则。在班组内部，既要维护班组长的行政指挥权威，又要尊重职工的民主权利，鼓励和支持职工参与管理，充分发挥班组工会小组长和“工管员”的作用，实现班组管理全员化。

**(3) 全面提升班组管理水平**

提高管理水平是加强班组建设的基本要求。提高班组管理水平，要从建章立制和完善生产记录等基础资料入手，以落实岗位责任制为重点，以出色完成生产任务和保证班组工作正常运转为目标，进一步增强班组执行力。要把加强管理与教育职工增强工作责任感和执行规章制度自觉性有机结合起来，使班组管理建立在深厚的群众基础之上，实现职工被动管理向主动参与、粗放管理向精益管理、传统管理向现代管理的转变，促进班组管理科学化。

**(4) 注重提高班组成员素质**

班组不仅是完成企业生产（工作）任务的基本单位，也是锻炼人、培养人、教育人的重要课堂。要从班组工作实际出发，采取灵活多样的方法和班组成员易于接受的形式，坚持不懈地开展学习实践活动，不断提高班组成员思想道德、科学文化和专业技能水平。深入开展创建学习型、创新型班组活动，积极引导班组成员学习新知识、钻研新技术，不断提高学习能力、实践能力和创新能力。鼓励班组成员互帮互学、共同提高，大力培养和选树技能人才，努力为班组成员成长成材创造条件。

**(5) 切实抓好班组安全生产**

班组要认真贯彻“安全第一、预防为主、综合治理”的方针，牢固树立“安全发展”的理念，不折不扣地执行安全生产的有关规定和职业卫生标准，认真落实安全生产责任制，加强生产现场管理，坚决杜绝违章指挥、违章作业。重视安全教育培训，提高班组成员的安全意识和事故防范、应急处置能力。积极开展“安康杯”竞赛活动，充分发挥劳动保护监督检查员的作用，切实把好安全生产的第一道防线，确保职工在生产过程中的安全与健康。

**(6) 广泛开展班组竞赛**

广泛开展班组竞赛是推动劳动竞赛扎实有效、深入发展的重要措施，也是促进班组建设的有效途径。班组竞赛要以创建“工人先锋号”等活动为载体，以安全生产、提高效率、提升质量、创新技术和节能减排为重点，与创建劳动关系和谐企业和建设“职工小家”等活动紧密结合。通过竞赛，进一步调动班组成员的积极性和创造性，引导班组成员争当锐意改革创新的先锋和推动科学发展的楷模。

**(7) 不断完善班组民主管理**

班组民主管理是企业民主管理的重要基础。要进一步加强班组民主管理的制度建设，在继续坚持和完善“两长”（班组长、工会小组长）和“工管员”制度、班委会制度、班组民主生活会制度、班务公开制度等行之有效制度的同时，积极探索班组民主管理的新途径和新形式，使班组民主管理工作不断适应企业发展的要求，保障职工的知情权、参与权、监督权和决定权。班组决策要充分听取班组成员的意见，班组长要自觉接受班组成员的监督。

**(8) 进一步加强班组思想工作**

加强思想工作是增强班组凝聚力和战斗力的重要保证。班组思想工作要坚持用社会主义核心价值体系引领班组成员，坚持以科学理论武装人，以劳模精神和工人阶级的伟大品格激励人，积极引导班组成员树立正确的世界观、人生观、价值观，坚定理想信念。准确掌握班组成员的思想动态，及时反映班组成员诉求，把做好思想工作与关心班组成员的工作生活结合起来，加强心理疏导，注重人文关怀。加强班组文化建设，培育爱岗敬业、争创一流、团结互助、文明和谐的团队精神。

**(9) 选拔、培养好班组长**

班组长是班组的领头人。要根据企业实际，建立班组长培养、选拔、任用机制，选配具有一定文化程度、责任心强、作风正派、技术熟练、敢于管理、善于团结人的优秀职工担任班组长。注重班组长岗前培训和在职培训，加强班组长之间的学习和交流，不断提高班组长的工作能力和综合素质。既要支持班组长履行职责、行使职权，又要加强对班组长的管理教育和监督。要拓宽班组长的发展渠道，为他们的成长创造有利条件。

**(10) 加强对班组建设工作的指导**

班组建设工作是企业一项十分重要的基础工作。各有关部门要从促进经济社会又好又快发展的高度，充分认识加强班组建设的重要意义，切实加强指导。要注重调查研究，及时指导企业研究解决班组建设工作中遇到的新情况、新问题。要加强分类指导，认真总结不同类型企业加强班组建设工作的经验，大力培养、选树和宣传先进典型，充分发挥模范班组的示范引导作用。要找准位置、发挥优势、密切配合，努力形成合力推进班组建设的工作格局。

**8.《关于加强电力企业班组安全建设的指导意见》相关要点**

2012 年 5 月 18 日，国家电力监管委员会印发《关于加强电力企业班组安全建设的指导意见》（电监安全［2012］28 号）。《指导意见》指出：为进一步加强电力企业班组安全管理工作，切实把安全生产责任、安全生产防范措施、宣传教育培训等工作落实到生产一线班组，全面夯实安全生产基层基础，有效防范各类电力事故，确保电力系统安全稳定运行和电力可靠供应，现提出如下意见：

**（1）高度重视企业班组安全建设工作**

● 提高对班组安全建设工作的认识。班组是电力企业的基层组织，是电力安全生产工作的基础。安全生产是班组的根本任务，是一切工作的出发点和落脚点。加强班组安全建设是强化安全管理、夯实安全基础的核心内容，是实现企业规范化管理、标准化建设，实现企业科学发展、安全发展的关键环节。电力企业要深刻认识加强班组安全建设的重要性和必要性，进一步巩固安全生产在班组工作中的核心地位，不断强化班组安全建设，为安全生产奠定更加坚实的基础。

● 加强班组安全建设的组织工作。电力企业要认真贯彻“安全第一、预防为主、综合治理”的方针，牢固树立科学发展、安全发展理念，始终把班组安全建设作为企业安全生产工作的重点，纳入企业发展总体规划，有序、有力、有效地扎实推进。要加强班组安全建设的组织领导，安全生产第一责任人要亲自抓班组安全建设，形成党委领导、行政主导、工会督导、职能部门协调、党政工团齐抓共管的工作格局。电力监管机构要结合本地区实际，加强指导，督促企业切实把班组安全建设落到实处，抓出实效。

**（2）落实班组安全生产责任**

● 建立健全班组安全生产责任制。班组的岗位安全责任制是企业各级安全责任制的基础。电力企业必须建立健全班组安全生产责任制，把企业安全生产目标层层分解到班组，明确到岗位，落实到个人。电力企业要根据工作实际，合理确定班组安全目标，努力实现班组控制未遂和异常，不发生人身轻伤和障碍，保证生产安全。

● 落实班组长安全生产责任。班组长是本班组的安全第一责任

人。电力企业班组长要加强安全检查和督导，开展经常性的安全教育，落实员工职业健康措施，定期组织安全活动，提高成员主动参与安全管理意识。班组长对本班组作业现场实施安全生产决策和组织指挥，督促落实安全措施，规范设备操作和使用工器具及个人防护用品。在安全隐患没有排除或安全生产条件不具备时，班组长应当拒绝开工或决定停止生产。

● 落实班组安全监督责任。班组安全离不开班组自身的安全监督。班组成员要严格遵守安全生产规章制度和劳动纪律，执行安全技术操作规程，履行岗位职责。电力企业班组要设置安全员，协助班组长全面行使安全监督职责。要维护班组成员对安全生产的参与权和监督权，在生产中要相互进行安全监督，在作业过程中做到不伤害自己、不伤害别人、不被别人伤害、保护他人不受伤害，拒绝违章指挥，阻止他人的违章行为，有效避免电力事故的发生。

**(3) 落实班组安全规章制度和措施**

● 建立健全班组安全生产制度。电力企业要加强班组安全生产制度建设，建立健全安全生产标准化管理、隐患排查治理、事故报告和处理、安全检查与奖惩、安全教育培训、现场安全文明生产、安全绩效考核等方面的规程标准和制度，不断完善班组安全生产制度体系，并根据企业的实际情况对制度及时进行修订和完善，有效规范和保障班组安全建设。

● 严格执行“两票三制”制度。“两票三制”是电力企业安全生产保证体系中最基本的工作制度，是电力行业多年发展形成的保证电力生产安全的重要手段和措施。要严格执行工作票、操作票和交接班制度，巡回检查制度，设备定期试验轮换制度，加强安全风险管控，落实各项措施；要定期分析“两票”执行情况，积极创新管理手段，推广应用信息化管理技术，将“两票三制”落到实处。

● 深入开展反“三违”活动。班组要深入开展反“三违”活动，健全反违章制度，规范安全生产行为，切实做到杜绝违章指挥、违章作业和违反劳动纪律行为。要经常性地开展安全生产检查，落实安全措施和反事故措施，从源头上制止违章作业行为。要把“三违”现象当作未遂事故进行分析处理，做到防患于未然。要严格执行国家标准《电力安全工作规程》，建立完善班组自我约束、相互监督、持续改进的现场安全管理常态机制，努力创建无违章班组。

● 加强隐患排查治理。班组是排查治理隐患、防范电力事故的前沿阵地。电力企业要严格执行隐患管理制度，落实班组治理责任。班组要对生产作业场所、设备设施进行定时、定点、定项目巡回检查，及时排查治理现场隐患，对发现的隐患要及时上报，对限期整改的隐患要严格落实防范措施。要积极开展作业安全风险辨识和防范，落实安全组织、技术和应急措施，实现安全隐患闭环管理，确保作业安全。

● 推进班组安全生产标准化建设。电力企业要积极开展班组安全生产标准化建设，逐步实行作业程序和生产操作标准化、生产设备和安全设施管理标准化、作业环境和工具管理标准化、安全用语和安全标志标准化、个人防护用品使用标准化，不断规范班组安全生产行为，实现粗放管理向精益管理、传统管理向现代管理的转变。

● 强化班组安全生产绩效考核。电力企业要建立班组安全生产绩效考核标准和班组安全生产目标考核奖惩制度，切实加强班组安全考核管理，考核结果要与班组成员的待遇、收入、晋级和使用挂钩。要加强班组长的工作考核，将安全生产管理水平作为选拔任用班组长的首要条件，实行“一票否决”。对安全生产工作不称职或有严重失误的班组长要及时进行调整。要健全人才成长和使用机制，利用一线班组培养安全管理的优秀人才。

**（4）加强班组安全宣传教育和培训**

● 加强班组安全生产教育培训。电力企业要坚持以人为本，结合企业、班组和岗位的特点，大力开展岗位技术培训和班组安全教育活动，增强员工遵章守纪的自觉性。要加强班组安全警示教育和全员安全知识培训，做到应知应会、主动防范。所有新进、转岗等人员必须先培训并经考试合格后上岗，特殊作业人员必须持证上岗，员工外部工作环境发生变化时必须开展有针对性的技能训练和安全培训，从根本上提高职工安全素质和操作技能。

● 加强外协队伍和劳务派遣人员安全培训。电力企业要严格外协队伍和劳务派遣人员管理，将外协队伍和劳务派遣人员的安全教育培训工作纳入企业统一管理范围，有针对性地组织开展安全生产知识技能教育培训。对外协队伍与正式员工实行同样的培训内容、培训时间和培训标准，做到统一要求、统一考核、统一奖惩，使安全管理不留死角，全面提高班组安全生产管理水平，积极构筑和谐电力企业。

● 积极开展班组安全文化活动。电力企业要通过多种形式、多种载体，面向基层班组、职工群众，加强安全宣传工作，营造人人关心、人人参与安全的浓厚舆论氛围。要坚持开展班组安全日活动，丰富活动内容，保证活动时间，确保活动效果。要加强班组安全文化建设，大力倡导“事故可防可控”观念，强化员工安全生产责任意识，培养树立正确的安全价值观，增强安全生产内在动力，真正实现“我要安全、我会安全、我能安全”的转变。

● 广泛开展班组安全生产劳动竞赛。电力企业要按照国家有关要求，以创建“工人先锋号”、开展“安康杯”竞赛等活动为载体，以预防事故、消除隐患、提高质量、技术革新为重点，开展主题鲜明的安全生产劳动竞赛，引导班组成员争当安全生产工作的先锋和推动安全发展的楷模。要定期组织开展班组安全管理先进经验交流活动，开展评比竞赛，对安全管理先进班组和优秀员工要给予表彰奖励和宣传，不断提高班组安全生产工作的执行力、创新力和凝聚力。

**(5) 提高班组应急能力**

● 加强班组应急能力建设。电力企业要重视班组应急能力建设，将班组应急工作纳入企业应急体系建设，将应急建设要求落实到班组。要加大班组应急投入，配备必要的装备物资，完善应急保障条件，为班组第一时间开展应急救援创造条件。班组长在突发事件应急情况下，要按预案要求履行现场指挥、决策等职责，确保一旦发生险情，能够及时采取措施，最大可能减少事故损失，避免人员伤亡和事态扩大。

● 加强班组应急管理。班组要加强自身应急管理，在执行企业制度和应急救援预案的基础上，进一步细化现场处置方案，制定落实应急救援措施，明确应急处置流程和班组成员职责。班组要结合实际，定期开展应急演练，加强人员对设备操作、应急程序、应急职能的熟练程度。班组要注重通过演练发现问题，及时对现场处置方案和应急救援措施进行完善，切实提高方案措施的针对性和实效性。

● 提高班组成员的应急技能。电力企业和班组要加强作业人员的触电急救、医疗救护、消防、应急避险、安全保卫等的应急知识教育和技能培训，组织员工开展岗位应急训练，确保员工正确使用应急装备、应急工器具、个人应急防护用品，积极推广、应用电力专业应急新技术和新装备，不断提高员工个人应急自救、互救能力。

**9.《关于学习推广“白国周班组管理法”进一步加强煤矿班组建设的通知》相关要点**

2009 年 10 月 27 日，国家安全生产监督管理总局、国家煤矿安全监察局、国务院国有资产监督管理委员会、中华全国总工会、共青团中央联合下发《关于学习推广“白国周班组管理法”进一步加强煤矿班组建设的通知》（安监总煤行［2009］212 号）。《通知》指出：加强班组建设是煤矿安全生产的第一道防线，只有保证现场每个人的安全、每个班组的安全，才能保证煤矿企业的安全。“白国周班组管理法”是河南省中平能化集团七星公司白国周同志在担任班长的 22 年工作实践中，不断探索和总结出的一套行之有效的班组管理方法，得到了中央领导同志的高度评价。为进一步加强煤矿班组建设，切实把煤矿安全生产责任和措施落实到班组，强化现场管理，有效防范煤矿事故，现就学习推广“白国周班组管理法”有关事项通知如下：

**(1) 充分认识学习推广“白国周班组管理法”、加强煤矿班组建设的重要意义**

地方各级煤炭行业管理、煤矿安全监管监察部门和工会、共青团组织，中央和地方各煤矿企业，要站在强化煤矿安全基层基础管理、提升管理水平和维护职工生命健康权益的高度，充分认识学习推广“白国周班组管理法”的重要意义，将其作为加强煤矿企业班组建设、促进煤矿安全生产的重要手段和方法，结合实际，学习推广应用。

● 学习推广“白国周班组管理法”，加强班组建设，是煤矿安全生产领域贯彻落实中央领导同志重要指示精神的有力举措。党中央、国务院领导同志高度重视煤矿安全生产和基层基础建设，要求明确职责、落实责任，从最基础的工作抓起，完善班组建设的规章制度和标准，将安全生产措施不折不扣地落实到每个区队、班组和岗位。中央政治局委员、全国总工会主席王兆国同志指出，“白国周班组管理法”是很好的班组管理典型，工会要与有关部门一起抓好班组管理。中央政治局委员、国务院副总理张德江同志指出，煤矿安全生产，加强班组建设、发挥班组长的作用十分重要。要在煤矿系统推广“白国周班组管理法”，把煤矿安全生产落实到班组。学习推广“白国周班组管理法”，加强煤矿班组建设，是贯彻落实中央领导同志一系列重要指示精神的有力举措，也是落实“安全生产年”总体要求，深入开展安全生产“三项行动”，搞好安全生产“三项建设”的重要内容。

● 学习推广“白国周班组管理法”，加强班组建设，是强化煤矿安全基础管理的关键环节。煤矿基层基础薄弱，是影响与制约安全生产的重要因素之一。要搞好煤矿安全工作，必须抓好煤矿班组这个最基层、最基础的单元。实现班组规范化管理、标准化建设，是强基固本、夯实煤矿安全基础、推动煤矿企业安全发展和可持续发展的关键环节。“白国周班组管理法”是一种有效实用的煤矿班组管理模式，其严抓制度落实和工程质量、隐患排查处理及时到位等做法，为实现班组规范化管理、标准化建设提供了成功的经验。

● 学习推广“白国周班组管理法”，加强班组建设，是提升管理水平的有效方法。企业的执行力在班组中体现，企业的效益通过班组实现，企业的安全由班组来保证。“白国周班组管理法”以全面提高班组职工安全生产综合素质为保障，鼓励一专多能，注重提升班组每一位员工的业务技能和执行力、战斗力、创造力，使班组工作水平不断迈上新台阶，成为安全、文明、优质、高效的单元。学习推广“白国周班组管理法”，提高班组员工素质，提高班组管理水平，是整体提升企业管理水平的重要组成部分，是企业面向未来、着眼长远的战略举措。

● 学习推广“白国周班组管理法”，加强班组建设，是减少“三违”（违章指挥、违章作业、违反劳动纪律）、防范事故的有效途径。煤矿生产安全事故80%是由“三违”造成的。“白国周班组管理法”的特点之一就是始终坚持“安全第一”，坚守安全管理制度，坚决做到不违章指挥，严格要求和监督班组内所有成员遵章守纪、规范操作，绝不违章作业。学习推广“白国周班组管理法”是关口前移抓现场，重心下移抓班组，充分发挥班组安全生产第一道防线的作用，减少和杜绝“三违”现象，有效遏制重特大事故，减少事故总量，实现安全生产的重要保障。

● 学习推广“白国周班组管理法”，加强班组建设，是坚持以人为本、构建和谐矿区的基本要求。“白国周班组管理法”坚持以人为本，以人性化管理和亲情感召凝聚工友思想意志，努力形成安全生产的整体合力。多年来，白国周班组成员像亲兄弟一样抱成团，心往一处想，劲往一处使，生活上互相关心，工作上互相帮助。长期的亲情管理使全班十几个小家庭结下了深厚的友谊，形成了一个和谐温暖的“大家庭”。该班组不仅22年不出生产安全事故，而且班组的生产任务、工程质量、成本效益等多项指标始终处于公司前列。实践证明，维护班组的和谐团结是企业和谐的基础，既能为安全生产创造条件，也能为构建和谐矿区做出贡献。

**(2) 正确把握“白国周班组管理法”的主要内容和特点**

●“白国周班组管理法”的主要内容。“白国周班组管理法”的主要内容可以概括为“六个三”，即“三勤”：勤动脑、勤汇报、勤沟通；“三细”：心细、安排工作细、抓工程质量细；“三到位”：布置工作到位、检查工作到位、隐患处理到位；“三不少”：班前检查不能少、班中排查不能少、班后复查不能少；“三必谈”：发现情绪不正常的人必谈、对受到批评的人必谈、每月必须谈一次心；“三提高”：提高安全意识、提高岗位技能、提高团队凝聚力和战斗力。

“六个三”主要体现为：“三勤”跑现场，“三细”保质量，“三到位”抓落实，“三不少”查隐患，“三必谈”聚亲情，“三提高”塑团队。操作要领为严规程、强执行、提素质、重亲情、善激励。“白国周班组管理法”既体现了“严、细、实”的工作作风，又体现了用心做事、爱心待人、恒心坚持的工作态度；既具有煤矿班组管理的特殊性，又具有企业班组管理的普遍性，是有效、实用的管理方法与工作方式的有机结合。

●“白国周班组管理法”的主要特点。一是牢牢树立“安全第一”的理念，严格执行安全管理制度，任何情况下都把安全生产放在第一位，坚决做到不安全绝不生产。二是生产过程中注重质量、盯住细节、勤于检查、抓好落实，时刻注意把隐患消灭在萌芽状态。三是刻苦学习，钻研技术，言传身教，带领工友努力成为开拓掘进的行家里手和技术能手。四是坚持以人为本，亲善求和，以人性化管理和亲情感召凝聚工友思想意志，努力形成安全生产的整体合力。

五是20多年始终如一，持之以恒，尽职尽责，在平凡的工作中创造了煤矿班组安全管理不平凡的业绩。

**(3) 以学习推广“白国周班组管理法”为契机，进一步加强煤矿班组建设**

● 分类指导，突出重点，整体推进。全国总工会、国家煤矿安监局印发的《关于加强煤矿班组安全生产建设的指导意见》（总工发[2009] 15号）对建立完善班组安全生产管理体系、规范班组长管理和加强班组现场安全管理等方面都提出了明确要求。地方各级煤炭行业管理部门要全面掌握本地煤矿班组建设总体情况，围绕煤矿企业在不同时期的发展重点和特点，针对小型煤矿区队、班组建制，班组基本配置，班组管理等规章制度不健全、用工管理混乱、“三违”现象严重等问题，把班组安全生产建设作为加强安全生产基层和基础管理工作的重要内容，制定完善班组建设的具体目标和标准，因地制宜、注重引导、全面提升。各煤矿企业要把班组建设纳入企业发展的总体规划，摆上重要工作日程，建立健全班组建设的组织领导体系，明确责任部门和责任人，在企业内部形成行政主导、工会督导、职能部门协调的党政工团齐抓共管的班组建设工作格局。各小型煤矿要严格按照要求，建立区队、班组建制，落实好班组建设的各项制度；要按照《工会法》的要求，建立健全工会组织，切实发挥工会在班组建设中的作用。

● 加强协作，进一步形成狠抓班组建设的整体合力。地方各级煤炭行业管理部门要结合本辖区实际，研究制定加强班组建设的目标措施和实施办法，精心组织、狠抓落实。各级工会组织，尤其是企业工会，要把学习“白国周班组管理法”同开展“安康杯”竞赛、创建“工人先锋号”等活动相结合，切实维护职工的生命安全与健康。各地共青团组织，尤其是企业团组织，要结合“青年文明号”“青年安全生产示范岗”等活动，在各类企业，特别是在煤矿企业中学习推广“白国周班组管理法”，进一步加强基层班组建设。驻各地煤矿安全监察机构要把煤矿班组建设纳入安全监察的重要内容，针对辖区内可能存在的问题，及时向地方人民政府提出相关意见和建议。地方各级煤矿安全监管部门要加强对煤矿班组建设的日常监督检查，推动煤矿企业强化班组基础建设。

● 选树典型，创造氛围，扎实推进班组建设的深入开展。各有关部门、各单位要充分利用各种媒体，采取多种形式，加大宣传力度，着力营造学习推广“白国周班组管理法”、强化班组建设的浓厚氛围。要大力宣传班组建设中涌现出的先进典型和成功做法，定期组织煤矿班组的经验交流活动，做到地区有典型、部门有典型、企业有典型，充分发挥典型的示范带动作用。要采取自下而上推荐评比的方式，大力开展班组长推优评先活动，对优秀班组长给予表彰奖励。要不断创新班组活动载体，广泛开展以“比安全、比质量、比贡献”和“无‘三违’、无轻伤、无事故”为主要内容的班组竞赛，深入开展岗位练兵、技术比武、提合理化建议、争创学习型班组、争做知识型职工、争做安全示范岗（班组）等不同形式的竞赛活动，推进班组建设深入开展。

● 把握关键，切实抓好班组长的素质提升。要以培养提高防范事故、保证安全生产的综合能力为目标，结合班组长选聘任用、绩效考评、激励约束等工作，按照煤矿企业人才培养和发展的要求，采取集中教育培训、师傅带徒弟、班组自主培训等多种形式，坚持基本知识与实际操作技能提高并重，在加强安全业务知识和技能培训的同时，注重企业管理、政治思想、职业道德、文化建设等方面的培训，切实提高班组长乃至每一个班组成员的专业技能和综合素质，使每位员工真正做到不伤害自己、不伤害别人、不被别人伤害，实现班组安全生产，为煤矿安全生产奠定坚实的基础。

**10.《关于学习推广“白国周班组管理法”切实加强非煤矿山班组安全管理的通知》相关要点**

2010 年 8 月 16 日，国家安全生产监督管理总局下发《关于学习推广“白国周班组管理法”切实加强非煤矿山班组安全管理的通知》（安监总管一［2010］138号）。《通知》指出：“白国周班组管理法”是河南省中平能化集团七星公司白国周同志在担任班长的22年工作实践中，不断探索和总结出的一套行之有效的班组管理方法。“白国周班组管理法”体现了“严、细、实”的工作作风，体现了用心做事、爱心待人、恒心坚持的工作态度，是有效实用的管理方法与工作方式的有机结合。为认真贯彻落实《国务院关于进一步加强企业安全生产工作的通知》（国发［2010］23号）精神，学习推广“白国周班组管理法”，切实加强非煤矿山班组安全管理，促进非煤矿山安全生产形势持续稳定好转，现就有关事项通知如下：

**（1）高度重视，切实加强组织领导**

班组是非煤矿山安全生产的最基层组织。非煤矿山安全生产法律法规、规程标准和相关规章制度的贯彻落实，以及先进适用安全技术的推广应用，都要落实到班组、体现在现场。学习推广“白国周班组管理法”，加强班组安全管理是强化非煤矿山安全基础管理工作的重要组成部分，是实现班组规范化管理、标准化建设，夯实非煤矿山安全基础，创建安全保障型非煤矿山，推进非煤矿山企业安全发展的关键环节。各级安全监管部门和非煤矿山企业要从贯彻落实科学发展观，提高企业安全生产水平，促进非煤矿山安全生产形势持续稳定好转的高度，深刻认识加强班组安全管理的重要性和必要性。非煤矿山企业要把班组作为企业安全生产不可或缺的一级组织，把加强班组安全生产工作纳入企业发展的总体规划，列入重要日程，制订工作方案，落实工作责任，加强组织领导，有序、有力、有效地扎实推进。要明确责任部门和责任人，形成行政主导、工会督导、职能部门协调、党政工团齐抓共管安全班组建设的工作格局。地方各级安全监管部门要结合本地区实际，制订本地区加强非煤矿山班组安全管理的工作方案，主要负责人要亲自组织研究、部署非煤矿山企业班组安全管理工作，分管领导要经常深入非煤矿山企业调查研究和检查指导，深入分析本地区非煤矿山企业班组安全生产的工作情况，认真查找薄弱环节，采取对策措施，建立有效机制，切实把班组安全管理的各项工作落到实处，抓出实效。

**(2) 完善班组建制，明确并落实班组安全生产责任**

非煤矿山企业要按照精简高效的原则完善班组建制，严禁层层转包、以包代管。要制定班组定员标准，严格控制作业人数，严禁超定员生产，严禁两班交叉作业。地方各级安全监管部门要结合本地区金属非金属露天矿山、地下矿山、尾矿库及石油天然气开采企业的不同特点，分别制订班组建制方案，明确大、中、小型矿山企业班组建设的目标、要求和具体标准，因地制宜、注重引导、全面提升，努力推进班组建制的标准化、规范化。

非煤矿山企业要明确并落实班组作业现场安全生产责任主体，实行区队长、班组长作业现场安全生产负责制，明确并落实作业现场班组长和各岗位员工的安全生产责任。班组长对本班组作业现场实施安全生产决策和组织指挥，是本班组安全生产的第一责任人，要严格按照施工管理人员提出的要求，组织本班组员工在指定施工场所进行作业，并要检查本班组作业现场的安全生产情况、员工安全作业情况，进行安全评估验收，要求和指导员工正确使用机器、电气设备、工具、原材料、安全装置和个人防护用品等。在安全隐患没有排除或不具备安全生产条件时，班组长有权拒绝开工或停止生产；作业现场遇到重大险情时，有权组织人员撤离现场，避免事态扩大。班组员工要对本岗位的安全生产负责，要严格遵守劳动纪律和安全生产规章制度，要执行本岗位的安全技术操作规程，并有权拒绝违章指挥。

**(3) 健全班组安全规章制度，落实各项制度和措施**

非煤矿山企业要健全完善班前会制度、班组长随班交接班工作制度、安全生产标准化管理制度、安全隐患排查治理制度、事故报告和处理程序、事故分析处置制度、安全检查与奖惩制度、班组学习培训制度、岗位技能训练制度、现场安全文明生产制度、安全隐患举报制度、员工安全权益维护制度、安全绩效考核制度，以及本企业认为需要制定的其他相关制度。金属非金属矿山企业要按照《金属非金属矿山安全规程》的要求，结合现场生产工艺，制定岗位安全技术操作规程；要在危险源辨识、风险评估的基础上，制定各岗位、各工种的安全生产工作程序和工作标准。石油天然气开采企业要推广 HSE（健康安全环境）管理体系，制定相应的程序文件和作业指导书。

非煤矿山企业要制定切实可行的措施，保证班组各项规章制度落到实处。一是要有矿领导带班，与工人同时下井、同时升井，并按有关规定认真履行职责。二是加强对班组长的管理。要明确班组长的任用标准条件、产生办法和聘任方法，选拔优秀员工担任班组长；要加强班组长工作考核，把班组长纳入企业管理人才培养计划，注重从优秀班组长中选拔人才。三是把反“三违”作为重中之重，做到班组长不违章指挥、员工不违章作业和违反劳动纪律。要把“三违”现象当作事故进行分析处理，做到防患于未然。四是加强现场监督检查，落实现场安全技术操作规程，严格按批准的技术措施进行施工或生产，严禁违规作业。五是加强隐患排查治理。实行班组隐患分级管理，落实治理责任。对生产作业场所、设备设施及各系统进行定时、定点、定路线、定项目巡回检查，及时排查治理现场事故隐患；对重大隐患要及时上报。对限期治理的事故隐患，要严格落实现场防范措施。六是强化安全培训。要保证员工具备本岗位安全操作、自救互救和应急处置所需的知识与技能，提高员工安全技能和自我防范意识。所有员工必须全部经过培训合格后上岗。七是严格进行奖惩。要通过激励机制激发班组员工在安全生产工作方面的积极性和创造性，通过约束机制约束员工的不安全行为，做好自我防范。要奖励、鼓励员工查找本岗位和本班组存在的安全隐患，监督举报各种违规和违章行为。

**(4) 强化宣传教育，切实加强班组安全文化建设**

非煤矿山企业要坚持以人为本，关爱员工生命，结合企业、班组和岗位的特点，大力开展班组文化宣传教育活动，增强员工的安全意识。要组织员工学习国家安全生产法律法规，增强员工遵章守纪的自觉性；加强安全操作技能培训，增强员工自我防范能力，严格执行各项规章制度和操作规程，切实加强班组安全观念文化、安全行为文化、安全管理文化和安全物态文化建设。积极开展切合实际、形式多样、体现班组特色的安全文化活动，强化安全生产法制意识、责任意识，培养树立正确的安全价值观、安全效益观和安全发展观，坚持先进的安全理念，落实职工群众的安全生产知情权、参与权、监督权、表达权和举报权，增强安全生产内在动力，实现“我要安全”。要培养和弘扬班组团队精神，做到工作相互支持、密切配合，工序衔接协调无误。

**(5) 创新机制，开展班组安全创优争先活动**

非煤矿山企业要建立班组安全生产绩效考核标准，加强考核工作，考核结果要与班组长的待遇、津贴、收入和晋级挂钩。对安全生产工作不称职或有严重失误的班组长，要及时按规定和程序解聘。要建立企业班组安全生产目标考核奖惩制度，把安全生产控制目标层层分解落实到班组、个人，完善安全指标完成情况在结构工资制中的构成比重，将安全生产作为班组、班组长、员工推优评先、效益工资分配的“一票否决”指标。要结合学习推广“白国周班组管理法”，全面开展班组安全创优争先活动，定期组织开展非煤矿山班组安全管理先进经验交流活动，对安全管理先进班组和优秀员工要给予表彰奖励，以点带面，全面推进非煤矿山班组安全管理工作的开展。

**(6) 着眼实践，提高安全应急处置能力**

非煤矿山企业要建立健全班组岗位应急预案，配备必要的应急装备物资，为班组在第一时间开展应急救援工作奠定基础。各班组要在企业总体应急救援预案的基础上，制定操作性更强、更完善、更详细的现场应急救援措施，积极开展应急预案（措施）的演练，提高对设备操作、应急程序、应急职能的熟练程度。要切实提高演练的针对性和实效性，并注重通过演练发现问题，及时对应急预案（措施）进行完善。要赋予企业生产现场带班人员、班组长和调度人员在遇到险情时第一时间下达停产撤人命令的直接决策权和指挥权，一旦发生险情，班组长要组织人员及时撤离，避免人员伤亡。

**11.《关于印发神华宁煤集团推行“四五六”班组管理新模式加强煤矿班组安全建设经验材料的通知》相关要点**

2011年8月16日，国家煤矿安全监察局办公室发布《关于印发神华宁煤集团推行“四五六”班组管理新模式加强煤矿班组安全建设经验材料的通知》（煤安监司办［2011］20号）。《通知》指出：近年来，特别是全国煤矿班组安全建设推进会召开以来，神华宁煤集团结合企业发展实际，系统梳理总结建企50年来班组安全建设的经验做法，形成了一套“定位清晰、体系健全、载体丰富、管理到位、民主科学”，具有本企业特色的“四五六”班组管理新模式，班组的创新力、凝聚力、向心力、执行力和战斗力显著增强，集团公司2 868个班组的安全生产管理水平明显提高，为企业快速发展、跨越式发展培养了大批熟练工人，提供了强有力的队伍保障，也为全国煤矿企业班组安全建设提供了一套成熟的经验做法和管理模式。相关企业要结合本企业情况，进一步加强煤矿班组安全建设，提高现场管理水平，促进全国煤矿安全生产形势的持续稳定好转。

神华宁煤集团推行“四五六”班组管理新模式，加强煤矿班组安全建设的经验主要是：

神华宁煤集团成立于2006年1月，是神华集团控股子公司，也是宁夏回族自治区龙头骨干企业，至2010年年底资产总额637亿元，煤炭生产能力超过6 000万吨，实现利润50亿元。自全国煤矿班组安全建设推进会召开以来，神华宁煤集团结合企业发展实际，创新求实，系统梳理总结了建企50年来班组建设的好传统、好经验、好做法，并进一步解放思想，更新理念，强化执行，形成了一套“定位清晰、体系健全、载体丰富、管理到位、民主科学”的“四五六”班组建设管理新模式，整体推进了集团公司班组建设工作，收到了十分明显的效果。

**(1) 神华宁煤集团“四五六”班组建设模式与特点**

“四五六”班组建设管理新模式，坚持安全、工作、学习、活动四位一体的原则，以创建学习、安全、创新、专业、和谐五型班组为核心，以构建班组建设组织、制度保障、现场安全风险管控、教育培训、文化引领、考核评价六大体系为支撑，紧紧围绕科学发展、安全发展这个主题，始终把加强班组建设作为深化“双基”建设、全面加强安全生产管理的重要抓手；文化引领，持续改进，不断创新；努力将各类班组建设成为安全文明高效、培养凝聚人才、开拓进取创新、团结学习和谐的健康细胞；为职工搭建起不断提升技能素质、充分展示自身能力和抱负的平台；把班组长培养成为政治强、业务精、懂技术、会管理和具有现代意识的基层管理者；把班组员工培育成为有理想、有道德、有纪律、有文化，敬业、勤奋、创新、踏实，热爱本职岗位的劳动者。

● 从战略高度定位班组建设，推行全员全过程管理。

一是班组安全管理的定位。神华宁煤集团班组建设始终坚持“安全高于一切、安全重于一切、安全先于一切、安全影响一切”的安全理念，以“人员无失误、系统无缺陷、设备无故障、管理无漏洞”为目标，安全管理无缝衔接、闭环相扣。集团公司上下大力推行班组成员安全动态互保联保制度，做到互相提醒、互相照顾、互相关心、互相监督、互相检查、互相保证，使班组员工真正做到不伤害自己、不伤害别人、不被别人伤害，实现班组安全生产。

二是班组工作的定位。强化安全是第一责任，完成任务是第一要务，保质保量是第一原则，确保进度是第一目标，创造绩效是第一要义，做到事事有人管，管事凭制度，管人凭考核，奖惩看业绩，这是神华宁煤集团班组建设工作的根本和基石。同时，积极引入先进管理理念、先进管理方法、先进管理手段、先进信息技术，大力推进精益管理、班组核算、班组文化和团队建设，切实做到班组团队成功，个人素质提升。

三是班组学习的定位。集团公司上下积极开展“创建学习型班组、争做知识型职工”活动，加大基层区队图书馆、阅览室的投入和建设，建成了覆盖全员的班组学习室，做到全员学习、终身学习，工作学习化、学习工作化。

四是班组活动的定位。践行文化、健康、文明、向上的班组活动定位。集团公司上下广泛开展读书竞赛、岗位练兵、技术比武、“安康杯”竞赛活动，广泛开展安全竞赛、劳动竞赛、业绩竞赛活动，广泛开展“合理化建议”、班组生活会活动，广泛开展小改小革、技术革新、科技攻关、QC 成果、修旧利废活动，广泛开展广场文化、团队建设、体育健身活动，让员工在快乐中工作，在工作中成长。

● 以五型创建为核心，实施全方位标杆班组工程。

一是全力打造学习型班组。随着神华宁煤集团生产设备、工艺、技术的不断更新，以及信息技术、计算机网络技术的广泛运用，集团公司的班组建设不断创新管理理念、方法和手段，做到与时俱进、快速应变，在不断学习中求创新，在不断创新中做贡献，不断提升班组管理水平和管理效能，满足企业发展对班组建设的需要。按照“干什么学什么，缺什么补什么，练什么精什么”的基本原则，争做一专多能、知识型、技能型、专家型的复合型人才。

二是全力打造创新型班组。调动和激发班组员工的首创精神，激励员工自觉、自愿、自动地发现问题、解决问题、改进方法、提高效率。通过建立攻关团队、创新小组等形式，进行技术革新、专利发明、QC 攻关活动，增强员工的创新意识，激发员工的创新激

情，提升班组管理的效能和效率。

三是全力打造安全型班组。严格执行“三不生产”和“四不开工”原则，即不安全不生产、不文明不生产、不标准不生产；危险源辨识不清不开工、管控措施不到位不开工、作业能力达不到不开工、隐患不排除不开工。推进安全质量标准化建设，推行作业现场精细化管理，不断强化员工的标准化意识，做到上标准岗、干标准活，实现“现场制度落实达标、环境安全达标、设备完好达标、操作程序达标、工程质量达标”。深入推进“手指口述”和“准军事化”管理，提高各级、各岗位人员的执行力。

四是全力打造专业型班组。神华宁煤集团将班组员工队伍建设纳入集团公司整体人才开发体系和人才强企战略。加强对班组员工职业生涯的规划，建立科学的班组岗位竞争机制和绩效考核机制。根据安全生产需求，本着生产工艺化、对象专业化、合作效益化，有利于生产、有利于安全、有利于提高劳动效率、有利于提高经济效益、有利于管理和适应协作的原则，将班组建设的目标、内容、要求、方式方法与实际紧密结合，使每位班组员工都能成为行家里手，把班组建成专家团队。

五是全力打造和谐型班组。神华宁煤集团上下大力弘扬和传承以“特别能吃苦、特别能战斗”“厚德载物”等为核心的企业精神，努力打造符合时代特点的先进班组团队文化，用先进团队文化凝聚力量，引导班组建设。紧紧围绕建设“四有”员工队伍目标，抓好员工政治理论、企业精神和职业道德教育，开展好工会小组活动及各类有益的文体活动、社会公益活动，教育员工遵纪守法。建立班组员工家庭档案和困难员工档案，积极开展送温暖活动。及时掌握班组成员思想动态，做好谈心、家访工作。随时调解班组员工纠纷，搞好班组治安防范、职业健康、劳动保护等工作，确保班组的和谐稳定。

● 体系保障，提升班组建设的层次和水平。

神华宁煤集团把班组建设纳入企业安全发展规划，纳入年度“五型企业”考核之中，出台了20余项班组建设管理制度，不断健全完善党政工团齐抓共管的班组建设组织体系、制度保障体系、现场安全风险管控体系、教育培训体系、文化引领体系和考核评价体系，构建了班组建设的长效机制。集团公司把班组建设作为一把手工程、细胞工程、精品工程、和谐工程和企业长治久安的生命工程强力推进；各职能部门根据班组建设的总体要求，按照具体分工，负责各项推进措施的制定、检查和考核工作。各基层单位的党政负责人都把班组建设作为提高核心竞争力，事关集团公司发展战略的全局性、基础性工作来考虑，纳入本单位战略发展整体规划来布置，定期召开联席会议，听取班组建设工作汇报，及时发现问题、解决问题，确保班组建设工作的稳步推进和班组建设水平的稳步提升。

**(2) 神华宁煤集团班组安全建设的成绩与效果**

● 安全管理再创新水平。强化了班组现场危险源辨识和风险预控措施的落实，员工的安全意识明显增强，安全生产工作持续平稳发展。2009年和2010年，在原煤产量不断攀升的情况下，连续两年实现了原煤生产百万吨死亡率为零的突破。2010年还消灭了重伤以上事故，2011年以来，又消灭了轻伤以上事故。集团公司涌现了一批安全生产5 000天的煤矿和安全生产近50年、40年、30年的先进区队、优秀班组。其中，红梁公司掘进队实现了连续48年安全生产无事故，在全国煤矿树立了安全发展的典范。

● 生产效率大幅提高。通过大力开展班组劳动竞赛，2010年原煤综合单产同比提高18%，原煤生产劳动效率同比提高25.8%。其中，羊场湾煤矿综采一队以日产4.8万吨、月产107万吨、季产285万吨，再次刷新宁夏煤炭行业原煤日产、月产、季产纪录；枣泉煤矿综掘队全年掘进进尺突破万米大关，生产一班以单班日进尺25米、月进尺520米，创造了集团公司班组单进新水平。

● 员工技能素质全面提升。集团公司先后涌现出全国巾帼标兵、五一劳动奖章获得者张玉梅，中央企业技能状元、自治区首席工人技师马洪涛，中央企业技术能手梁元元等一大批杰出技术人才，有51人荣获“自治区技术能手”称号，119人荣获“自治区青年岗位能手”称号；采煤机司机和综掘机司机两个工种获得神华集团技能大赛第一名。

● 创新创效成果显著。集团公司2 868个班组全面开展合理化建议、小改小革、修旧利废和“五个一”创新创效活动，形成了“钱卫循环轨道”“吴磊综掘机截割部安全保护罩”“徐建华护板”“陶玉田超前液压控制阀”等一大批以班组员工名字命名的技术创新成果。2010年，全集团公司提出合理化建议近5万条，完成技术革新项目400余项，直接创造效益1.46亿元。

● 特色班组建设成绩喜人。集团公司羊场湾煤矿综采一队生产一班荣获“全国煤矿优秀班组”称号，枣泉煤矿综掘队检修班荣获“全国工人先锋号”称号，汝箕沟矿准备队生产一班、焦煤公司综采队采煤一班等6个班组荣获全国“安康杯”优秀班组称号，涌现出了全国煤矿“十佳”班组长张宁喜、全国优秀班组长盛光前等一批先进个人。

**(3)“宁煤经验”的重要启示**

班组是企业最基本、最基础的组织，班组建设的好坏直接关系到企业的稳固和发展。神华宁煤集团全面推进“四五六”班组建设管理新模式，走出了一条有思路、有亮点、有特色、有成效的班组建设之路，总结该集团公司班组安全建设的经验做法，会给全国煤矿进一步搞好班组建设以十分重要的启示。

● 健全完善的制度体系是推进班组建设的根本保障。神华宁煤集团上下高度重视班组建设工作，在集团公司、各基层单位均成立了班组建设领导小组，形成了党政统一领导，分管领导主要抓，工会牵头抓，其他部门各司其职、通力合作的工作机制；并在实践中提出了“基础要夯实、安全要保障、产量要上去、质量要一流、效益要提高、成本要下降、班组要和谐”的班组建设规划和目标，班组建设呈现出创建载体多样化、安全生产标准化、动态达标制度化、班组管理民主化的良好局面，发挥了整体效应。

●公推直选是选好配强班组长的民主途径。该集团公司借鉴基层党委公推直选的先进经验，引入了公推直选班组长的选举机制，把选好、用好班组长作为抓好区队班组建设和安全工作的关键，把技术过硬、作风扎实、管理严格作为合格班组长的基本条件，按照其岗位必须具备的专业技能、安全管理、成本理念、发现问题、解决问题、现场组织、协调和谐、民主意识八种能力要求，通过民主选举产生班组长。2009 年，集团公司基层单位共公推直选出员工信任、大家拥护、工作能力强的 1 065 名班组长。2010 年，全集团公司 2 868 个班组的 3 007 名班组长全部实现了公推直选，有效地推动了基层民主政治建设。

●有效激励是抓好班组建设的关键举措。突出正面引导，加大奖惩力度，物质上有实惠、精神上有动力，极大地调动了班组长抓安全、促生产、提效益的工作积极性和主动性。神华宁煤集团在政治、经济和福利待遇上对班组长给予倾斜。各单位每季度进行一次班组建设评议考核，对评出的优秀班组长给予奖励；对连续四个季度都被评为优秀班组长的，作为矿厂先进进行表彰；连续两年被评为矿厂先进的，直接进入劳模评选行列；连续两年进入劳模行列的班组长，作为矿厂的中层后备干部进行重点培养。集团公司 2009 年组织 150 名班组长到大连疗养，2010 年组织 1 026 名优秀班组长和劳动模范到上海观摩世博会，2011 年又组织 2 022 名优秀班组长和劳动模范到外地疗养；连续两年对“十佳”班组长给予重奖，每人奖励一辆价值 16 万元的小轿车。这些举措在企业内引起了极大反响，进一步营造了争做“十佳”班组长的浓厚氛围。

●持续创新是激发班组活力的不竭源泉。大力开展学习型、安全型、创新型、专业型、和谐型“五型”班组创建，引导和激励员工围绕安全生产、成本控制、精细管理、创新创效，不断提升班组建设质量。通过持续开展各矿厂之间的班组建设交流观摩活动，进一步提升了认识，交流了经验，营造了氛围，推动了集团公司班组建设整体水平的提升。2010 年，全集团公司先进班组比例达到了 51.5%，合格班组为 48.5%，没有不合格班组。

● 文化引领是推动班组建设的强大动力。以文化育人、以文化塑人，深入开展了企业文化理念宣贯和安全文化渗透、亲情文化辐射、感恩文化培育等系列主题实践活动，切实增强了员工的使命感和主人翁意识，提高了员工的工作积极性和主动性。

● 丰富的载体是推动班组建设创水平、上台阶的重要抓手。神华宁煤集团各煤矿区队班组牢牢把握“安全生产、成本控制、精细管理”三大主题，生产一线班组围绕“安全、单产单进”创特色；生产辅助班组围绕“设备三率、安全运行、系统顺畅”创特色；地面班组围绕“服务一线、美化环境”创特色；煤化工班组围绕“安、稳、长、满、优”创特色。深入开展创建“五型”班组、安全明星班组、最佳班组、优胜班组、“三无一创”（无轻伤、无重伤、无“三违”，创本企业班组日产日进、月产月进最高水平）班组和“九比”（比安全、比出勤、比进尺、比干劲、比质量、比产量、比节约、比效率、比开机率）劳动竞赛、“三和一星”（和谐车间、和谐部室、和谐班组，员工之星）竞赛、“评级挂星”竞赛等活动，深化班长实战课堂、班组拓展训练等众多建设载体，取得了明显效果，集团公司班组建设呈现出百花齐放、百花争艳的工作新局面。

经过多年实践和探索，神华宁煤集团建立了一整套具有宁煤特色的“四五六”班组建设管理新模式，为加强煤矿基层和基础管理，推进企业科学发展、安全发展、和谐发展发挥了重要作用，为全国煤矿班组安全建设提供了较为成熟的成功经验，具有很强的实用性、可操作性和指导性，值得有关单位学习借鉴。

**12.《关于印发中国平煤神马集团六矿综采四队大学生采煤班经验材料的通知》相关要点**

2011年8月16日，国家煤矿安监局办公室下发《关于印发中国平煤神马集团六矿综采四队大学生采煤班经验材料的通知》（煤安监司办［2011］21号）。《通知》指出，首套完全国产的自动化综采设备于2008年11月研制成功并在中国平煤神马能源化工集团有限责任公司（以下简称中国平煤神马集团）六矿试运行。为确保设备的安全高效运行，中国平煤神马集团决定组建六矿综采四队大学生采煤班（以下简称“大学生采煤班”），由12名大学生担负起该套综采设备的操作、维护和产煤任务。“大学生采煤班”组建近三年来，在河南省首次实现了综采工作面破碎机、转载机、采煤机三机顺序联动，割煤、移架、推溜计算机程序化控制，原煤工效在全国同类矿井中名列前茅，并取得了安全零事故的佳绩，成为高素质人才、高科技装备、高标准管理、高效率团队相结合的现代煤矿“四高”班组的模范。

中国平煤神马集团六矿综采四队大学生采煤班的经验主要是：

中国平煤神马能源化工集团有限责任公司（以下简称中国平煤神马集团）是一家以能源化工为主导的国有特大型企业集团，是我国品种最全的炼焦煤、动力煤生产基地和亚洲最大的尼龙化工产品生产基地，其煤炭产能为7 000万吨。“大学生采煤班”成立于2008年8月，现有成员12名，其中硕士研究生2人、本科学历2人、专科学历8人，平均年龄25岁。“大学生采煤班”担负我国首套完全国产自动化综采设备的操作、维护工作，在河南省首次实现综采工作面破碎机、转载机、采煤机三机顺序联动，割煤、移架、推溜计算机程序化控制，原煤工效在全国同类矿井中名列前茅，并取得了安全零事故的佳绩，成为高素质人才、高科技装备、高标准管理、高效率团队相结合的现代煤矿“四高”班组，被中华全国总工会授予“全国工人先锋号”称号。

**（1）“大学生采煤班”的组建背景**

煤矿作为高危行业，安全问题一直是制约煤炭企业跨越发展的瓶颈。综合自动化采煤是减轻职工劳动强度、实现安全高效生产的必由之路，也是顺应煤炭工业发展方式转变的必然选择。但是，综采自动化的核心——电液控制系统这一关键技术一直由国外垄断，进口一套设备需要 4 亿～5 亿元。2007 年五一劳动节期间，胡锦涛总书记在河南郑州煤机集团视察时指出，“要想办法把电液控制系统攻下来，有了自主知识产权才能放手参与国际竞争，实现自动采煤高端设备国产化”。2008 年 11 月，第一套有完全自主知识产权的国产全自动化综采设备研制成功，并在具有丰富综采实践经验的中国平煤神马集团六矿试运行。

为了实现好总书记的嘱托，落实好省委、省政府的部署，完成好这一历史重任，中国平煤神马集团及六矿党政领导班子深刻认识到驾驭这套设备必须有一支思想素质好、文化程度高、专业技术过硬的高素质职工队伍，才能确保这套设备的安全高效运行。按照集团公司领导“凡是这套设备涉及的专业人员都要配齐”的要求，六矿将计算机、机电自动化、采煤等专业的 12 名大学生优中选优地组建在一起，于 2008 年 8 月正式成立了该集团历史上第一个“大学生采煤班”。

**（2）“大学生采煤班”的经验做法**

“大学生采煤班”组建后，在井下地质条件复杂、煤层薄、瓦斯涌出量大，管理和使用这套设备没有任何经验可循的条件下，大胆创新，迎难而上，以抓培训、强管理、搞创新、保安全为核心，围绕打造具有时代特点的“四高”班组，探索形成了以素质提升为目标的人机对接培训模式，以精细化管理为核心的班组管理平台，以推行“六要素”安全管理为主线的本质安全体系，有力推动了煤矿企业的安全高效发展。

● 构建班组人机对接培训模式。

“一对一”岗前培训。为尽快让全体成员了解设备性能、掌握操作技能、解决常见故障，“大学生采煤班”与有关厂家技术人员实行“一对一”岗前培训，重点讲设备原理、操作技能和维护保养常识；利用地面联合试运转的时间，学习系统设置、数据采集、信息分析和自动移架、拆卸组装等基本操作知识，并按照老师的要求，熟悉操作步骤，强化实践演练，实现了人机无缝对接，确保了自动化综采设备在井下一次试车成功。

“二帮一”导师带徒。“大学生采煤班”成员每人都配有两个老师，并签订师徒合同。一个是高学历、高职称的技术理论老师，重点传授自动化设备管理、自动化技术管理等专业理论知识；另一个是现场工作经验丰富的实际操作老师，重点帮教安全操作技能、实际操作经验等知识，帮教时间半年，与大学生同下井、同升井，实行全程跟踪，全程传授生产技能。同时，“大学生采煤班”以班为单位还有两名理论丰富、技术精湛的技术导师，坚持每月分别组织一次学习培训，其整体素质很快适应了自动化设备的需要。

“三位一体”团队学习。团队学习是实现知识共享的重要手段，也是提升职工整体素质的有效方法。“大学生采煤班”坚持专题学、轮流讲、结对子的“三位一体”团队学习方法，打造了一支一专多能、一岗多责的高素质复合型人才队伍。“专题学”就是针对自动化设备运行过程中遇到的问题，建立每周二、四、六上午学习制度，坚持按问题、按生产需求策划主题，安排学习内容，实行专题集中学习，突出学习的针对性。“轮流讲”就是“大学生采煤班”每名成员结合本专业知识轮流授课，授课人提前备课，提前写教案，既当导师，又当学生，实现了团队知识共享。“结对子”就是坚持让本班不同专业的成员结成对子，定时进行轮换，促进各专业之间的相互学习，形成了切合现场生产实际的新“专业”。

● 搭建班组科学管理平台。

管理制度流程化。从规范制度、完善标准、细化流程入手，构建了班组长日工作流程、员工日工作流程、班前会安全教育流程“三项流程”，制定了隐患排查、安全确认等十项安全现场管控制度。编制了涵盖所有岗位的《岗位作业指导书》，对自动化综采设备作业流程、操作要领、成本物耗、故障排除、应急避险等内容都作了详细说明。出台了多项与之配套的实施细则，形成了一套系统的自动化综采工作面管理制度。

作业过程规范化。一是实施正规循环作业，编制自动化综采工作面作业流程正规循环表，在规定的时间，由规定的人员，按照规定的要求，完成规定的任务。二是建立编码信息平台，对主要设备设施、材料等进行全编码，对自动化综采设备实行“全寿命周期”管理。在自动化综采设备搬家过程中，按照程序将所有配品、小件与大型设备同步跟进，编号管理，精确到位，确保了三次采面搬家、一次采面对接的一次试车成功，采面搬家时间也由常规的两三个月缩短为半个月。三是对所有设备实行“包机负责制”和标识管理，特别是针对支架控制器等精密电子元器件，不但贴上标签、标明注意事项，而且采取防尘、防潮、防震措施加以防护。

设备管理智能化。自主开发岗位价值精细管理软件系统，显著提高管理信息化水平，搭建起符合现代煤矿生产需要的班组精细化管理平台。设备需要检修时，岗位价值精细管理系统会根据预定的设备检修周期自动报警，及时提示设备各个部件需要何时、何种检修，并对各个设备部件的更换情况进行自动记录，避免了检修延误延时，方便了检修记录快速查询。系统对以往发生的设备故障进行记录，通过综合诊断分析，有效避免了同类问题的再次发生。

岗位管理价值化。把安全、质量、任务、学习、文明、节约“六元合一”，全部纳入岗位价值考核。首先确定材料使用周期，并把产量任务按比例系数分解，形成价值分解后的岗位价值。从六个方面对岗位付出、效果进行核算，计入岗位绩效工资，促使每个成员努力创造正价值、减少零价值、消灭负价值，实现岗位增值、企业增效、员工增收。坚持岗位价值与人生价值的统一，对优秀员工给予提拔重用。目前，已有 4 名“大学生采煤班”成员走上了正、副科级岗位。

● 推行班组“六要素”安全管理。

建立“六要素”管理系统。围绕零死亡、零事故、零超限“三零”目标，“大学生采煤班”充分发挥综合素质高的优势，针对影响安全生产的“人、机、物、法、环、信”等问题，建立了以人员、设备、物料、方法、环境、信息通讯为主要内容的全员、全方位、全过程的班组现场安全管控系统，通过连续性数据、原始性记录，挖掘有效信息，研究规律参数，对每班安全生产进行系统监控，及时控制人的不安全行为、物的不安全状态、环境的不安全因素，创造良好的工作环境。

推行“六要素”隐患排查。根据“人、机、物、法、环、信”六要素，实施“六排查”，即排查人员是否精力集中，是否情绪稳定，是否胜任工作；排查设备是否完好，运转是否正常；排查物料是否齐备，质量是否符合要求；排查方法是否正确，措施是否到位；排查现场是否达标，环境是否具备；排查信息是否准确，通讯是否通畅。通过实施“六排查”，确保“六要素”排查制度的高效执行。

实施“六要素”安全确认。推行班前会安全确认，确保“人”的因素达标；严格检修制度，确认“机”的因素完好；实施质量监控、定置管理、分区码放，确认“物”的因素达标；推行“手指口述”现场安全确认，严格执行安全规程、标准和措施，确认“法”的因素达标；实施工程质量、环境卫生标准化，保证生产、运输各环节的科学衔接，确认“环”的因素达标；坚持微机定期重启、维护保养线路，确认“信”的因素达标。凡是达不到标准要求的因素，按照隐患等级，分级处理，及时整改，跟踪落实，存档备案。

细化“六要素”系统分析。系统分析包括六个步骤：一是班记录。编制当班安全生产全过程分析图表，由作业人员现场记录生产实际情况，从采煤机启动开始，详细、真实记录开、停时间等原始数据和非正常原因，为综合分析、安全管理提供可靠依据。二是日汇总。根据每班安全生产全过程记录，对生产过程中停车原因及停车时间进行统计、整理，绘制当天停车原因柱状图，标明“六要素”所占比例。三是周分析。按四天一个周期进行生产作业分析，分别统计出“六要素”的影响概率，对生产过程中的各要素进行细致分析和评价，找出产生问题的因素。四是定措施。针对分析找出的因素，按照影响安全生产的时间，由高到低进行排序，分别制定切实可行的措施，加以整改和防范。五是抓修复。通过措施落实，修复安全生产中存在的“漏洞”和不足，减少生产中的停车时间及次数，改善安全生产环境，提高安全系数和生产效率。六是再循环。按周期进行安全生产“六要素”分析，不断发现问题、解决问题，再发现问题、再解决问题，达到优化操作、优化流程、优化工艺，循环递进、梯次增高的目的。

**(3)“大学生采煤班”取得的成效**

● 减少了井下作业人员。综采设备实现自动化操作后，综采工作面无人跟机作业，作业人员大幅减少，每班采面作业人员由原来的 13 人以上减少到 2～3 人，初步实现了煤矿生产由劳动密集型向技术密集型、知识密集型的转变。

● 提高了劳动生产效率。由于综采工作面实现了破碎机、转载机、采煤机三机顺序联动，割煤、移架、推溜计算机程序化控制，劳动效率大幅提高。近三年来，“大学生采煤班”创出了日产 6 985 吨、月产 18.5 万吨的新水平，累计采煤近 400 万吨，占全矿同期原煤总产量的 1/3，相当于 273 名工人采煤的总产量；人均原煤工效达到 167 吨/工，位于全国同类矿井前列。

● 降低了设备故障率。“大学生采煤班”通过科研攻关和精细管理，实现了设备隐患排查自动化、信息化、智能化和采面搬家程序化，保证了自动化综采设备搬家一次试车成功，设备完好率始终保持在100%，杜绝了失爆，不用每年升井大修就能达到国外同类设备的使用寿命，保证了自动化综采设备的高效稳定运转。

● 创新了班组安全管理。面对首套完全国产的自动化综采设备，在没有任何经验的情况下，“大学生采煤班”发挥勤奋钻研、敢为人先的创新精神，先后完成了“全自动化冷却喷雾系统改造”“采煤机红外检测系统改造”等13项技术改造和革新，研发了“董刚软件”“双林加工”“香瑞制图”等一大批以“大学生采煤班”成员名字命名的革新成果，有效弥补了自动化综采设备固有的缺陷，提高了作业安全性和设备自动化程度，成功解决了自动化综采设备维护操作中的一系列难题。

● 实现了安全生产。“大学生采煤班”成员素质高、安全意识强，对安全法律法规理解深、认知准，对实现安全的欲望更加强烈，做到时时想安全；大学生具有专业知识和技能，对隐患早发现、早预防、早处理，及时把隐患消灭在萌芽状态，做到处处会安全；实施“六要素”安全管理，统筹协调各要素之间的关系，做到班班能安全。在采深不断增大、地质条件日益复杂的情况下，没有出现一起设备事故和工伤事故，杜绝了“三违”现象，取得了安全零事故的好成绩。

**(4)“大学生采煤班”的现实意义及启示**

● 探索了煤矿企业加快转变经济发展方式的新思路。长期以来，大多数煤矿企业都存在职工劳动强度大、管理粗放、机械装备水平不高的问题，亟待加快转变发展方式。“大学生采煤班”通过高素质人才驾驭先进装备，减少了现场作业人员，降低了职工劳动强度，提高了劳动效率和效益，提升了安全保障能力。“大学生采煤班”的经验启示我们：煤矿企业要加快转变经济发展方式，必须以高素质职工队伍为基础，以高科技装备为保障，以高标准管理为手段，以高效率团队为支撑，发展先进生产力，努力实现煤矿企业的转型升级，走新型煤炭工业发展道路。

● 形成了一套实现煤矿安全高效的新模式。安全生产是煤矿企业的永恒主题。“大学生采煤班”通过开展“人机对接”知识培训，使全员具有强烈的安全意识和熟练的安全技能，实现了“人机合一”；通过实施精细化管理、全要素分析，用科学规范的制度来保障人与环境的安全可靠性；通过对原有装备的持续改进和性能优化，发挥了设备的最大潜能。这种以塑造安全人为核心，搭建精细化管理平台，打造持续创新机制的做法，是煤矿实现安全高效的必由之路。

● 回答了新形势下现代化煤矿“建设一个什么样的班组”的新问题。班组是企业最基层的组织，也是安全发展的根基。近年来，全煤行业通过加强班组建设和学习推广“白国周班组管理法”，回答了“当一名什么样的班组长”的问题。“大学生采煤班”作为“白国周班组管理法”的延续和发展，通过建设高素质人才、高科技装备、高标准管理、高效率团队相结合的现代煤矿“四高”班组，代表了先进生产力的发展方向。“大学生采煤班”用成功实践回答了在加快转变经济发展方式的新形势下，现代煤炭企业“建设一个什么样的班组”的现实问题，真正做到了把企业安全生产责任落实到班组，把各项安全管理措施落实到班组，把安全防范技能落实到班组，把企业安全文化建设落实到班组，把党和政府对煤矿职工的关怀落实到班组。

● 树立了“80后”大学生就业择业的新观念。在传统观念中，煤矿是个苦、脏、累、险的行业，很多大学生不愿选择矿工这个职业。但“大学生采煤班”成员抱着“把所学专业应用到实践中去”的想法，克服了传统的就业观念，把扎根基层、奉献矿山作为自己的人生追求，毅然放弃到科研院校等优越岗位工作的机会，主动到煤矿生产一线，用自己的行动证明，大学生的价值就在于把知识用在祖国最需要的地方，只要胸怀远大理想，脚踏实地，在哪里都可以大有作为。

中国平煤神马集团大力实施人才强企战略，出台了一系列提高人才待遇、促进人才成长的激励政策。自“大学生采煤班”成立以来，平煤股份一矿、五矿、十一矿等单位先后组建了大学生班、党员大学生班等优秀班组，“用高素质人才发展先进生产力”成为集团上下的普遍共识和自觉行动。“大学生采煤班”不仅在中国平煤神马集团产生了广泛的示范效应，也对全国煤矿班组的安全建设具有重要的指导借鉴作用，对促进我国煤矿安全高效发展、转变煤炭工业发展方式具有深远意义。

**企业生产班组自主安全管理相关政策法规评述**

班组是企业的最小集体，是企业的基本组成部分。如果说企业是安全生产系统的机体，那么班组则是这一机体的细胞。班组生产安全的最终目的是实现员工的生命安全，班组生产安全决定企业安全生产的命运，班组生产过程和作业过程的安全是一切安全生产工作的归宿。

班组自主安全管理建设，是以实现班组自我管理、自我控制、自我完善、自我发展，构建“职工—工艺—安全”质量控制链条，实现对人员素质、设备质量、作业质量的有效控制为目标。班组是安全生产的执行层，抓好班组安全建设，夯实安全生产基础，使事故预防能力体现在基层，这是企业确立的长效安全生产的工作战略。

在企业生产班组自主安全管理建设上，需要注意以下几个问题：

**(1) 提高认识，切实重视和加强班组安全建设**

班组是企业从事生产经营活动最基层的组织形式，同时也是发生事故最多的薄弱环节，是安全事故的受害者，也是安全事故的制造者。对于班组来讲，一个人的不安全行为、一个岗位的缺失、一个环节处理不好，都可能产生安全隐患。如不进行有效治理，就可能发生事故。这方面有很多鲜活、成功的经验，更有大量血的教训。从近几年发生的特别重大事故的统计来看，80％以上的事故都发生在班组，90%都是由于“三违”造成的。由此可见，加强班组安全建设，对于保障职工生命安全、提高企业经济效益、促进企业安全发展具有重要意义。各个生产企业要从以人为本、科学发展的高度，认识和把握班组安全建设工作的重要性，真正重视班组安全建设，为企业的安全发展打下坚实的基础。

**(2) 加强制度建设，全面规范班组安全行为**

从目前来看，许多企业的班组安全建设有了一定进展，奠定了很好的基础，但整体水平不高，还存在很多安全生产责任制不健全、岗位责任制不落实、安全管理粗放等严重影响生产安全的问题。造成这些现象的原因很多，其中最核心的原因是制度建设滞后，特别是制度规定及相关激励和约束机制没有落到实处，功能作用发挥不够。要遏制重特大事故的发生，必须抓好班组安全建设。

抓好班组安全建设，需要从制度建设入手，用制度约束人，用制度管理人，用制度激励人。一是作业规程的编制要全面、科学、准确，有针对性和可操作性，让职工能够熟练掌握。二是每个岗位要建立岗位责任制，每个工种要有严格的操作程序和工艺流程，让每个职工职责明确、任务清晰。三是要建立安全管理制度，让每个职工自觉遵守，从安全管理上堵塞漏洞。四是要建立安全奖惩制度，做到奖罚分明、管理有序。

抓好班组安全建设，还需要在贯彻落实上下功夫。与健全制度、机制相比，这一点更加重要，也是我们班组安全建设的薄弱点和工作着力点。制度制定好了之后，是否不折不扣地执行到位，关键是看制度有没有执行力，激励机制是否能够激发班组职工的积极性和创造性，约束机制是否能够约束职工的不安全行为，做到自觉保安，这是衡量一项制度是否有效的重要方面。各个生产企业的制度建设要从各自实际出发，注重实效，做到奖惩分明、执行有力，真正使制度落到实处，把班组建设成为执行制度的模范、安全生产的堡垒。

**（3）以能力建设为重点，全面提高班组成员的安全技能**

现在，企业职工的来源多样化，职工的流动性也很大，许多企业都存在职工自身素质差、安全技能低的情况，与企业现代化的发展要求不相适应。因此，要加强班组安全生产能力建设，通过培训等形式提高班组成员的素质和技能。

● 抓好班组长的选拔、培养和使用。班组长是班组安全生产的第一要素，是安全生产一系列规章制度执行和落实的关键环节。生产任务的完成、安全质量标准化的达标、现场安全管理、隐患排查治理，都与班组长的决策组织息息相关。隐患是引发事故的重要因素，而隐患的发现与治理是一个随着生产的进行而不断产生和消亡的动态过程，其治本之策还是要靠班组自身的组织性、纪律性，靠班组成员的自觉行动消除和治理隐患。由于班组长在班组中的特殊地位和作用，班组长的能力建设直接影响到整个班组的安全环境，甚至全班组的安全形势。因此，把班组长的选拔、培养、使用作为企业生产管理的重中之重，既是当务之急，也是长远发展的需要。要把班组长纳入企业的重要人才培养计划，从机制上、政策上、管理上营造出优秀班组长脱颖而出的良好氛围。

● 强化培训，全面提高班组自我保安能力。现在，许多企业的职工来自农村，特别是在煤矿井下一线工作的职工，大多数来自农村，很少经过正规培训，存在安全意识差、安全技能低、“三违”现象屡禁不止等问题，严重影响和制约着企业的安全发展。解决这些问题的关键就是要加强培训，通过培训来培养一支安全意识强、操作技能好、管理水平高的职工队伍。

企业要树立安全生产、培训先行的理念，建立培训制度，制定长远培训规划和年度培训计划，编制培训教材，精密组织，严格实施。要针对不同人群、不同岗位开展培训，比如对新工人的岗前培训，对“三违”人员的帮助教育培训，对特殊工种的岗位技能培训，对班组长的理论技能培训以及班组全员的爱岗敬业、团结奉献培训等。培训工作要务求实效，坚持培训与实践相结合、教育与培养相结合、现场讲解与实际操作相结合，使培训效果达到预期目标，切实提高班组全员的综合素质，努力实现煤矿企业的安全、可持续发展。

# 二、企业生产班组自主安全管理做法与经验

班组是企业最基本的单位，处于生产作业的第一线，是企业抓安全生产工作的“落脚点”，班组中的每一个人及物、各种活动均直接关系着企业安全工作的好坏。抓好班组的安全管理，是企业生产顺利进行的有力保障。对于班组的安全管理，首先需要树立“一切事故都可以通过管理去预防”的理念，并且在这种理念的指导下，积极探索班组管理的方法，总结本行业、本企业的实践经验，同时还需要学习借鉴其他行业、其他企业好的做法与经验。古人讲：他山之石，可以攻玉。学习借鉴其他行业、其他企业的做法与经验，能够快速提升本企业的管理水平，能够避免走弯路、绕圈子，这不仅有利于企业的安全管理，也符合广大职工的利益。

## （一）冶金有色企业生产班组自主安全管理做法与经验

### 1. 炼铁厂高炉车间主控班实现生产与安全和谐统一的做法

莱芜钢铁集团有限公司始建于1970年1月，是拥有总资产620亿元、职工3.9万人、产钢能力超过千万吨的特大型钢铁联合企业，2009年与济南钢铁集团有限公司联合组建为山东省钢铁集团有限公司。莱钢集团是全国规模最大、规格最全的H型钢精品生产基地，全国最大的齿轮钢生产基地，全国规模最大、附加值最高的粉末冶金生产基地，主要生产H型钢、热轧卷板、宽厚板、螺纹钢、特殊钢等产品。

银山型钢炼铁厂3号高炉车间主控班成立于2009年12月，现有员工22人，平均年龄30岁；班组主要负责3号高炉的炉内日常操作与调剂、热风炉设备的操作维护、车间的日常生产与调度等工作。该班组自成立以来，时刻牢记肩负的责任和使命，以积极创建学习型班组为动力，将学习型组织的理论工具和方法恰当引入，精

心管控高炉，实现了生产、安全、降低成本和现场环境的和谐统一。班组先后荣获中国质量协会“优秀质量管理小组”以及公司“工人先锋号”“青年文明号”“青年安全生产示范岗”等荣誉称号。

炼铁厂高炉车间主控班实现生产与安全和谐统一的做法主要是：

**(1) 共同学习，提高认识，统一思想，确定目标**

银山型钢炼铁厂 3 号高炉作为集团公司最大的一座高炉，工艺设计先进，关键设备全部进口，技术含量高，操作难度大，生产组织和操作经验几乎为零。而主控班组建之时，班组成员来自全厂不同车间，理论知识有高有低，技术水平参差不齐，不能与大高炉操作相适应。怎样才能破解这一难题？只有积极推进实施学习型班组创建活动，大家共同学习提高才是唯一的出路。

经过学习讨论，班组员工统一了思想，认识到个人与班组需要共同发展，创建学习型班组是为了更好地干好工作，解决生产难题。然后，组织全体员工对企业面临的形势和个人思想、业务、作风的优劣点进行了深入的分析，使大家逐步树立起竞争意识和危机意识，深刻认识到开展创建活动才是保证个人竞争力和企业长远发展的共赢之举。

班组还通过学习讨论，把创建学习型班组的理念贯彻到每一位员工思想中去，在员工的思想中建立起完善的、独特的价值观体系和企业文化，同时通过故事来传递使命。例如，通过“细节决定成败”的故事，阐述“严、细、实、快”的管理方针；通过“100－1＝0”的公式，说明“要么全力以赴，要么全面退出”的工作观等，最终通过建立愿景开发小组——构建愿景的核心要素（包括小组成员说出各自眼中的自己和班组的现状；小组成员讨论各自的愿景，包括个人的和班组的；想象一下班组和自己五年后是什么样子等）——讨论核心要素——阐述经过考验的愿景说明——以在班组范围内推广愿景的方式建立了“人稳炉稳生产稳，场优技优指标优”的班组共同愿景，并确定了“让大高炉在我们手中安全可控”的班组目标。

**（2）搭建学习平台，建立团队和个人学习制度**

面对工艺设计先进、操作难度大的设备，要保证安全、顺利地生产并不是一件轻松的事情。对此，主控班完善学习制度，实现团队学习与个人学习共同进行，并根据学习型班组创建“六个一”的具体要求，结合自身实际，以“团队与个人相结合”和“团队与个人相促进”为原则，搭建各种学习平台。

● 建立“每班一题，每周一课，每月一交流”的团队学习制度。“每班一题”是根据本班情况，由主值人员针对管理操作中发现的问题，在留言板上刊登一道有关技术、管理、操作方面的问答题，引导员工学习技术知识，交流操作方法，形成学习互动。“每周一课”是在每周一召开的技术例会上，组织员工进行操作规程等内容的培训，采取提问、讨论、考试等多种手段活跃气氛，增强培训效果，并通过大家的建言献策，制定出一周高炉操作制度和技术参数，形成团队学习的成果。“每月一交流”是每月一次由厂里组织各高炉班班长和技术骨干进行专业技能、工作经验的交流，由此带动班组整体水平的提高。

● 建立“个人自学、互帮互学、一专多能”的个人学习制度。班组设置了24小时学习室、图书角，购置了《高炉炼铁生产技术手册》《高炉生产知识问答》等图书及其他事故案例和特殊炉况总结等学习资料，同时在老员工和年轻人、党员和群众或在技能上有互补性的员工之间开展结对活动，形成“一师多徒、一徒多师”的培训格局，让班员掌握更多的实际操作知识。与此同时，还组织员工开展“一岗多能”和“精一会二学三知更多”岗位练兵活动，使班员人人掌握了相邻工序三个以上工种的操作。

**（3）坚持学以致用，学习与生产相互促进**

根据型钢炼铁厂“科学经济冶炼，和谐持续发展”的共同愿景，主控班以“高炉安全可控”为目标，坚持学以致用，学习与生产相互促进。

● 通过对 3 200 立方米高炉先进工艺的学习、特点的归纳、问题的研究，坚持发扬“手勤、眼勤、腿勤、脑勤”的“四勤”作风，高炉长期稳定顺行和指标提升的优良业绩。尤其是在低成本冶炼、经济炉料的配加和大高炉炉缸活跃性研究方面都有所创新，在全国同类型高炉中，主控班在原料入炉品位最低的条件下取得了各项经济指标名列前茅的好成绩。

● 班组在团队和个人学习的基础上，以先进的管理方法（如 PDCA 循环法、互相出题法、智慧激励法等）为工具，充分激发了大家的聪明才智，解决了生产上的疑难问题，实现了效益与成果双丰收。2009 年完成的“提升煤比”项目和 2010 年完成的“降低碳化稻壳吨铁消耗”项目均荣获莱钢集团公司 QC 成果发表会优秀成果一等奖，同时获得中国质量协会冶金工业分会授予的“优秀 QC 成果奖”，分别创造了 1 379.3 万元和 118.98 万元的经济效益。

● 在创建过程中开展“我为降耗献一计”“企业有困难，我该怎么办”等活动，鼓励岗位员工出主意、想办法，涌现出了“罐位位置增加摄像镜头”“炉顶点火孔盖改造”“快速赶料线法”等一批合理化建议和先进操作法，为企业降本增效做出了较大贡献。

● 采用双重激励模式，促进团队和个人的持续学习力。主控班采用物质和精神的双重激励模式，对团队和个人的成果给予额外物质奖励，同时加大宣传和学习力度，既激励了成果完成人，也影响了周边人，以小团队带动大团队发展。

创新活动的开展激发了班组活力和班组智慧，使创新成为员工成长的良好习惯，形成了“人人可以创新，时时可以创新，处处可以创新”的格局，营造了“学创互促”的良好氛围。

**(4) 完善班组管理制度，增强班组凝聚力**

为营造一种和谐的班组氛围，确保班员思想稳定，主控班充分利用深度汇谈的形式加强班员之间的沟通和理解，并且根据员工自身的性格特点，成立了由“行动女士”“稳定先生”“未来主义者”“顾问”“吹毛求疵者”等不同角色组成的班委，明确各自的职责，每月召开一次民主管理会，主要对班内各项工作，如考勤、奖金分配、经济责任制考核等重大问题进行公开、公平、公正的讨论，充分发扬民主，统一大家的思想；通过学习先进的管理经验，完善班组管理目标责任书，使每项工作都有章可循，责任明确；制定标准化操作条例，实现量化操作；注重对困难职工的帮助；充分发挥党团员的模范带头作用等。通过开展以上活动，使大家对敬业、爱岗的班组理念产生共鸣，真实感受到班组这个小家的温暖。班组总结归纳的“构建和谐班组、强化团队建设”一文获厂班组管理创新一等奖。

积极推进“6S”现场管理和“五化”工程建设，对员工进行现场管理培训，使他们转变观念，树立做好现场工作的坚定信念，自觉地参与到现场管理工作中来，同时针对本岗位情况进行分析，认真听取各位员工的意见，对员工提出的困难共同探讨，寻找解决的途径，采用检查、整改、教育、巩固的方式将现场管理和“五化”建设成果固化，班组现场和员工素养得到同步提升。目前，主控班生产现场已成为莱钢对外交流的窗口。

在两年多的时间里，主控班依托学习型班组创建活动搭建的平台大显身手，班组的学习力、凝聚力、创新力和群体超越能力不断提升，创造出很好的成绩，2010年提前17天完成全年生产任务，炉况稳定顺行，各项指标在全国同类型高炉中名列前茅，好评不断，班组多名职工先后获得莱钢2010—2011年度“优秀科技人员”“优秀技能人才”等称号。

**2. 煤焦化公司动力车间计控班以培养技能型人才为目标的做法**

水城钢铁（集团）有限责任公司坐落在贵州省六盘水市，建于1966年，经过40多年的建设和发展，逐步成长为以钢铁业为主、集多种配套产业于一体的国有大型钢铁联合企业。现有资产总额66.8

亿元，在岗职工 2.43 万人，主体生产设施达到年产生铁 260 万吨、钢 300 万吨、钢材 180 万吨的规模，主要产品有螺纹钢、高速线材、普通线材等 20 余种。

水城钢铁集团煤焦化公司动力车间计控班是一个拥有 31 名职工的一线生产班组，主要承担煤焦化公司仪表和计算机设备的维护、检修，车间水、风、汽、管线的维护和零部件的机械加工工作，同时还担负全公司的仪表改造和技改大修的安装、调试工作。近年来，计控班以培养技能型人才为目标，以增强职工的学习能力和创新能力为重点，以提高职工的思想道德素质和职业技能为核心，精心组织、突出特色，先后获得“水钢班组工作创新奖”“水钢 QC 成果二等奖”等多个集团公司级奖项，并先后荣获“水钢学习型班组”“水钢先进职工小家”“水钢创新创效优秀班组”“水钢工人先锋号班组”等荣誉称号。2007 年荣获“全国学习型先进班组”称号。

煤焦化公司动力车间计控班以培养技能型人才为目标的做法主要是：

**（1）建立班组共同愿景，实现班组的学习力与创造力**

班组是企业生产经营管理活动的基本作业单位，是企业最具活力的细胞，也是职工学习技术、提升素质、发挥作用的基本场所。

班组需要确立自己的目标，特别是班组愿景体系的建立，能够使班组的凝聚力、职工的向心力进一步增强。为实现班组愿景，普遍推进亲情化管理，使班组管理工作更具人性化，充满亲情味。班组成员对班组的归属感更强，人气指数不断上升，营造出前所未有的和谐的良好氛围。员工把个人利益与集体利益紧密联系起来，自觉地把个人融入集体之中，进一步提高了班组的凝聚力。

建立班组的共同愿景，是实现个人和班组的学习力与创造力，使班组不断创新、不断发展且竞争力不断增强的重要基础。计控班针对班组内部工种多、维护点多面广、设备及工艺技术更新快的特点，班长在汇集全班个人愿景的基础上，确立了“稳、准、优、新”

的班组愿景。稳，设备稳定运行率全公司第一；准，工艺参数检测准确率争创集团公司第一；优，设备维护、检修、工作质量创优；新，技术改进年年创新。

拥有了激励和引领全体班员团结奋进的共同愿景后，为了将学习力贯穿整个班组工作，将个人智慧、学习力转化为团队力量，计控班在团队学习的基础上提出了与班组生产密切相关的“六个定位”，即班组将学习动力定位在“需”上，学习内容定位在“新”上，学习方式定位在“活”上，学习态度定位在“实”上，学习制度定位在“严”上，学习思考定位在“深”上。

**(2) 提高班员学习效率，开展四项学习活动**

为了提高班员的学习效率，达到全体班员共同进步的目的，计控班开展了四项学习活动。

● 开好班组“五会”。即每天15分钟班前、班中、班后会，每月一次的班委会，每季一次的民主管理会，坚持“每天十分钟、每月半天、每季一天”的学习制度。

● 推行“8+1”学习模式。即把每天8小时的工作学习实践与班组1小时的集中学习和个人下班后1小时的学习相结合。规定班员每天必须有1小时以上的自学时间，按照自己制订的学习计划进行学习，同时要求班员每月写出不少于3 000字的学习笔记，每周做两道自我检测题，月底班组进行统一检查。

● 开展班组论坛，不定期组织员工进行专题研讨会和学习交流会，做到知识共享；建立岗位练兵平台，要求每位员工对新设备的调试与安装做到熟练操作。

● 采取集中讲课、案例分析、做游戏、讲故事、小型体育活动、深度汇谈等多种形式，组织学习专业技术、技能、安全、法律等方面的知识。通过团队活动，有效地提升了团队的学习力。

**(3) 适应新的要求，进一步拓展学习方式**

为了适应新技术、新工艺和新设备的要求，计控班在圆满完成班组工作任务的同时，进一步拓展学习方式。主要方式有：

● 根据生产设备存在的问题，对10个车间的控制系统进行了改造和安装、调试，提高了设备的运转率和安全系数。

● 广泛开展了提合理化建议、修旧利废、小改小革、技术攻关等创新创效活动，有30余条合理化建议被分公司和车间采纳，创经济效益500多万元。

● 近年来，以技术攻关为重点，先后进行了“生化预处理控制系统电磁阀快速故障恢复系统”“鼓风机在线监测系统”“生产保卫视屏监控系统”“新型湿法熄焦控制系统的改进”等20余个工程项目的实施。其中，“新型湿法熄焦控制系统的改进”项目的实施，改变了过去常规熄焦（KMM控制系统）带来的系统不稳定、精度低、熄焦效果不理想、故障率高、经常造成故障停机、影响生产正常运行等问题，减轻了工人的劳动强度，每年为公司节约资金190多万元。

**（4）提高班组自主管理水平，采取了一系列的特色措施**

为了提高班组的自主管理水平，计控班还采取了一系列的特色措施。

● 推行亲情化管理。班组长根据每个班员的情绪，做好当天的互保联保和安全监护工作，对情绪不好的班员重点监护或安排合适的岗位，杜绝了各种违章违纪现象的发生。

● 推行军事化管理。每天上班前，班组人员做30分钟的体操，根据做体操的状态检验班组员工当天的身体状况是否适应当天的工作，针对具体情况，安排适当的工作。

● 建立明星榜，树立标杆效应。每月进行一次明星员工的评比，根据每月员工在工作中的德、能、勤、绩表现，全班进行打分，分高者获当月明星，并给予一定的奖励。通过评比明星员工，为班员树立了榜样，激发了员工的工作积极性，增强了员工学技术的工作热情。

计控班通过坚持不懈地开展学习活动，在班组中形成了浓郁的学习氛围，班组职工由体能型向智能型转变。目前，80%的职工已晋升为高级工，20%的职工晋升为技师，100%的职工学会计算机基本操作技能，80%的职工掌握 PLC 控制技术，70%的职工对设备达到操检合一的要求。2008 年以来，该公司自动化仪表运转率达100%，煤气鼓风机启机成功率达 100%，自动化仪表无故障，工业控制计算机无故障。计控班职工也在继续深化班组学习制度，并通过导入全新的学习理念，在工作中学习，在学习中提升。

**3. 烧结一车间看火丁班不断提升班组自主管理能力的做法**

莱芜钢铁集团有限公司始建于 1970 年 1 月，是拥有总资产 620 亿元、产钢能力超过千万吨的特大型钢铁联合企业，2009 年与济南钢铁集团有限公司联合组建为山东省钢铁集团有限公司。莱钢集团是全国规模最大、规格最全的 H 型钢精品生产基地，全国最大的齿轮钢生产基地，全国规模最大、附加值最高的粉末冶金生产基地。

莱钢集团所属型钢炼铁厂烧结一车间看火丁班现有员工 16 人，主要承担对各种铁矿石、熔剂、固体燃料等物料经过配料混匀后，进行布料点火烧结控制，为两座 1 880 立方米高炉提供精料的任务，是保证炼铁生产优质低耗高产的重要前道工序。近年来，看火丁班通过创建学习型班组，职工精神面貌发生了根本性的转变，班组的学习力、创新力、自主管理力不断提升，并且以争创一流班组为奋斗目标，以学习型组织创建和管理创新为主线，不断创新管理方法，用管理创新来拉长影响班组集体战斗力的短板，用技术创新来破解制约生产稳定顺行的难题，有力地促进了班组各项工作的健康开展。

烧结一车间看火丁班不断提升班组自主管理能力的做法主要是：

**（1）明确创建目标，促创建、上水平**

烧结生产是一个持续不断的组织过程，工艺点多、战线长、关键点多。要想使烧结稳定连续生产，就要把好每个关口，杜绝各类事故的发生。但是，班组成员所属的工种复杂，不同的工种，差异很大。

2004 年班组成立之时，有专业知识和一定业务能力的职工所占比例不到 30%，70%以上的职工来自其他厂矿企业，工作经历、年龄、文化程度相差甚远，而烧结生产中岗位关联度高，任何一个环节出现问题，都会对生产造成较大的波动，怎样让班组成员全面发展，在班组创建中这是首先要解决的问题。

看火丁班针对本班组的实际情况，深入开展创建学习型班组工作，坚持创新班组管理，探索推行了“做放心人、建放心岗、创放心班组”“班组管理由点到面”“班组安全人人管”“不做班组短板”等管理方法，明确了创建目标，采用不同的学习形式，净化员工心灵。坚持 PDCA 循序渐进法，全面提升职工的素质和道德品质，实现班组的持续创新发展，打造学习型班组品牌。遵循创建目标，班组的战斗力得到了明显提升，班组多次获得厂及集团公司的奖励和表彰，班组内先后涌现出了莱钢首席烧结技师、莱钢技术能手、莱钢杰出青年岗位能手及厂级劳动模范等先进人物，班组被集团公司评为“AA 级学习型班组”。

**(2) 夯实管理基础，规范班组成员行为**

管理制度是约束班组成员行为的规范，是班组高效运作的活力源泉，也是保证班组有序化运行的机制。看火丁班从规范管理入手，建立了一套可操作性强的保障机制，为学习型班组建设提供了保障。一是建立工作评价机制，每周对各岗位分优、良、中、差四个档次进行评价。二是建立量化检查机制，班长天天查、轮值安全员专项查、职工班班查。三是完善反思机制，对出现的问题进行反思，对每月的工作进行反思。四是建立激励机制，实行精神激励、物质激励、绩效加分激励。五是建立信息机制，建立员工家庭信息档案、信息反馈网络。六是建立班务公开机制，设立考勤、绩效、违规曝光、互监互保、愿景等公示栏。

在管理创新方面，看火丁班结合班组实际学习探讨木桶理论后，对短板理论有了更深刻的认识，虽然团队短板决定了团队整体的水平，但是团队将来可能达到的水平将在一定程度上取决于团队的优势，因而班组本着激励优势、鞭策短板的目的进行了对班组成员的星级管理，也就是“七星管理法”。根据班组任务目标，对在工艺管理、质量管理、设备管理、现场管理、成本管理、配合管理、自觉管理等七个方面有突出表现的班组成员给予挂星表扬。每月评定一次，年底汇总并作为评选优秀员工的标准，每一颗星都有评选标准，采取自荐、推荐及评选等办法。“七星管理法”的实施，很好地激发了员工的士气。

**(3) 搭建学习平台，团队学习提素质**

对于一线班组成员来说，工作以实操为主，真正有用的知识和能力大多来源于工作本身，因此班组始终坚持引导为主，让职工在工作中学，激发员工学习及操作的兴趣，让员工感受学习的乐趣。

班组还搭建了五大学习平台，即反思共享学习平台，是由值班长每轮循环组织员工进行深度汇谈，对本周好的工作做法、工作中失误的地方、厂和车间要求学习的内容等进行反思，每个人还要讲出来，和大家分享。问题带动创新学习平台，是以“解决问题就是创新，排除困难就是提升”的原则开展创新活动。横向纵向交流学习平台，是看火工序四个班、整粒工序四个班每个月进行一次横向交流学习，向当月工艺技术指标完成得好的班组学习，并进行对标，找差距，补不足。看火工序和整粒工序这两个上下道工序每个月进行一次纵向交流学习，提出要求，征求服务意见，达到共同进步的目的。实践技能提升学习平台，是班组每两个月进行一次岗位练兵、技术比武、预案演练，检验平时业务学习和技能培训的成果，实实在在地提高现场操作水平，为职业技能鉴定打好基础。榜样引领学习平台，是班组每个季度评选出一名个人绩效评价最好的党员或员工，号召全体员工向其学习，达到提升员工品德修养的目的。

班组还制订了理论培训学习计划，开展“每日一题、每月一考、每季度一总结、每年度一评选”的岗位理论培训，努力为员工提供良好的学习环境。把班组助理工程师、技师、助理技师组织起来，形成班组“专家库”，担任班组的培训师。制订烧结理论及设备知识培训计划，本着全面掌握的原则，对员工进行不同形式的岗位理论知识培训。同时定期组织岗位练兵、技术比武、应急演练、劳动竞赛等活动，实施了岗位课堂现场培训，开设了实践技能提升课堂，长期开展“提技能树标兵、促规范保安全”活动。

**(4) 发挥群策群智，创新超越结硕果**

解决问题就是创新，没有创新就没有发展。在学习型班组创建中，看火丁班始终将创新工作当作检验创建成效的重要依据，进行全员、全过程、全方位的工作创新。

● 建立创新制度，激发员工智慧。建立了“自主创新管理和奖励机制”，充分调动员工在生产操作、安全保障、设备运行、工艺革新、环境整治等方面的创新积极性。2010 年以来，班组成员发表的“烧结矿 FeO 含量及稳定控制操作法”“烧结超厚溢出布料操作法”等获得厂级职工优秀操作法奖；“均质烧结在型钢 2×265 平方米烧结机生产中的应用和推广”“莱钢 265 平方米烧结机点火制度的优化与完善”获得集团公司群众性经济技术创新成果二等奖。班组提出的多项合理化建议被厂和车间采纳。

● 开展 QC 活动，提升烧结生产能力。针对生产和设备管理中的重点、难点问题确立攻关课题，坚持开展 QC、“五小”等活动，积极进行课题攻关，做到了年年有计划、月月有措施、周周有改进，并将攻关成果应用于生产实际，取得了良好的绩效。例如小组提出的“提高烧结机利用系数”的 QC 项目，通过攻关使烧结机利用系数提高了 0.01，保证了高炉所需烧结矿的足量供应。又如 2009 年对降低双机 $SO_2$ 排放进行了系统攻关，通过攻关，该 QC 成果年可创造效益千万余元，产生了巨大的经济效益；有害气体排放的显著降低减少了对生态环境的破坏以及酸雨形成的可能性，创造了可观的社会效益。该项成果获得原烧结厂、莱钢集团公司和山东省冶金系统 2010 年度优秀质量管理成果一等奖。

**(5) 创新争先发展，塑造团队文化**

班组文化是完善班组管理的第一工具，是激发班组活力的第一触媒，是提升班组绩效的第一法宝。看火丁班塑造了以“星星耀眼、群星灿烂”为特色的“七星”团队文化体系，塑造了班组文化品牌。根据工作岗位特点设计了班组标志，完善了班组文化理念体系；建立了由共同愿景、阶段愿景、个人愿景及岗位愿景构成的一整套愿景体系。

过去班组的愿景不够量化具体，随着创建工作的深入，看火丁班按照清晰可见、具有现实可操作性的原则及符合生产实际的要求不断完善修订。每季度对职工愿景的实现进行一次评价，查找差距，弥补不足，争取实现自己的阶段愿景，进而实现全年愿景。每半年全员参与组织一次集中研讨、修订工作，每季度利用例会时间召开“愿景共享会”，检验阶段性愿景的实现情况，及时制定下一阶段愿景，促进共同愿景的实现。逐步形成了以愿景体系、学习体系、创新体系、管理体系四个体系为支撑，以安全生产、平安生产、设备维护、岗位培训、班务公开等十项具体工作为内容的一整套完整、独具特色的团队文化理念体系。

**4. 武钢运输部电力班以全员技能升级创新为目标的做法**

武汉钢铁股份有限公司是由武汉钢铁（集团）公司控股的钢铁上市公司，拥有当今世界先进水平的炼铁、炼钢、轧钢等完整的钢铁生产工艺流程，钢材产品共计七大类、500 多个品种。目前公司总资产达 300 多亿元，下辖烧结厂、炼铁厂、一炼钢厂、二炼钢厂、三炼钢厂、大型厂、轧板厂、热轧厂、冷轧厂、硅钢厂、棒材厂、质检中心等 12 家单位，员工 1.7 万人。

武汉钢铁股份公司运输部水电段综合电力班现有职工 10 名，主要担负武钢铁路运输 360 千米沿线的电力线路和 1 000 余台空调、200 多台电机、3 座冷库配电室的检修任务。近几年来，综合电力班积极开展了“创建学习型班组、争做知识型职工”活动，全班职工以技能升级创新为目标，坚持学习创新不停步，争做时代新“蓝领”，成为“精两门、会三门、通四门”，人人有绝活、个个能攻关的能工巧匠，保证了安全生产，在平凡的岗位上，用知识书写了不平凡的人生。2010 年全班完成的检修任务为计划的 360%，获得技术攻关成果 7 项，检修优良率达到 100%，为企业节省费用 133.63 万元。自 2002 年以来，该班组先后获得湖北省“工人先锋号”、中央企业学习型红旗班组、全国机械冶金建材系统“标杆班组”等荣誉称号。

武钢运输部电力班以全员技能升级创新为目标的做法主要是：

**(1) 解放思想，转变观念，增强技术文化学习的紧迫感**

在武钢股份公司跨越式地向前发展的过程中，综合电力班面临着班组职能转型的重大改变，由单一电力检修转变为电力、空调、电机、冷库为一体的综合性维护检修，一个班要干四个班的活。岗位人员重组，定员减少 3 人，10 名来自高空电力等不同岗位的职工转岗来到班组。

面对班组转型、人员转岗的严峻考验，面对艰巨的检修任务，全班职工没有抱怨、没有等待，而是自觉地解放思想、转变观念，把班组转型、职工转岗作为自我发展、服务企业的新机遇，坚定了“只有想不到的，没有学不会的”自我发展信念，增强了技术文化学习的紧迫感和使命感，主动适应改革发展的新要求。

● 趁势而上确定目标，自加压力积极发展。班组职工中高中毕业的有 7 人，初中毕业的有 3 人，整体文化水平不高，技术和文化水平难以适应转型、转岗的要求，对此，班组确立了一年取两证、三年中升高、五年拿大本的技术文化学习规划目标。就是通过学习，一年取得电力和相邻专业的职业资格证书；三年岗位技能由中级工升为高级工，文化程度由初中达到高中以上水平；五年获取大学本科学历证书。“一三五”学习目标，把文化和技术学习融为一体，体现了全班职工用知识改变命运的共同意愿，使班组的技术文化学习走上了全员参与、分层达标的轨道。在不到5年的时间里，全班职工通过艰苦的学习，全部完成了大专以上的学业，为岗位技能的学习和创新奠定了坚实的知识基础。

● 岗位班组当课堂，技能学习常态化。为了适应检修作业由单纯强电到涵盖弱电的技能转型要求，班组职工把技能学习与检修生产融为一体，教学到岗位，课堂在班组。在检修技能的学习上，班组坚持班前讲原理、班中抓要领、班后搞讲评，做到原理不清不上岗、要领不明不开工、动作不准不下班，使技能学习贯穿到每一项检修作业，落实到每一个岗位职工。在理论学习上，班组职工自费选购了130多册专业书籍，通过每天午间1小时读书会、每周半天的技术理论学习交流会，使岗位学习与理论学习紧密结合，有效地提高了全班职工的专业技能水平和岗位作业效能，在不到3年的时间里，使班组的检修能力，由年300台次提升为1 200台次，较好地满足了运输生产的发展要求。

● 技能学习高标准，岗位作业严要求。为了保证班组管辖的设备正常运转，增强复杂和特殊情况下的技术保障能力，班组针对所辖设备分散在武钢厂区内外的特点，按照全天候、无障碍、零失修、零事故的维护检修要求，划片包干、半年一换、责任到人，每月通过跨区设置排除故障，进行技能考核，奖优罚劣。为了提高职工的应急反应能力和单人独岗的全天候作业能力，组织职工学绝招、练绝活，睁眼练了闭眼练，白天蒙着眼睛练，使班组职工个个练就了一套在无光源的条件下，依靠“摸、闻、听、敲”进行故障排除的过硬本领。2009年以来，依靠过硬的岗位技术，全班解决一线生产、生活难题37件，完成急难抢修22次，收到用户感谢信20封，取得了设备检修优良率100%，设备维护零失修、零事故、零投诉的好成绩，有力地保证了运输生产的顺利进行。

**(2) 针对工装设备更新换代，把岗位技能向上下游工序延伸**

近几年来，随着武钢铁路运输的快速发展，电力工装设备加快了更新换代的步伐，一批技术含量高、检修难度大的设备先后投入生产。面对班组管辖的设备 4 年增长了 4 倍，检修费用越来越少的突出矛盾，全班职工坚持学习创新不停步，走团队发展、团队跨越之路，努力把技能优势转化为创新优势，积极为企业的可持续发展做出新贡献。

● 一岗多责、一专多能破难题。全班职工主动把岗位技能向电力、空调、电机等检修作业的上下游工序延伸，全面掌握了焊接、电钳、钣金等专业技术，10 名职工全部拥有 2～4 种职业资格证书，个个成为“精两门、会三门、通四门”的复合型岗位技术人才，从而减少了工序配合，实现了“一人一站一体化”检修作业，一人干出四人的活，使班组的综合检修能力提高了 3.6 倍，高效率地完成了检修生产任务，化解了设备增多、人员减少的矛盾。

● 开拓技能新渠道，外委项目转内修。针对所辖设备升级换代，生产厂家低价卖设备、高价包维修所带来的巨大的成本压力，班组职工用聪明才智自觉地为企业挑重担、争利益。运输部引进的节能温控阀是技术含量高、维护难度大的节能新产品，厂方不仅卖产品，还卖技术，不给图纸，维修费用高。为了打破垄断，班组职工利用整整一个夏天双休日的时间，跑遍武汉三镇，到专业维修站点不计报酬打义工、摸门道，经过 3 个月的反复摸索和实践，破解了技术难关，掌握了维修核心技术，使运输部安装的 36 个单个价值 6 000 元的温控阀检修权回到了综合电力班手中。仅此一项，每年为企业节约资金 21.6 万元。综合电力班还依靠专业技术知识的积累和拓展，先后突破了光控、声控等高新技术设备制造厂家的技术封锁，结束了 6 种制式设备只能外委修理的历史，用知识为企业创造出了大量的财富。

● 人人有课题，个个能攻关。技能学习越深入，创新舞台越宽广。在技能创新过程中，综合电力班10名职工努力由维护检修型向技术攻关型转变，把生产的重点、难点，作为技能创新的突破点。通过职工个人选课题，集体论证定方案，班组全员齐攻关。2009年以来，班组先后自制出8台“双回路自动切换配电屏”，结束了此类设备只能外购的历史；修复再生空调压缩机8台；通过拼装组合，17台（套）报废设备起死回生投入生产；自制冰柜内胆6个，共为企业节省费用133.63万元。他们创造的“以氧代氟”环保检漏等4项实用新技术被专业电器维修站点所推崇。班组取得技术攻关成果7项，并荣获武汉市“经济技术创新示范班组”光荣称号。

**5. 天铁集团运输部乙班行配组深化教育、强化管理的做法**

天津天铁冶金集团有限公司始建于1969年8月5日，地处河北省邯郸市涉县境内，占地面积5平方千米，现有职工2.6万余人，是全国重点冶金企业。经过40多年的建设，特别是近几年的快速发展，已经成为下辖19个子公司，资产总额达到445亿元，主业突出、多业并举的大型企业集团。

天津天铁冶金集团公司运输部编组站乙班行配组现有7名成员，主要负责编组站本班次所有机车和车辆的指挥、调度工作，承担着集团公司大宗原燃料、设备等进厂及钢坯、钢带、板坯及化工等产品的外发工作。在繁忙的运输作业中，乙班行配组始终坚持“安全第一、预防为主、综合治理”的安全方针，深入贯彻严、细、实、恒的安全工作指导思想，以保产、保运、保销售为中心，以安全正点、快捷高效、优质服务为宗旨，深化教育，强化管理，班组各项工作取得了长足的进步。

天铁集团运输部乙班行配组深化教育、强化管理的做法主要是：

**(1) 严、细、实、恒，强化安全管理，筑牢安全根基**

安全是铁路运输永恒的主题，是企业效益的根本保证。班组结合运输生产实际，从抓安全教育入手，大力提高全体职工的安全意识和遵章守纪的自觉性，增强预知判断和自我防范能力。班组充分利用班前点名会、安全讨论会、“历史上的今天”事故案例回顾等有利时机，组织各种形式的安全教育、学习，内容涉及操作规程、规章制度、岗位安全要点、标准化作业等，统一了思想，提高了认识，班组成员对“安全就是生命线、安全就是黄金线”的深刻内涵有了进一步理解，“我要安全、我会安全、我保安全”已蔚然成风，形成了安全生产齐抓共管的良好合力。

在开展安全教育的同时，班组积极探索新的安全管理模式。通过班组成员长期的实践、摸索，“查、管、罚、教”四管齐下的全新管理模式逐渐成熟，并发挥了重要的作用。查，即主动出击，发现“三违”及时制止；管，即制定完善的班组管理制度，实行标准化作业；罚，即对违章作业坚决予以处罚，不徇私情；教，即保证受处罚的职工受到深刻的教育，彻底改正错误。除此之外，班组还按照安全生产“五点法”和“三无管理”模式，认真落实科学管理，建立横向到边、纵向到底的安全管理网络，细化管理中的每一个环节，人人参与，全员监督。

在布置各项生产任务时，班组还把安全工作全面细致地布置给每一位作业人员，同时讲清工作重点和安全注意事项。一丝不苟的安全管理和严肃认真的安全检查，确保了班组连续多年没有发生任何违章违纪及大小事故，保证了运输生产的安全顺利进行。

**(2) 快捷高效，搞好优质服务，确保安全正点**

随着公司生产形势的蒸蒸日上，运输作业量大幅提高，乙班行配组面临着作业区域点多面广、站场容量小、倒运困难等诸多难题，全体职工没有退缩，迎难而上，充分发扬不言苦、不言难、只言干的主人翁精神，坚决服从调度指挥，合理安排作业计划，精确到每一钩、每一车，全力做到快装、快卸、快排，保证了运输作业的合理、有序、快捷。

在重点作业时段，班组成员坚持现场死盯死守，并安排设备和人力确保重点任务的完成。在原燃料冬储、卸冻矿、春运期间，班组还制订了专门的作业方案，与信号组、调车组等班组密切配合，通力协作，决不耽误一分一秒。在紧张的卸、排车作业中，班组坚持送饭到现场，激发了职工的斗志和干劲。

与此同时，班组积极搞好优质服务，加强与上下工序、各个环节的联系和沟通，主动与国铁列检部门、运转部门、货运部门以及各个装卸作业点联系，及时掌握作业进度，合理安排作业计划。在全体职工的共同努力下，2005 年 12 月 31 日，当班卸车 203 辆，创下编组站建站以来卸车最高纪录，受到了上级的嘉奖。2006 年 1 月，班组又创下了排车 234 辆的新纪录，有力地缓解了库存压力，兑现了“保产、保运、保销售”的庄严承诺。在运输部开展的快装、快卸、快排劳动竞赛中，班组全年共创项目达标 89 项，累计全站第一。

**(3) 结合工作实际提出合理化建议，保证作业安全**

随着企业的不断发展进步，班组积极组织职工认真学习新技术，以适应不断变化的新形势。特别是在运输部开展的技术尖子考评工作中，班长王永红带头认真学习，连续多年考取技术尖子，被评为公司级青年岗位能手。在他的带动和帮助下，班组另外两名调度员技术水平也有了较大提高，组员王书文在 2005 年也被评为技术尖子，使全组整体技术水平上了一个新台阶。

针对作业环境、技术要求，全组人员结合工作实际，及时提出合理化建议，提高了作业效率，保证了作业安全。如提出的编组站北端 D23 信号机改造，修改机车牵引、坡停后的救援规定的建议被采纳后，减少了作业程序，提高了作业效率。特别是在冬季翻车机原 6、原 10 线，针对因车辆矿粉翻不彻底，在回溜过程中经常发生撞坏车钩的情况，班长王永红适时提出了以旧皮带代替减速顶来降低车辆回溜速度，防止车辆撞坏的建议。事实证明此项建议实施后，不仅经济、简单，而且功效明显。据事后统计，整个冬季翻车作业中，没有发生一起因车辆回溜速度过快而被撞坏的事故，从而节省了一大笔费用，受到了国铁人员的肯定和称赞。班组 2009 年共提合理化建议 16 条，其中有 6 条具有较好的安全效益，被上级部门采纳实施。

**(4) 积极为班组职工排忧解难，共建团结和谐班组**

班组高度重视职工生活，时刻将职工利益放在第一位，积极为班组职工排忧解难，努力做好职工的贴心人，使班组成为职工的温暖之家。多年来，班组一直坚持"四必访、五必谈"，职工生病、亲属亡故、家中发生重大变故等，班组工会都会及时到家中探望，家中闹纠纷或遇到困难，也会及时有人家访帮助解决，真正使职工感受到了大家庭的温暖，在这样温暖的环境中，多次被评为优秀班组。

乙班行配组由于业绩突出，先后被评为公司先进班组、安全精品班组、公司青年文明号及运输部优质服务示范岗、合理化建议先进班组，多次受到上级部门的表彰和嘉奖。2009 年班组共创项目达标 89 项，并不断刷新卸、排车最高纪录，全年累计超额完成运输量 26 万吨，为企业多创效益 104 万元。凭借出色的班组管理和完美的工作业绩，编组站乙班行配组被天津市总工会评为"十五"立功先进集体，荣获天津市五一劳动奖状。

**6. 新钢钒炼铁厂返矿一班从事故案例中吸取教训的做法**

攀枝花新钢钒股份有限公司是由攀枝花钢铁（集团）公司（原攀枝花钢铁公司）以其热轧板厂经评估后的机器、设备、厂房等实物资产出资，与攀枝花冶金矿山公司、中国第十九冶金建设公司共同发起，以定向募集方式设立的股份有限公司。公司于 1993 年 3 月登记注册，注册资本为 7 亿元人民币。主要业务为热轧钢卷、钢带、钢板的压延加工等。

在攀枝花新钢钒股份有限公司炼铁厂有一面高高飘扬的"巾帼安全旗帜"，那就是该厂原料一车间丁工段的返矿一班。该班现有职工 11 名，其中女工 8 名，主要负责一期高炉沟下过筛后的返矿运输工作。由于作业场地狭窄，粉尘较大，设备老化，安全工作难度较大。多年来，该矿班员工坚持不懈地强化安全意识，提高安全技能，落实安全规程，做实做细安全工作，并且善于从事故案例中吸取教训，连续 17 年实现了零事故的目标。

新钢钒炼铁厂返矿一班从事故案例中吸取教训的做法主要是：

**(1) 掌握安全规程，加深对规程的理解**

条条规程血写成，遵章作业是关键。为了使班内职工熟记和掌握安全规程，人人过关，返矿一班利用班前会、安全日活动时间，背岗位操作规程和安全规程；工余时间，职工们也经常互相提问，加深对规程的理解；对于班上文化低和没有文化的职工，班组就安排专人教，帮助她们读、背和理解。班里有两名没有文化的职工，在大家的帮助下，也硬是记熟和掌握了规程，并自如地运用于工作中。

2004 年，厂里下发《零星检修设备安全管理实施细则》和《设备检修停送电确认程序实施细则》，个别职工在执行时总是出差错。于是，返矿一班便将理解能力强的职工先集中在一起学习讨论，形成了骨干力量，再分头与理解力较差的职工结成对子，进行传帮带；并且还在总返一换皮带时组织了现场演练，使全班职工都较好地掌握了实施细则，为规程的贯彻落实奠定了坚实的基础。

**(2) 事故案例学入脑，小题大做增技能**

为了提高职工的安全意识，增强自我防护能力，返矿一班特别注重从血的事故案例中吸取教训，每次学习事故案例的时候，班组都要展开热烈的讨论，不仅要把每个案例的发生经过弄清楚，而且还要把事故发生的个人原因、管理原因和制度缺陷弄清楚，并结合本班工作特点制定相应的预防措施，避免了同样的错误发生在自己身边。

未遂事故不放过，小题同样也大做。一次，一名职工在作业时，不慎使刮子被皮带带走，刮子的弯钩挂破了她的裤脚，险些受到伤害。事情发生后，返矿一班面对这起险肇事故，不是采取大事化小、小事化了的办法，而是自曝家丑，立即组织全班职工进行认真分析和讨论，指出险肇事故的发生原因，并发动大家总结归纳出避免事故发生的安全要领：选好位置，规范姿势，用光滑无弯钩的刮子刮料。班组员工在吸取教训的同时，又提高了安全意识，增强了防护技能，避免了类似问题的再次发生。

**（3）深查隐患定措施，监护到位保平安**

返矿一班深入开展“反违章、查隐患”活动，坚持对发现的安全缺陷进行登记，并作为交接班的主要内容，对自己能够解决的问题及时整改，自己不能整改的，立即上报车间争取尽快解决，并制定防护措施。

在生产中，返矿一班所负责的返 4 尾部漏嘴容易发生堵塞现象，经常需要人工捅料，但是由于设计缺陷，并没有设计安全站立位置，于是返矿一班就提出了 3 项整改措施，报到车间后得到了及时整改，从而有效地解决了人工捅料易发生危险的问题。在夏季生产过程中，由于潮湿、雨水渗漏，有一段运行系统与高炉炉口过于接近，容易发生高炉渣水溅出伤人事故。对此，返矿一班员工群策群力，开动脑筋想办法，在制定技术措施的同时，明确规定：岗位人员在巡回检查设备时，必须观察南侧是否放渣，如果遇到这种情况，必须进行避让。由于技术水平和责任心的不断提高，2004 年以来，先后有 5 名职工发现了岗位设备操作电线破损或接头处漏电等现象，并及时报告、及时整改，从而避免了事故的发生，受到了车间的表扬。

返矿一班由于业绩突出，连续 8 年被评为公司“三八”红旗班组，2002 年被评为四川省“巾帼文明示范岗”，2003 年荣获了全国“巾帼文明示范岗”的光荣称号。

**7. 绍兴平铜集团矿区机动班严格作业现场安全管理的做法**

绍兴平铜集团有限公司是浙江省最大的有色金属原料基地，拥有绍兴铜都矿业有限公司、绍兴市越宇铜带有限公司、绍兴市越王有限公司、诸暨高岭土有限责任公司等子公司，已经形成集采选、加工、贸易于一体的铜业实体。集团占地 63 万平方米，厂房建筑面积 3.2 万平方米，年原矿处理能力 20 万吨，总资产 1.23 亿元。现有职工 1 000 余人。

绍兴平铜集团矿区机动工段机动班现有员工 12 人，承担着井下安全管理、井下安全隐患整改、天井梯子平台的架设、作业面和巷道的浮石处理以及井下爆破、支护、通风防尘、突击抢险等工作，是矿区一支重要的机动部队。该班组多年来始终坚持“安全第一、预防为主”的方针，努力增强员工的安全意识，提高员工的安全技能，从严、从细狠抓现场的安全管理，做好生产过程中细节的管理工作，已经连续 10 年未发生重伤及以上事故，并多次被评为“安康杯”竞赛先进集体、安全模范班组、先进班组。

绍兴平铜集团矿区机动班严格作业现场安全管理的做法主要是：

**(1) 肩负安全责任，做好井下安全生产的守护人**

井下安全生产是矿山的命脉，矿区机动班针对班组人少、工作面广点多、责任大等特点，对工作提出了更高的要求。早在十几年前，他们就在全矿率先实行班组安全会议制度，每天召开班前会，把检查发现的事故隐患和整改措施向全体班员讲清楚，使班组成员对责任区的安全状况和重点部位的事故隐患了如指掌；每星期召开一次安全例会，通过安全教育、剖析事故案例等，使全体班员的安全素质大为提高，事故处理、隐患发现做到更快、更准。为了加强员工的安全责任心，班组和工段、班长和班员签订了安全生产责任状，为此项制度在全矿推行起了个好头。根据标准化考核要求，结合工作实践，机动班对井下岗位安全制度提出了 100 多条建议，为公司 2007 年年底通过省级安全标准化考核验收做出了贡献。

在机动班的更衣室墙上，挂着一块口号标牌——“每天爬 100 米天井，走十里路，保 24 小时平安”，这是他们对自己提出的最基本要求。每天从＋26 米平硐口到－625 米作业面，凡有作业点的地方，每一个天井、每一个平台、每一条井巷，他们都要亲眼查过、亲自爬过、亲笔记录，仅现场安全检查记录本就装满了两大箱。通过严格规范的管理和自身的努力，使班员们个个练成了“火眼金睛”。2006 年 7 月的一天，班员金某正在一个作业点巡视，突然发现上面有细小的泥土往下掉，他马上判断这是重大事故隐患，迅速叫作业人员撤离现场。经仔细查看，果然一块几十公斤重的浮石已摇摇欲坠，吓得在场的人员一身冷汗。由于他的及时发现，避免了一起可能发生的人员伤亡事故。

**(2) 对安全一丝不苟，严格现场安全管理**

现场安全管理说起来简单，但要真正严格执行，却不是一件容易的事，难免要“得罪”一些人。在井下工作的人员比较复杂，有许多是外包工程队，有些员工为图快和方便，往往在施工、穿戴劳保用品等方面有违章现象。2009 年 1 月，机动班在安全检查中发现，3 名外包队员在架设天井人行天桥时，为省时，架设的梯子长度超过了规定的安全长度，由于超长的梯子坡度陡、强度低，给行走留下隐患，他们立即要求外包队拆掉重新架设。而重新架设需要增加人力、物力成本，因此，外包人员有强烈的抵触情绪，先是大动肝火，后又拐弯抹角托人来说情，但机动班员工仍然照章处理。

机动班员工坚持原则，对于不安全行为绝不退让。他们总说：“在安全问题上绝不能退让，如果安全退一小步，管理就退一大步，我们几十年建立起来的管理制度很快就会被冲垮。”在这种理念的指引下，每年经机动班使用的散装炸药 60 余吨，崩矿 17 余万吨，用于封堵的钢筋、水泥数百吨，但从未发生过一起事故，机动班取得了建矿以来无轻伤以上事故的优异成绩。

**(3) 练就一手绝活，成为特别能战斗的队伍**

机动班成员不仅是安全行家，也被人称为矿山作业的“专家”。由于他们所从事的风钻、爆破等工作大多是特殊工种，因此都拥有特种作业上岗证书。工作中，许多人都练就了一手绝活，持有多种资格证书，成为某一方面的专家，机动班也被人们称为“特别能战斗的队伍”。

近年来，班组为了保障安全生产、改善作业环境、降低劳动强度、提高作业质量和产量，学习和引进先进技术，自己动手搞科技攻关，取得了一系列成果。机动班实施的“光面爆破”“采用散装炸药，中深孔爆破”等先进作业法，被授予省、市科技进步奖；班组员工琢磨出来的“半秒差雷管爆破减震技术”不仅减小了矿石块头、减少了二次爆破、节省了成本，而且还降低了炸药的冲击波达 70%以上，有效地减轻了周边地面的震动，为搞好周边村民关系做出了贡献；在空场法采矿中采用挤压爆破法，提高了采场的回采率，达到 10%，降低了贫化率；采用中深孔爆破一次成井法作业，解决了手工掘井的安全风险问题，为井下掘井作业提供了安全保障；采用井下裂隙水回收利用技术，自己动手建立裂隙水回收利用装置，年节约用水 3 万余吨，降低成本 5 万余元，实现井下废水零排放。机动班所发表的 QC 成果，多次被评为省、市一等奖。这些成果有力地推进了平铜集团的技术进步，提高了产量，改善了井下人员的作业环境。

2009 年 2 月，机动班获得浙江省总工会授予的安全生产“十佳班组”荣誉。对此，全班组人员并没有沾沾自喜、停步不前，而是更加努力地为企业做出新的贡献。

**8. 氧化铝厂过滤清理班积极创建无伤害班组保安全的做法**

中国铝业股份有限公司中州分公司的前身为原中州铝厂，1987 年开工建设，1993 年建成投产，有员工 6 525 人，现为中国铝业下属氧化铝生产厂之一，氧化铝年产能 281 万吨，拥有 1.08 亿吨国内矿石资源储备。主要产品为冶金级氧化铝和化学品氧化铝，其中，化学品氧化铝已形成高白、干白、细白三大系列十几种产品，年生产规模达到 28 万吨，产品广泛应用于冶金、建材、医药等行业，国内市场占有率达到 60%，并远销十多个国家和地区。

中国铝业中州分公司氧化铝厂六车间过滤清理班，有员工 12 名，包括过滤工、清理工、换布工、电焊工、起重工 5 个工种。其中，持有特殊工种操作证的有 5 名员工。该班组主要负责氢氧化铝过滤、种分系统清理检修、流程改造以及 10 台过滤机的换布工作。过滤清理班在创建无伤害班组过程中，围绕创建目标，结合本班组的实际情况，积极进取，努力奋斗，打造和谐团队，提高员工安全技能，实现了“人员无伤害、设备无隐患”，保证了生产安全，并使班组工作逐步向本质化安全推进。

氧化铝厂过滤清理班积极创建无伤害班组保安全的做法主要是：

**(1) 创建学习型班组，全面提高班组员工整体素质**

过滤清理班的工作性质决定了班组员工经常处于各种危险状态之中，班组要实现“人员无伤害、设备无隐患”的目标，只有使班组员工不断增强安全意识和安全技能，提高危险辨识能力。为此，在创建无伤害班组的过程中，班组根据自身特点，明确创建目标，利用黑板报、班前会、安全活动日等形式加大宣传力度，并通过对绿色通道进行标识和创建安全画廊，营造“无伤害班组”的创建氛围，使员工的安全意识得到加强和提高。

有学习才有提高。班组根据自身特点，在提高员工素质上进行全员、交叉、换岗等多种形式的培训。一是定期组织班组员工学习生产流程和设备知识。二是每两个月派一人到各岗位跟班学习，熟悉生产指标情况，以免与生产脱节。三是在清理班内部，由资历深、技术水平高的师傅培训电气焊实际操作知识，提高特种作业人员的业务技能和实践经验。四是换布工与清理工换岗学习，换布工到清理班学习，清理工到换布岗位学习，使员工在学习中成为多面手。

为提高班组员工的学习积极性，班组开展了形式多样的安全活动，如班组员工轮流主持安全日活动，员工根据自己的特长确定活动的主题，并提前通知班组，使班组其他成员了解主题，在活动中进行讨论、学习，通过安全活动达成共识，解决相应的问题。班组根据员工的需要，每月进行一次生产、安全知识培训，经常性地开展事故应急演练、各种作业的反事故演习、现场作业技术比武、安全知识竞赛等员工乐于参加的安全活动，提高员工应对突发事件的能力和综合素质。

同时，为激励班组员工的学习热情和竞争意识，班组每月开展一次优秀员工、安全之星的评比活动，从而增强员工之间比、学、赶、帮、超的学习意识，提升了班组员工的竞争意识。

**(2) 从规范制度入手，推进班组向本质化安全发展**

俗话说，“没有规矩，不成方圆”。没有标准，就不能保证各项工作的顺利进行。为此，过滤清理班首先对清理检修作业和各种操作行为进行危险辨识，然后逐步完善、补充每项危险因素的辨识方法，并结合实际情况制定出每项作业活动的操作标准。通过标准的讨论、制定和实施，使每一位作业人员在进行各种作业活动时都能够按标准操作，有效地杜绝了事故的发生。

在规范员工作业行为、消除习惯性违章上，班组通过在活动中运用具体事故案例，辨识各种不规范行为的危害性，并在工作中要求做好互保、联保，发现他人违章必须及时制止。通过活动的开展，班组已经基本消除了不规范行为的发生。在工作中，班组定期对员工进行 HSE 教育培训，提高员工危险辨识能力，并在对现场清理检修作业进行危险辨识的基础上，制订出各种作业的危险预案，保障了清理检修作业的安全进行。

班组通过发动全员对现场隐患进行查找与治理，打造安全作业绿色通道，提高了员工的危险辨识能力，将事故隐患消除在萌芽状态，同时改善了员工的作业环境，使员工在安全、舒适的环境中快乐地工作。班组开展查隐患、堵漏洞活动，每月治理隐患十余项。其中，“过滤机链条安全罩制作安装”“楼下地沟盖板改造”“为每个泵制作安装放料管”“对影响通行的管道进行改造”“过滤机搅拌拐臂制作安装安全架”“制作安全操作台”“铁楼梯脚踏板安装防滑条”

等工作的开展使岗位操作条件得到了很大改善，消除了过滤工序内部存在的事故隐患。除此之外，还对过滤、种分系统影响流程稳定、员工通行的管道和设施进行了拆除与改造，达到了安全、生产双受益的良好效果。

**（3）发扬团队精神，增强班组凝聚力**

在日常清理检修工作中，过滤清理班首先明确 HSE 责任制，外出作业做到“三个保证”“三不伤害”，杜绝习惯性违章，在确保安全生产每一天的同时，注重挖掘每个员工的潜能和创新能力，为员工搭建施展才华的舞台。此外，班组还通过家访、搞联谊活动、设轮值安全员、彼此交流、民主生活会、不断美化职工小家等形式，增加员工之间的感情，增强班组成员的责任感和集体荣誉感，营造和谐的班组氛围，达到相互理解、团结互助、形成班组合力的目的，使班组安全工作做到群策群力，齐心协力搞好“无伤害班组”的创建工作。

班组员工的创造能力和创新能力是班组取之不尽的财富，正确地引导和挖掘会使之转化为有效的生产力，从而加快班组各项工作的进程。清理班持续开展合理化建议活动，使班组员工积极参与到无伤害班组的创建活动中。一年来，班组共提合理化建议 60 余条，有 45 条被采纳；班组自主设计、制作的特殊作业工器具（种分槽搅拌换皮带工具、管道法兰撑开工具、防脱离锤头）提高了工作效率，增大了班组员工作业中的安全系数。

两年来，过滤清理班通过无伤害班组的创建，取得了优异的成绩，班组员工的安全技能、安全知识有了大幅度的提高，获得了多项荣誉。在今后的工作中，班组还将会一如既往地推进无伤害班组工作，持续改进，不断提升班组的自主安全管理能力。

**冶金有色企业生产班组自主安全管理做法与经验评述**

班组是企业的根基。班组安全管理工作做得好坏，不仅直接影响着班组的安全，也会影响到企业的安全生产和各项经济指标的实现。作为企业管理根基的班组，如果存在不和谐、不稳定因素以及事故隐患，就会影响企业安全生产的稳定。企业对生产班组的安全管理，一方面需要班组自身的努力，另一方面更需要企业的引导和支持，没有企业的引导和支持，生产班组自主安全管理也很难搞好。

冶金有色企业抓好班组安全建设的做法和经验如下：

**(1) 杭钢集团公司加强班组文化建设的做法**

杭钢集团公司在班组安全建设过程中，把培育高效能的班组团队作为工作的追求目标，通过开展“创建学习型班组、争做知识型职工”活动，将企业文化植根于班组，创新班组文化建设，努力构建和谐的企业文化。主要是通过三种文化建设推进班组建设。

● 营造学习和创新的氛围。围绕生产、安全和经济技术创新指标，在班组内部形成“问题管理法”，把“问题”变成班组成员技术和工作创新的源泉，发掘蕴藏在员工中的积极性和创造力。同时，积极拓展学习和创新的空间。班组将岗位练兵、技术比武、先进操作法、技术攻关等升华为团队的学习和创新活动，拓宽在生产一线解决技术和工艺难题、开展技术创新的空间。引导组员立足岗位学习新知识、掌握新技术、钻研新本领、创造新技法、推出新产品，使班组成为企业自主创新的细胞。同时，班组建立知识、技能共享和技术创新的平台，实行“组员轮流带班制”“自学互助小组”等，使组员既掌握岗位技术理论和班组管理知识，又掌握先进操作技能，成为一专多能的技能人才。

● 完善班组管理制度。结合工作实际，建立和完善班组自主管理的制度和程序。在建章立制过程中体现以人为本的思想，适应现代人受尊重和自我实现的高层次心理需求，通过明确组员应当遵守的规章制度和担负的责任，以及相应的权利，增强组员的全局意识和岗位责任，调动班组成员参与管理的自觉性、积极性，改变班长一人管理班组的状况，从而提升班组的管理绩效。

● 加强班组民主管理。班组文化注重民主管理制度建设，班组通过班委会、民主管理会、班务公开、员工论坛等行之有效的载体，及时向员工传达公司、生产厂、车间涉及员工切身利益的重要内容，并了解和掌握员工的思想状况，注意倾听和反映意见和建议，切实做好员工的思想工作，保障员工的知情权、参与权、表达权和监督权，从而以劳动关系和谐、员工队伍稳定促进企业的和谐发展。

**(2) 马鞍山钢铁公司第一能源总厂加强班组安全建设的经验**

马鞍山钢铁股份有限公司第一能源总厂本着“抓基层、夯基础、谋发展、促和谐”的整体思路，以“建一流队伍、创一流班组、育一流员工”为目标，从夯实标准化基础工作做起，不断加强班组建设，有效地推动了班组建设的快速、稳定、和谐发展。

● 从班组员工的安全意识入手，改变麻痹大意的思想。要求每个班组坚持开好班前会，结合生产作业状况，对照“班前会安全提示要点”，明确生产作业重点和注意事项，做到安全提醒不落项，及时给上岗职工筑起一道“防火墙”；坚持每周一次班组安全警示会，用事故案例警示员工时刻注意安全、珍惜生命；坚持每个工程项目结束后召开安全总结会，对不安全人员和行为进行批评教育。持之以恒的安全教育，使员工养成了“想安全事、说安全话、干安全活”的良好职业习惯。总厂还把落实安全制度的执行情况作为考核班组及职工的标准，并制定出相关的安全管理条例，将安全要素分解到岗位，把各项安全管理责任落实到个人，为安全生产提供了标准和依据。

● 组织开展劳动竞赛，设置绩效考核评比机制。为了激发班组的工作热情和干劲，总厂相继开展了“达标创优增效”和检修单位的“保工期、保质量、保安全、保效益”及班组建设升级竞赛等形式多样的劳动竞赛活动，以班组为单位，建立劳动竞赛评比机制，加强班组管理的过程考核，对优胜的班组予以相应的物质奖励，并将考核结果作为班组升级竞赛的评比依据，予以冠名标杆、模范、先进和文明四个等级的奖励，极大地促进了每位职工奋勇争先、勇创一流的热情。同时，鼓励班组针对生产中遇到的各类问题建立 QC 攻关小组，开展小发明、小创造和小改小革及合理化建议等活动，总结提炼先进操作法，持续改进生产工艺，并进行广泛推广和应用，极大地提高了工作效率。

● 通过长期有效的培训，不断提升班组的整体战斗力。班组作为一线生产单位，员工的操作技能技术水平十分重要。为此，总厂以班组为单位，坚持“三学”，即班前学、班后学、工余时间学，聘请专业技术人员，以案例教学的方式，组织职工进行集中培训；对不在岗位的职工，班组通过开展“一日一题”和“一对一”组织职工进行互动学习，并给青年员工压担子、交任务，签订岗位师徒合同，开展“名师带高徒”活动，使青年员工尽快成为岗位技术能手。

通过加强班组安全建设，为企业实现又好又快地发展找准了支点，不断增强班组完成生产经营任务和提高经济效益的能力，使企业的管理水平不断提升，营造了和谐发展的良好局面。

**（3）天宏焦化公司炼焦厂积极抓好班组建设的做法**

天宏焦化公司炼焦厂现有职工 413 名，有 7 个工段、28 个班组，担负着天宏焦化公司 75％的焦炭生产任务和全市煤气供应任务。多年来，炼焦厂的领导换了一任又一任，但重视班组建设的传统始终没有变，造就了一支敢打硬仗、善打硬仗、会打胜仗的班组队伍。

● 选好班组长。在选择班组长时，注意选择白国周型的人才，始终坚持“三用三不用”，即用生产和安全兼顾的，不用只注重生产不讲安全的；用责任心强技术一般的，不用业务水平高责任心差的；用有思路干实事的，不用会说没有思路的，以选拔干部的标准选拔班组长。在慎重选择各班组长人选后，该厂还十分重视班组长的业务能力的提高，每月定期组织班组长召开座谈会、管理经验交流会，给班组长搭建相互学习的平台，在班组长中形成相互交流、取长补短、共同提高管理能力的氛围。坚持业绩考核，对优秀班组长给予适当的物质奖励，以调动班组长管理的积极性和主动性。

● 发挥班组的主观能动性和创造性。在班组建设上，积极宣传“白国周管理法”，用白国周三勤、三细、三落实工作法要求班组长立足本岗位实际，抓安全、保效益、促管理，从细处、实处做起，从日常工作做起，查隐患、堵漏洞，节能降耗、降成本。该厂在各工段还积极开展了自查活动，做好记录，做到不漏一人，不漏一岗，全程抽查，促进了各项工作的扎实开展。

● 始终坚持把“让职工说话”作为班组建设的重要方法和途径。积极发挥班组在隐患排查和合理化建议方面的作用，对排查出的项目和有效的合理化建议，分别给予 30 元、50 元奖励，以调动职工的积极性和主动性。2009 年以来，面对金融危机给企业造成的困难，该厂积极开展合理化建议征集工作，共收到可利用合理化建议 30 条，采纳 29 条，为公司节约材料费用 3 万元。查出事故隐患 12 项，落实整改 12 项，杜绝了事故的发生。

## （二）煤矿企业生产班组自主安全管理做法与经验

### 9. 天祝煤业公司综掘七班加强现场管理、建设安全班组的做法

窑街煤电集团有限公司位于兰州市连海经济开发区，是集煤炭、电气、化工、冶金、建材于一体的大型煤炭企业，其前身是始建于 1958 年的窑街矿务局，2001 年 9 月重组为股份制企业，下属 27 家工业生产及多种经营、后勤服务单位，资产总额 51.22 亿元，在册职工 15 498 人。天祝煤业公司建于 1954 年，1984 年整建制移交窑街煤电集团管理，现有员工 2 400 多人，煤田面积 25 平方千米，现年生产能力 75 万吨。

窑街煤电集团天祝煤业公司综掘队七班现有职工 13 人，其中劳动合同制职工 2 人，农民协议工 11 人，该班组从加强现场管理入手，按照“创建一流班组、建设安全班组”的工作思路，严格各项规章制度的落实，生产作业中确保工程质量，加强人员培训，不断提升员工素质，创造和谐的班组环境，凝聚员工合力，从而避免和

防范事故的发生，保证人员和设备的安全，并取得了显著的成绩。

天祝煤业公司综掘七班加强现场管理、建设安全班组的做法主要是：

**（1）抓“四个严格”的落实，确保安全文明生产**

安全生产需要严格的制度规范，为保证安全生产，综掘队七班关键抓“四个严格”的落实。

● 严格制度措施。在多年的生产实践中，班组严格做到只认制度不认人、只认标准不认情，制度面前人人平等。班组在生产中，严格执行公司制定的《创建“两型三化”矿井标准及考核评分办法》（“两型”即本质安全型、安全高效型，“三化”即基础管理精细化、技术装备现代化、人员培训制度化）中的目标任务、劳动工序、考核标准和奖罚措施，把指标任务具体分解落实到每个岗位、每位职工，确保了安全文明生产。

● 严格操作工序。抓细节、抓配合、抓协调，干一道工序合格一道工序，一道工序不合格不得进入下一道工序，对每一道工序的安全操作进行细化、量化；职工作业必须严格遵守“规定动作”，坚决杜绝“自选动作”，做到执行程序严谨、落实标准到位，有效控制了盲干、蛮干行为。

● 严格考核标准。综掘队七班把班组建设考核标准层层分解落实到员工，做到检查有标准、考核到人头、奖惩有依据、逐月有兑现，有效调动了员工搞好安全生产的积极性。

● 严格材料控制。班组在生产中处处精打细算，从节约一根锚杆、一颗道钉抓起，降低工程成本，本着干什么、管什么、算什么的原则，严格领用手续，提高班组员工的节约意识，做到精打细算、降低消耗、修旧复用，有效控制生产消耗，防止了材料浪费和流失现象的发生。

**（2）坚持推行三项工作法，始终抓好工程质量**

综掘队七班始终把抓好工程质量作为保证安全的重要途径，坚持推行三项工作法。

● 一步到位法。综掘队七班在工作中坚决贯彻《天祝煤业公司回头工程追究办法》和“12项一步到位工作法”，做到工程设计和工作安排一步到位、井巷工程施工质量一步到位、文明生产一步到位、质量检查验收一步到位等12项一步到位，坚决杜绝回头工程。严格落实工程质量责任制，做到自检、互检、专业检查相结合，预防了事故的发生。同时按照班组长主抓、职工按标准操作、验收员现场质量把关分工负责的原则，明确各级责任，严格落实质量标准化“班检周评”制度，对存在的问题，全面分析原因，总结经验，并制定有针对性的措施，认真整改。班组还加大动态质量标准化达标工作的管理力度，在生产现场由当班验收员进行质量验收，次班验收员对前一班的工作质量进行复检，第二天在班前会上公开考核，对造成质量问题的责任人，按责任大小给予相应的经济处罚，并在“队务公开栏”公示。由于采用严格的质量管理体系，杜绝了工作面质量验收走过场、检查留死角、考核看关系的现象，全面提高了工作面工程质量和质量标准化管理水平，保证了工程质量、工作质量。综掘队七班施工的巷道连续3年被集团公司评为精品工程，工程质量始终保持合格品率100%，优良品率95%以上。通过强力推行一步到位工作法，强化了作业现场安全质量管理，杜绝了工程返工现象，有力地推动了安全生产上台阶、上水平。

● 规范操作法。综掘队七班严格按照“工作有标准、岗位有责任、管理有制度、考核有依据”的原则，切实将安全质量摆在首位，建立完善各工种岗位标准和考核细则，规范职工操作行为。班长按时召开班前会，在布置好本班工作任务的同时，结合具体工作特点，根据每位员工个人的特长进行合理分工。职工进入工作现场后，严格执行交接班制度，严格检查设备，对工作场所、具体环境、工作区域的安全状况仔细查看，不放过一点蛛丝马迹，直到确定每个环节都正常后才开始作业。班组员工在平时工作中已经养成对设备精心操作、精心保养、精心维护的习惯，做到设备台台规范定置、时时安全运转、班班保持整洁，正是这种良好的习惯，使得班组月月超额完成任务，月月安全零事故。

●“三查两盯一问”法。每班作业前，班长和小组长都坚持“三查”：查员工操作行为，查设备运行状况，查安全隐患；“两盯”：盯重点工序操作，盯重点隐患整改；“一问”：对主要岗位人员进行安全警示问询。

**（3）加强安全教育培训，提升员工素质**

加强安全教育培训，提高职工素质，是实现本质安全的前提条件。综掘队七班结合实际，在安全教育培训上，以干什么学什么，在什么岗位培训什么内容的原则，以现场管理为重点，注重引导班组员工从思想上、行为上提高控制不安全因素的能力。把每周四作为班组员工的集中安全培训日，班长请公司和队里的技术人员和有经验的老职工授课讲解，并将学习、考试情况与当月工资奖金挂钩，奖罚兑现。

综掘队七班还积极组织职工参加公司组织的各种专业技能培训、各类技术比武和队里的安全教育活动，按时听技术员讲课，认真做好学习笔记，积极参加安全知识考试，在实践培训中，采取以老带新、以师带徒的方式，促使班组职工干中学、学中干，全面掌握安全生产的基本知识和技术技能，增强了应对急、难、险、重任务的能力。班长带头钻研学习，带动班组员工练绝活、学技能，5 名班组员工先后取得了放炮工、打眼工、小绞车司机、综掘机司机等操作证书，取得了掘砌高、中级工资格。

**（4）坚持班组工作民主化管理，凝聚员工合力**

根据班组民主管理工作要求，针对班组员工普遍关心的热点、难点问题，综掘队七班严格按照“五公开、一上墙”的制度要求，对员工工资奖金分配、考勤、奖罚、评选先进等工作，进行全过程公开，考核制度上墙。现在员工根据自己的出勤和当班任务完成考核情况就可以轻松地算出自己的收入，使员工真正感受到了民主气氛。

在综掘队七班，班长把员工当成自己的亲人，经常交心、谈心，定期或不定期召开座谈会，及时与员工沟通思想，交流看法；班里的大小事情与员工商量，让大家积极发表意见，建言献策，参与班务管理，从而提高了全班成员的工作积极性，有效推动了班组建设，增进了员工与员工、队长与班组长、班组长与员工之间的和谐；在日常工作生活中，无论职工有什么困难，班长都尽力给予帮助解决，始终把职工的冷暖放在心上，不论谁有困难，都伸出援助之手。2009 年，班组一位职工因病住院，又赶上孩子上学交不起学费，班长知道情况后，发动全班职工捐款，解燃眉之急。班长长期与员工谈心交流，及时化解他们的思想矛盾，帮助解决工作、生活中的实际困难，密切了班组成员间的关系，达到以情感人、以心换心的目的，为班组连续多年实现安全生产奠定了坚实的思想基础。综掘队七班现在已经成为“区队称心、家属放心、职工安心”的和谐团队和安全生产班组。

截至 2010 年，综掘队七班创造了 15 年无轻伤以上安全事故的新纪录，班组多次被天祝煤业公司和窑街煤电集团公司授予“安全生产先进班组”“优秀班组”，2010 年被授予全国煤矿“十佳安全班组”等荣誉称号。

**10. 姚桥煤矿采煤二队三班努力营造和谐人际环境的做法**

中煤集团大屯煤电公司姚桥煤矿位于苏鲁交界的微山湖西岸，是闻名全国的特级安全高效矿井和环境优美化矿井。矿井于 1972 年 3 月动工，1976 年 12 月投产，设计能力为年产 120 万吨，1990 年进行改扩建，生产能力增加到年产 300 万吨，2008 年生产原煤 380 万吨，是江苏省境内规模最大的特大型矿井。该矿先后获得全国五一劳动奖状和全国现场管理先进单位、全国特级安全高效矿井、全国双十佳煤矿、全国文明煤矿等荣誉称号。

姚桥煤矿采煤二队三班是一个早班检修班（半班检修、半班生产），全班职工 66 人，是一个充满活力的班组。近年来，该班组通过提高职工的安全意识，吸取安全教训，增强了人员的自我约束能力；通过持续不断的业务素质教育，提高了职工的技术水平，并努力营造和谐的人际环境，从而使以前不起眼的班组一跃成为该队的模范班，在确保检修质量的同时，月月超额完成队下达的生产任务，在安全上杜绝了破皮伤及以上事故，连续四年被评为矿集团公司先进班组，成为矿区采煤队伍中的佼佼者。

姚桥煤矿采煤二队三班努力营造和谐人际环境的做法主要是：

**(1) 要把班组工作做好，抓职工思想最关键**

四年前的三班是一个纪律涣散、人心不稳定、人员素质参差不齐、后进青年多的班组。其他班不要的、难管的人员都往三班“精减”，人们戏称该班是个“废品公司”。面对这样一个烂摊子，三班骨干暗下决心，做到一年大变样，四年迈出四大步，用成绩证明自己。

三班从首先了解全班职工思想状况入手，建立了 66 人的思想档案及班组职工的安全台账，根据每位职工的不同情况做思想工作。其次，从抓骨干入手，民主选择了“六大员”，大家分工明确，各负其责。最后，建立了每周一次的政治业务学习制度，坚持长流水、不断线地组织学习，给大家增加政治业务技术“营养”。一系列措施的落实，使班组工作很快走上了正轨。

2006 年 7—8 月，该队回采的 7713 工作面遇到 25°大倾角回采，加上某些设备不配套，给正常检修带来了一定的难度，对职工积极性的发挥造成干扰。在重重困难面前，该班组成员将思想政治工作分解到党团员骨干，他们带队伍先抓思想，管人先管心，大力在班组中开展“讲形势、讲任务、讲责任、讲奉献”的教育活动；及时解决班组职工的思想问题，使困难很快、顺利地排除。

在工作中，三班注意改进工作方法，坚持贴近实际、贴近职工，把班组职工当作自己的亲人，从心灵上了解职工、从感情上贴近职工、从工作和生活上关心职工，努力营造和谐温馨的人际环境。2006 年 3 月，班组召开班务会时得知，原来勤劳能干的小刘变得无精打采，有一次还差点出了工伤。经了解是因其爱人埋怨小刘早出晚归，很少问家中事情，以为小刘在外边胡来，闹着要与他离婚。三班班长卢世平等人挤时间连续家访多次，做耐心的思想工作，很快小刘和妻子和好如初。就这样，该班组班长 2006 年家访谈心 50 多次，帮助困难职工解决各类问题 86 起，用自己真挚的情和爱，架起了班长与职工的连心桥，把 66 名职工的心凝聚在一起，培育了无坚不摧的工作作风，创造了新的业绩。

**(2) 创建学习型班组，提高职工的职业技能素质**

该班针对本班职工的实际情况，把创建学习型班组、争当知识型职工的重点放在提高职工的学习力、创新力和适应能力上，激励职工自我超越。在班组中开展创建活动，讲求寓教于乐，使大部分职工乐于接受，并注重实效，最终使创建活动在潜移默化中成为职工的自觉行动。

● 开展了“一日一题、一周一案、一月一考”“三个一”活动。“一日一题”就是每天班前会由技术员进行分解，分班组进行班组提问，在井下结合现场对照题目理解，隔日复习，定期检查班组职工“一日一题”笔记，对提问和笔记记得好的予以绩效奖励。“一周一案”就是每周进行案例教育，互相点评，充分利用每周五安全活动的时间，对煤矿事故案例进行学习、总结、分析，结合本班班组岗位实际，采取人与人之间相互点评的方式，实行人人过关，并提出吸取案例教训的措施。“一月一考”就是每月对“一日一题、一周一案”学习内容进行考核，考试采用闭卷，低于 80 分的职工需进行补考并罚款 100 元，严格督促学习效果，坚持奖罚分明，有效地提高了职工的业务素质和安全意识。

● 开展了“三项创新工作”。一是推行标准化作业程序，促进职工规范操作，上好标准岗、干好标准活，创建良好的安全生产环境。二是狠抓了班前会改革，把班前会地面安排与井下实际情况结合起来，提高了班前会和现场安全管理的质量。三是狠抓了周五安全活动改革，通过职工相互点评，提高了职工的自主管理意识和安全意识。

**(3) 制定《班组安全文化实施办法》，提升班组整体管理水平**

采煤二队三班把提升班组整体水平，作为搞好班组工作的基石。为此，制定了《班组安全文化实施办法》，签订了“班组长安全考核责任书”，开展了“班组互保自保活动”，努力打造班组安全长效机制。同时积极进行管理创新，实施了岗位精细化管理，取得了良好的效果。

● 规范职工行为，努力实现人本安全。一是规范了矿帽的佩戴标准，要求广大职工入井时必须系好帽带。二是规范了人行车乘车行为，要求广大职工必须遵守矿乘车规定，杜绝违章乘车、跳车等现象，防止了意外事故的发生。三是规范了操作行为，实施了标准的操作程序，对煤机司机、支架工、出口工等工种编制操作程序，规范职工的操作行为，从而起到积极的作用。

● 坚持推行定置化和规范化相结合，实现了系统文明整洁。一是统一了管线吊挂，对工作面风、水管线的铺设和吊挂均制定了统一的标准，并突出细节，例如要求管路卡子方向、丝帽的方向必须一致。二是实行信号电缆与动力电缆分离和规范吊挂。三是规范了斜巷运输系统的安全设施，对挡车器统一进行标识。四是实行了定置管理，对现场材料、备品备件规定了分类码放位置，并设有标志，确保了各种设备有足够的安全间隙，对工作面开关车跑道和转载机电缆过桥进行了改革设计加工，使电缆的吊挂有条不紊，电缆的拖动实现了机械化，为了有利于皮带、支架检修，对皮带支架进行了编号。五是规范了防尘软管吊挂，实现了统一加工、统一吊挂、统一规定吊挂地点。此外，对其他内容进行了规范，统一制定了安全标准，并开展了安全文化杯和精细化安康杯竞赛活动，努力营造良好的安全文化氛围。

● 坚持抓好现场管理，工程质量动态达标。一是要求每班跟班队长必须对上班的工程质量进行细致的验收检查，发现隐患及时安排人员进行处理，之后再开始本班生产。二是坚持按标准化作业程序进行操作，通过现场对照、骨干帮教、强化宣教、定期检查等手段，督促每一个职工牢固掌握本岗位标准化操作程序，并在作业过程中严格按程序作业，使各岗位、各环节操作有秩序，工作有标准，长期坚持，熟练掌握，养成自觉规范操作、上标准岗、干标准活的良好习惯。三是坚持工程质量动态达标，从细节抓起，从每道工序抓起，制定了各岗位量化考核制度与绩效工资挂钩制度，确保了每道工序的施工质量。他们还制定了精细化管理考核办法及各工种工作标准和考核细则，为全队开展精细化管理，实现工程质量动态达标提供了制度保证。

**11. 新陆煤矿 271 采煤队甲班强化工作面现场管理的做法**

黑龙江龙煤矿业集团股份有限公司鹤岗分公司位于鹤岗市，煤炭资源丰富，储量 30 亿吨，是理想的动力煤，适于冶炼、电力、铁路，十分畅销。鹤岗矿区已有 84 年开采历史，是一个以煤炭生产为中心，有机加、运输、选煤、建设、水泥、火工等子公司的综合性企业。现有职工 88 320 人，总资产 65.1 亿元，年产商品煤 1 200 万吨。

黑龙江龙煤集团鹤岗分公司新陆煤矿一采区 271 采煤队甲班有 42 人，是主要从事煤炭开采的生产班组。近年来，271 采煤队甲班以开展“安康杯”竞赛活动为契机，充分发挥班组建设的优势，规范班前会程序和内容，强化工作面现场管理，扎实推进基础工作建设，使班组建设工作在巩固中提升，在提升中发展，有力地推动了班组的各项工作，连续多年荣获集团公司“五好班组”光荣称号，2009 年被黑龙江省授予“安康杯”竞赛活动优秀班组称号。

新陆煤矿 271 采煤队甲班强化工作面现场管理的做法主要是：

**(1) 从程序、内容、形式等环节入手，全面提高班前会质量**

在进入工作状态之前召开班前会，对当班的工作任务、质量标准、安全技能操作程序等做出详细安排，使职工明确目标，了解自身任务。接受岗前安全教育是煤矿多年工作积累形成的宝贵经验，更是班组日常管理的重点。对此，271 采煤队甲班从程序、内容、形式等环节入手，全面提高班前会质量。

● 班前程序清楚。针对过去班前会都是由区长说完队长说，队长说完班长派工，想到哪里说到哪里，最后变成“豆腐账会”，班前会形式单调、质量不高的问题，甲班一方面增加班前会时间，将班前会时间由过去的 30 分钟增加到 50 分钟，用以丰富班前会的内容，扩展班前会形式。同时将班前会阵地前移，延伸班前会触角，将其分为井上学习室、井下工作面两个层面。另一方面硬性规定班前会程序，推广标准化班前会。甲班规定班前在学习室内活动 30 分钟，分班前礼仪、班前点名、班前教育培训、班前派工、组织入井五个阶段。在井下工作面活动 20 分钟，主要是在进入工作面之前，班长提前与上个班班长交接后，由班长讲解当班工作现场实际情况及工作要领。收工后，对当班工作情况进行总结讲评。

● 班前会内容落实。班前会是职工进入工作状态前学习、教育的“黄金”时间。甲班在班前会内容上既克服面面俱到，又防止脱离现实的空洞说教。具体做法：一是教育形式灵活多样。把班前安全宣誓、安全理念宣贯、每日一题、“三违”亮相、班组安全评估、有奖知识竞答、职工提合理化建议、事故案例分析、隐患排除及责任落实等都纳入班前教育培训内容，增强了班前教育的互动性，使职工在一种和谐愉快的环境中接受培训，受到教育。二是派工用人优化组合。在派工环节中，根据工种性质的需要，将操作技能较高的工人与较低的工人分为一组，将有多年工作经验的老工人与新工人分为一组，将安全意识较强的工人与安全意识较为薄弱的工人分为一组，将动作敏捷的工人与反应迟钝的工人分为一组，将性格急躁的工人与沉着稳重的工人分为一组，使职工之间能得到互保、互补、互助，有效地提升了职工的安全意识、劳动潜能和生产效率。三是将班前会触角延伸到井下。在井下利用工前10分钟，由班长从工作面上分工种组织从事该项作业的人员，在作业现场对“人员、工具、环境、对象”进行四确认，并对班前布置的重点地段、关键环节与操作人员进行确认，并告知其应注意事项。收工后由班长带领班组成员到指定的地点开班后讲评会，总结当班安全生产工作，分析存在的问题，对职工进行讲评。

● 班前会重点突出。煤矿生产，安全为天。在班前教育上也着重突出安全重点。一是坚持班前培训。本着缺什么学什么、干什么讲什么的原则，着重抓三个方面的培训，即理念灌输、安全培训和知识竞赛。理念灌输是对集团公司和矿安全理念、安全文件逐条进行讲解，使职工充分理解和领会；安全培训是以“每日一题”学习培训为突破口，有计划、有步骤、分阶段、有重点、有针对性地进行技术培训；知识竞赛是把班前提问、举办安全知识有奖竞赛活动作为检查职工安全知识的有效形式，建立个人培训档案，每月评比出1名先进个人，并予以奖励。二是坚持班前排查隐患。由群检员负责通报本班上一班组隐患存在情况及处理意见，同时对上一班组内的隐患排查情况进行通报，提出工作中应该着重处理的地方。三是坚持案例分析。坚持每月对“三违”导致伤亡事故案例的剖析，使职工充分认识到安全生产不仅事关企业的外在形象和矿区发展、稳定，而且事关自己的生命安全和家庭的平安幸福。同时对当月发生“三违”的人员，在下月进行为期三天的现身说法，加大“三违”曝光力度，从不同的角度采取得力措施，遏制“三违”现象的再次发生。

**(2) 强化现场管理，以工程质量的提升促进管理水平的提升**

工作面现场是生产班组战斗的主战场，工程质量是安全和效益的源泉，抓好工作面现场质量管理是班组建设的核心内容。为此，甲班强化现场管理，严把施工关、验收关，加大隐患查处力度，以工程质量的提升促进管理水平的提升。

● 干好标准活。在生产组织上，甲班抓好生产关键环节的管理，严格按规程施工，确保施工一处，一处标准。具体做法：一是确保打眼放炮质量。从炮组人员抓起，规范放炮行为，严格执行“一炮三检”、三人联锁放炮制度，严格执行班组长跟炮机制，打好“五花眼”，摅足摅好水炮泥，杜绝倒放炮、超段长放炮和其他违章放炮。二是确保支护质量。串梁子时，先敲帮问顶、铺网、打好靠帮柱，消灭单挑梁、卸压柱、失效柱，提升采面支护强度。三是确保工程质量。坚持“五上一固定一验收”的做法。五上即上尺、上线、单体上号、上镐、上挡煤板。一固定即工作地点固定。一验收即小班质量验收，由当班班长、组长、群检员“三位一体”验收合格后发验收卡，升井凭卡计算工分工资。当生产条件发生变化时，特别是老面收尾、新面投产的关键时期，针对生产现场情况，调整适合的作业方式，由班组长、群检员和经验丰富的职工操作。

● 把住验收关。具体做法：一是工前施行“一班三检”。即进入作业地点前，班长先自上而下全面检查工作面存在的问题和隐患，检查单体有无漏液、硬帮顶板情况、软帮联网情况，查出后立即整改，落实好防范措施后再操作；收工严格执行小班质量交接班制度，班长验收本班的工程质量并让职工签字，方可生效；跟班队级干部验收本班的工程质量，根据结果进行比较后进行奖罚。二是严格小组旬评制度。一旬一评比，班组长全体参加评比，现场打分，现场兑现。对一旬时排在最后的小组，罚该组组长 100 元；两旬时仍排最后，则罚 200 元；三旬时还是排最后，就换组长。在 2006 年 3 月下旬的评比中，产量最高的小组质量评比却最差，仍然对该小组进行了罚款。

● 查出隐患点。把“小事当作大事抓，隐患当作事故追”，是班组多年工作中形成的一条重要经验。甲班坚持生产现场“小隐患不过人，一般隐患不过班”，对查出的问题能当场解决的立即解决，解决不了的第一时间上报连队、采区，由采区定人员、定措施、定标准、定复查人限期解决。同时放大群检员的作用，群检员在队级干部直接领导下工作，全面负责本班组内的隐患排查、整理上报、现场治理以及防范措施的制定，并检查督促班组长执行。在施工中严格按照规程和措施检查班组的工程质量，对在施工中存在的工程质量问题和排查出的隐患，群检员有权制止违章作业，在紧急情况下对不听劝阻者，可停止其工作，并立即报请领导处理。

严格的施工管理，严肃的奖罚政策，严实的隐患排查，有力地推动了全班质量稳步提升。从 2004 年开始，甲班已经杜绝了重伤以上事故的发生。

**(3) 建设班前学习室，建成职工温馨之家**

班组建设是一项系统工程。班组基础建设涉及方方面面，点多面广，需要日积月累、潜移默化的工作。在班组基础建设上，甲班着重抓好三个方面的建设。

● 硬件建设有型有样。班前学习室是班组活动的重要场所和阵地。具体做法：一是修缮学习室，建成职工生活之家。在采区的支持下，他们将过去的两个小会议室打通合并成一个大的学习室，使空间更宽敞，便于开展各项活动。同时按矿工会整体设计要求，将所有椅子全部配上桌子，统一宣传栏、全家福相框、三公开四上墙牌板等规格，并全部采用铝合金框，达到整齐美观的效果。二是配齐“三大件”，建成职工温馨之家。在矿工会的帮助下，甲班陆续为职工配备了保温杯、热水壶、消毒柜，使职工喝上热乎卫生的开水；增添了 VCD、彩电等设施，安装了有线电视，使职工看上丰富多彩的电视节目；发放军用水壶、浴包，使职工在井下喝上干净卫生水，洗上舒服澡。三是开放“读书角”，建成职工学习之家。在矿工会为班组订阅《黑龙江工人报》《龙煤专刊》《鹤岗日报》《鹤岗晚报》

《矿工报》的基础上，甲班每年自费购进 1 000 多元安全、工程等方面书籍，为职工了解国家政策法规，国内外、企业新闻，强化业务学习提供了条件。

● 软件建设有声有色。为充分发挥学习室的功能，让墙壁会“说话”，以牌板为“镜子”，甲班在强化硬件建设的同时，更加注重软件建设。具体做法：一是班务公开“热点焦点”。每月定期召开班组月度班务会，向全班职工公布班组当月奖励情况，考勤情况，月度生产任务、工程质量完成情况等“热点焦点”问题，让每个职工都有充分发表自己意见和建议的机会。在召开班务会前，要请区队领导参加，帮助指导、规范会议的内容和程序，同时也避免了走过场的现象。二是“三工”评比“日清月结”。职工的日清月结的内容主要包括任务、质量、安全、成本、收入及行为考核等，同时还有班组长、群检员巡查记录，由班组长在当班结束后对照标准进行考核。甲班根据职工每日考核逐月累计的结果，确定合理的比例产生优秀职工、合格职工和试用职工，按照“班讲评、日排名、月考核”的原则以及班前优秀职工和试用职工登台讲评的方法，对职工不间断地进行激励，使优秀职工更加优秀，试用职工不断地向优秀职工看齐。三是学习型班组“真学深学”。每周组织职工观看一次《煤矿质量标准化》《安全事故剖析》等电教片。同时充分利用“读书角”，坚持做到“三必学、三必有”（学习《煤矿安全规程》，学习各工种岗位责任制，学习安全生产法律法规及外单位安全生产先进经验；有学习记录，有职工签名，有学习心得）。

● 亲情建设有情有爱。具体做法：一是挂起“全家福”。在班前会地点挂起了安全警句标语牌板，贴上了全班所有职工的“全家福”照片和安全警句，职工开完班前会临下井前看看自己温馨的“全家福”、宣读安全誓言，已成了每天的“必修课”。二是唱响生日歌。甲班还倡行带着感情搞管理，推出了排“生日休”的做法，建立了“职工生日档案”，把每名职工生日这天排为休息日，并制作了以

"事业让我们心相连，平安使我们更快乐"为主题的生日贺卡，在职工生日前一天的班前会上，班组长代表工友送到过生日职工的手中，致以生日的祝福，让职工感受到了一种温暖、一种关怀、一种情感。三是签师徒合同。由班组长对试用期职工及不放心人员签订包保合同，担负起现场"单教、单学、单练、单考、单查"示范教练任务，对错误的操作方式在现场指正，进行培训、教育、训练之后再观察，直到熟练操作为止。四是调适职工身心。甲班充分发挥思想政治工作在安全宣传教育、安全生产中调解人、关心人、爱护人、帮助人的作用，针对节假日、双休日、年末岁初、停工后等时期，以及新工人入矿、职工探亲返矿、职工婚丧大事、家庭矛盾纠纷等不失时机地进行观察、谈心、帮助，消除了职工的后顾之忧，使职工能够以心情愉悦的状态投入安全生产工作之中。

**12. 白庄煤矿马保庆班积极提升班组全员综合素质的做法**

肥城矿业集团有限责任公司的前身是山东肥城矿务局，1959 年建局，1998 年 3 月改制创立肥矿集团，是国有大型一类企业，已形成煤炭产能 2 240 万吨、产值 332 亿元、利税 60 亿元的规模，成为一个以煤为主，铝业、化工多业并举的大型现代化企业集团。

肥城矿业集团公司所属白庄煤矿采煤一区马保庆班现有职工 39 人，平均年龄 33 岁，是一支年轻精干的队伍，也是采煤一区的主力生产班组，担负着全区 40%的生产任务。马保庆班是以班长马保庆的名字命名的先进班组，班组组建 7 年来，始终把"强素质、强管理、强技能、强安全"的意识贯穿在生产作业中，积极提升班组全员的综合素质，抓好班组"安全质量标准化"建设，在班组中实施全员"安全质量标准化"达标活动。对每一道工序、每一个操作细节进行明确细化、量化考核，从而提升了班组成员对安全工作的认识，有效防范了各种事故的发生，7 年来全班没有发生过一起擦皮伤，工程质量优良品率始终保持 100%，先后获得"全国学习型先进班组"和"山东省创优争先活动先进班组"等荣誉称号。

白庄煤矿马保庆班积极提升班组全员综合素质的做法主要是：

**(1) 创建学习型班组，提升班组全员综合素质**

班组成员素质的高低，直接影响着班组的战斗力。近年来，随着煤矿新设备、新技术、新工艺的广泛应用，对职工的素质要求也越来越高。针对全班职工技术业务素质跟不上生产要求的实际，认真按照矿开展“创建学习型班组、争做知识型职工”活动的安排部署，狠抓了学习型班组创建活动。

● 营造氛围推动学。通过召开班组会进行深入动员，大力倡导“终身学习、全员学习、全程学习、团队学习”的新理念。特别是首次使用大综采设备以来，全班更加感到掌握新知识、新技术的紧迫感，班组长积极引导职工深刻理解“咱们工人有技术才能更有力量”的科学内涵，通过实践教育，增强了班组职工的危机意识，实现了由“被动学”到“主动学”、由“要我学”到“我要学”、由“应付式”到“自觉式”学习的转变。同时，在区队的支持下，建立了较为完善的学习资料库，使班组职工心中有理念、学习有资料、交流有内容，全班学习氛围日渐浓厚。

● 激励到位促进学。面对一线职工劳动强度大、工学矛盾突出的难题，该班坚持物质激励和精神激励双管齐下，充分利用矿上赋予班组长的自主权，专门制定奖励办法，对在各类技术比武中拿到名次以及自学成才拿到文凭的，每人给予不少于200元的奖励；同时坚持每季度评选一次“成才新星”，予以适当奖励，并在评先树优、入党提干等方面优先推荐，真正让爱学习、肯钻研的职工经济上得实惠、工作上有奔头，激发和调动了班组成员的学习热情。目前全班39人中已有12人取得大专以上的学历，有21人持有两个岗位资格证。

● 以身作则带头学。打铁还需自身硬。马保庆作为一班之长，始终坚持学在前、用在前。在全班叫响了“向我看齐，对我监督”的口号，并总结提炼出“师傅带徒弟”“安全传帮带”“岗位现场说法”等育人成才十二法，使学习效果大大增强，涌现出了一批“土专家”。职工王开荣遇事爱琢磨，喜欢打破砂锅问到底，全矿第一台综采设备在该区投入使用时，他主动请缨，参加首批外出培训，很快成了离不开的技术大拿；液压泵工王士兵虽然只有初中文凭，却硬是凭着一股不服输的劲头，啃透了十多本厚厚的专业书籍，研制了高精度的乳化液自动配比器，发明了高压供液管路减震法，成为全矿小有名气的发明家。

**(2) 创建安全型班组，打造特色班组安全文化**

近年来，该矿致力于以文化力激活生产力，提升核心竞争力，特别是“百安文化”的创建为企业安全生产提供了强有力的文化支撑。作为企业的细胞，全班更加坚定了通过打造特色班组文化提升安全管理水平的信心和决心，并进行了积极探索和实践。

● 制定“小理念”。以提升全员安全思想境界为着眼点，广泛开展了安全理念征集活动，精心提炼出“一举一动、规章至尊”的操作理念、“百年大计、质量为本”的质量理念、“今天安全零事故，我的岗位无违章”的责任理念等十大理念体系。每天班前会全班职工都面对“全家福”牌板反复诵读，强化记忆，在潜移默化中感受文化的熏陶和启迪，使各种安全理念内化于心、外化于行，逐步成为职工自觉遵守安全规章的行动指南。

● 实行“小立法”。结合班组实际建立起了岗位责任制和材料管理、施工标准等一系列班组管理制度，对人人、事事、时时、处处量化标准，细化工序，强化考核，形成了职工对班组、班组对区队逐级负责的安全责任考核体系。为实现人人达标、班班达标、月月达标，实行了日考、月评、标准化分数与职工工资挂钩的考核奖励机制，每天对当班职工质量标准得分进行公布，充分利用经济杠杆增强职工抓质量、保安全的责任感。

● 培育“小文化”。通过培育班组安全思想文化、技术文化、行为文化等，努力打造想安全、会安全、能安全的本质安全人。特别是在安全行为文化上，大力推行“手指口述”操作法，任何一项工作都做到先确认、后操作，使职工手脑合一、精力集中，操作失误率减少了1/3以上。实施预知预想、预报预警、预防预备“六预”管理，坚持每班向班组成员介绍上一班安全和工程质量状况，预报本班安全事项、质量要求和生产任务，使大家明白做什么、怎么做、做到什么程度。同时建立班组安全教育培训制度，做到每人一个学习笔记本，形成了每日一题、每周一重点、每旬一案例、每月一考的“四个一”安全培训机制，并且坚持班中教育和现场提问，使职工从第一环境、第一现场、第一岗位全面落实安全行为规范，有效地提高了班组的安全生产能力。

● 开展“小竞赛”。通过骨干演练、导师带徒、以强带弱等形式，大力开展岗位练兵技术比武，鼓励职工干中学、学中干，在全班掀起了“岗位大练兵、技术大比武、素质大提高”的热潮。自2006年以来，该班在上级各类技术比武中，先后有7名职工荣获“技术能手”称号，有3项科研成果获得市级以上奖励，并涌现出了以全国劳动模范、北京奥运会火炬手肖立军为代表的一批先进典型。

**（3）创建和谐型班组，凝聚班组成员整体合力**

俗话说，人心齐，泰山移。凝聚职工向心力是抓好班组管理的首要条件。为此，全班大力推行人性化管理，扎实开展了和谐型班组的创建活动。

● 班务公开聚合力。按照“职工关心什么就公开什么，想明白什么就说明什么”的原则，每月定期召开班务会，向全班人员公布班组当月奖励、考勤、生产任务完成等情况，让每个成员都有充分发表自己意见和建议的机会。特别是对经济分配、工种调换、评先树优等热点、焦点问题，都在班务会上公开投票表决，现场唱票公布，实施全过程阳光操作，有效维护了职工的民主权益，全班始终保持了风正气顺、和谐发展的良好势头。

● 注重细节暖人心。“想职工所想、急职工所急、办职工所盼”，尽最大努力为职工创造温馨舒适的工作环境。第一个在井下现场设置了保温桶、条凳等物品，保证职工随时有热水喝，有地方休息。在夜班最为薄弱的凌晨3点，允许职工休息半小时，以保证精力充沛。根据每名职工的特点，坚持做到表扬公开化、批评私下化。尽管这些看似都是一些小事，却在一定程度上满足了职工被尊重的需求，营造出了和谐融洽的良好氛围，促进了班组自我管理能力的大大提高。

● 团结互助促和谐。谁家也不可能天天挂着“无事牌”，为及时掌握全班职工的家庭情况，建立了职工家庭档案，班组长经常与职工交流谈心，谁家有难事，哪个职工有情绪，作为班长要做到了如指掌，坚持做到难时有人帮、惑时有人解、病时有人探。近两年来，先后为困难职工组织捐款2万余元，帮助农村合同工抢收小麦30余亩。特别是连续五年坚持开展为职工集体过生日的活动，在每名班组成员生日来临之际送上精致的生日礼物，共同点燃包含真情的生日蜡烛，唱响了“关爱职工、共创和谐”的主旋律，增强了职工忠诚企业、爱岗敬业的内在动力，多次被集团公司和矿评为“和谐创建先进班组”。2009年5月和8月，马保庆班代表肥城矿业集团，先后在全国万名班组长培训推动会和全省班组建设推进会上作了经验介绍，得到了一致的好评。

**13. 陈四楼煤矿综采队陈国玺班不断创新班组管理的做法**

河南煤业化工集团有限责任公司是集煤炭、化工、有色金属、装备制造、物流贸易、矿山建筑、现代服务业等相关产业于一体的多元发展的特大型能源化工企业。拥有煤炭资源储备400多亿吨，遍布河南省内十多个地市及其他省市，拥有钼金属储量150万吨，拥有国内外铝土矿资源20亿吨；掌握煤化工的世界高端技术，是目前亚洲最大的煤制气企业和华中地区最大的甲醇生产企业。2009年，集团煤炭产量5 698万吨，实现利税107亿元。

河南煤业化工集团所属永煤公司陈四楼煤矿综采队陈国玺班，

在煤矿生产中坚持以人为本，以安全型、民主型、学习型班组为目标，创新思维，激活细胞，不断创新班组管理，为实现矿井的长治久安，探索了有效的途径。该班先后被评为2007年度河南省煤炭系统优秀班组、2008年度河南煤化集团优秀班组。

陈四楼煤矿综采队陈国玺班不断创新班组管理的做法主要是：

**（1）开展三项安全工作，努力打造安全型班组**

抓安全首先要从抓思想认识入手。陈国玺班结合“一书一卡一询问”三种安全教育方法，开展三项安全工作，有力地保障了本班的安全生产。

● 三种教育，防范安全事故。具体做法：一是“事故预想316例”。“事故预想”的原理：事故发生的因果顺序有如一根链条，只要将其中任意一环掐掉，事故就不会发展到最后一环。为使员工进行安全预想，防范事故，该班组充分利用《陈四楼煤矿零打碎敲预想事故316例》一书，不但让员工学习书中的案例，还从班组中选演员，让员工根据事故类别、经过、原因、责任、教训等自己排练小故事，进行表演，通过对事故进行场景再现，较好地实现了资源的共享与员工的自我教育，达到了超前预防的效果。二是“安全警示卡”。该班组始终坚持把员工的生命、健康放在第一位，视员工为亲人，带着深厚的感情抓安全。为帮助员工进行事故预想，创新推出了员工的“护身符”——“安全警示卡”。此卡正面条目式列举了对各岗位、各工种的“危险预知”，背面则印上了家人、企业、朋友温馨的祝福。这种警示卡帮助了员工进行事故预想，达到了时刻警示员工规避危险的目的。此卡使用后，取得了明显效果，目前已在全矿推广。三是“询问式”检查。为消除人的不安全因素，提醒员工安全注意事项和自身的薄弱环节，该班开展了不定时询问安全检查。即班组长在工作面，根据员工工作情况，现场对员工进行岗位职责、安全标准、设备操作规程、设备故障、危险源等方面的询问，通过对操作者进行“五个知道”——设备性能、不安全因素、事故后果、检修方法、操作方法的询问式检查，职工安全意识得到了明显提升，“三违”人次大幅下降，安全隐患数量明显降低。

● 三项工作，确保安全高效。具体做法：一是“岗前三分钟安全确认”活动。环境的安全是保证安全工作的基础。为保证环境安全，陈国玺班制作了现场施工安全确认牌板，开展了“岗前三分钟安全确认”工作。员工到达工作面，在正式工作前三分钟，要先做到“看、想、诵”三件事。看，即上查顶板，下查底板，中间查两帮，按照牌板规定的现场工作范围内是否有不安全因素或安全隐患的内容，进行安全确认；想，即想一下班前会的内容和有无遗忘的安全工作事宜；诵，即背诵一下本岗位的操作要领，提醒自己要规范操作。二是岗中手指口述安全操作。绝大多数安全事故并不是由不可抗拒的因素造成的，而是由于管理不到位和操作人员的不安全行为造成的。基于安全生产的实际需要，该班组严格执行“手指口述”操作法。员工明确岗位责任制，牢记安全操作流程和安全操作规程，使班组做到了工作有标准、行动有准则、岗位有人员、人员有责任、责任有落实，实现了流程化管理。三是“岗位冠军”活动赛出安全高效。为提升员工的素质，打造安全高效的团队，陈国玺班结合生产实际，开展了“岗位冠军”竞赛活动。每月，该班组针对员工的工序操作熟练程度、工程质量及完成工序所需时间开展竞赛。参赛选手如果能在最短的时间内保质保量地完成规定的工序，就是该工种的冠军，推荐为区队岗位技术能手，并给予一定的奖励。此方法激发了班组员工比、争、赶、帮、超学习业务技能的热情，形成了在竞争中学习、在切磋中探讨的学习氛围，提升了员工发现工作现场存在的不足与缺陷的能力，缩小了新老员工间的工作技能差距，为矿井技术型人才与实用型人才的培养和发掘奠定了坚实的基础。同时，此方法也进一步提高了班组的工作效率。2009 年 1—9 月，班组工程质量逐步提升，现场隐患明显减少，月产量由 2 万余吨递增为近 4 万吨。

**(2) 尊重职工的劳动成果和合法权益，培养民主型班组**

该班坚持以人为本的原则，探索出“两个一”的民主管理新方法，建立了班组民主管理机制，充分尊重了班组职工的劳动成果和合法权益，让劳动创造的效益惠及所有班组职工，充分调动了班组职工的主观能动性，激发了班组职工的工作热情，创造了班组民主管理的良好氛围，打造了民主、和谐班组，加快了班组的民主化建设进程。

● 一项工程打造“透明”班组。该班创新班组民主管理载体，扎实开展班务公开工作，充分发挥班务公开这项阳光工程在班组管理中的推动作用，从抓制度、抓落实做起，把班务公开与加强班组内部管理、促进安全生产和文明管理、提高工程质量结合起来，把班组管理工作中的热点、难点，作为班务公开的重点和突破口，不留“空当”和“死角”，形成“任务公开大家干、成本公开大家管、考核公开大家看、工资奖金公开大家算、评先公开大家选”的良性机制，真正调动起职工的积极性、创造性，让职工明白、班组长清白，被大家形象地称为“12213”阳光工程。使班务公开真正成为凝聚人心的“黏合剂”、和谐班组的“助力器”，即做到12项内容公开上墙、两监督、一透明、三及时。12项内容公开上墙：安全生产及工程质量公开；考勤公开；职工个人得分公开；工资分配明细公开；安全工资分配公开；各种材料的使用、节余、超支情况公开；全员学习考核公开；工资表及各类奖金、补贴发放情况公开；职工劳动竞赛结果公开；职工奖罚情况公开；班组劳动竞赛考核公开；班组长民主评议结果公开。两监督：班务公开，积极接受职工的监督和班民主管理小组的监督。一透明：班务要做到公开、公平、公正、内容透明，通过这种“阳光”操作，消除了员工的顾虑和不理解的想法。三及时：对管理中出现的问题及时督导，职工有疑问及时解释，发生错误及时纠正。

● 一个“本”参与班组民主管理。为了保证职工在参与民主管理的过程中诉求渠道的畅通，找到当家做主的主人翁感觉，真正行使员工的民主权利，准确记录下员工的心声，同时为集思广益，征集班组建设的合理化建议，真正让一线员工参与到民主管理中去，该班给每位员工配备了一个“民主记录本”。记录本具体内容包括：职工在工作和生活上有什么困难需要解决，比如露天工作时不宜安装空调，请求配备电扇的建议；对班组日常管理的意见，如对当前班组的成本管理，可以依据自身的岗位经验，提出具体、合理的开源节流的方法；对目前本班面临的生产难题提出的解决建议。班组长定期将每个员工的“民主记录本”收集起来，把所有意见都整理在一起，由班组长组织召开民主管理会，民主管理会具有规模小、形式活泼的特点，会议的民主气氛浓厚，所以职工没有思想顾虑，都积极对班组各项工作进行评论，所有班组成员在会上对这些问题进行协商和解决，调动和发挥全体职工的积极性和创造性，共同搞好本班组的工作。为增强班组职工参与民主管理的意识，对一些难以决定的问题采取民主表决的方式，形成班组最终的决议。经过这些程序解决不了的问题再由班组长提交到队里，请求上一级部门的帮助。

该办法实行以来，该班共采纳职工意见 152 条，其中 92 条是有关班组日常管理和解决生产困难的合理化建议，该班通过对这 92 项职工建议的落实，大大推动了班组日常管理工作，加强了班组薄弱环节的管理。其中 60 条和职工工作、生活上的困难有关，通过班组成员和队领导的帮助，现已全部解决，极大地融洽了职工之间的关系，为职工营造了家的氛围。

**(3) 分为三阶段建设学习型班组，不断提升班组管理水平**

当新鲜血液注入机体时，需要一个过程使其融入运转轨道当中。同样，在经过矿上的岗前培训后，新工人分配到各个班组，要经过学习锻炼，才能熟练掌握和运用操作技能胜任本职工作。

● 掌握运用阶段。陈四楼煤矿创新思路，分“学、评、选”三个步骤，加大对新工人的培养力度，取得了明显的成效。

学：该班组充分发挥“导师带徒”的作用，为每一位分到班组的新员工配备一名具有3年以上工作经验的老工人进行帮带。每位新员工的学习期为3个月，在此期间内，师徒两人在工作中形影不离，新员工可以在老工人言传身教和耳濡目染中学到技能和知识。在实施过程中可以看到，大部分新员工可以在这一时间段熟练掌握本岗位的技术要领，为进一步提高技能夯实了基础。

评：该班组打破了“一站式”的学习模式，在每位新工人实习3个月期满后，组织人员对分配到岗的新员工进行摸底调查，对新员工及其师傅进行考评，并给予一定的奖励，此举极大地增强了新员工的岗位意识和学习意识，打造了学习长效机制，对于新员工自身素质的提升大有裨益。

选：通过不间断的考评，该班组还对新员工精心筛选，力求把合适的人放在适合的岗位上，如各种设备司机、各工种专业技术人员等。通常情况下，有将近10%的新员工在实习期结束后会被“遣回”所在区队，再次接受理论培训，直到真正掌握了相关技能才能再次走上工作岗位。

● 借鉴提高阶段。该班组开展的“岗位互换、师徒互学”，就是为了让所有班组成员相互借鉴、相互提高。班组从组员中选拔几名素质高、业务精的员工，每人分别帮带一名技术一般的队友，双方签订导师带徒协议。经过一段时间的帮带后，进行师徒互换，并再次签订师徒协议。每月考核一次，内容包括安全知识、操作技能、企业文化、创新等方面。该班组规定，连续3个月得分在70分以下的调离该岗位。通过“岗位互换、师徒互学”，让班组人员认识到自己工作中的缺陷，继而及时跟进，快速提升自身素质，同时也为打造复合型人才奠定了基础。师傅变学徒激发了员工的学习积极性，迅速提高了员工的素质，有助于区队更全面地提升管理水平。

● 专业升华阶段。班组人员技术水平达到一定程度后，将参加所在区队及矿上开展的各项技术比武活动，通过这样的舞台，一方面可以展示自己的才能，另一方面可以在差距中学到知识。该班组每月至少推荐 5 名特种作业人员参加矿内晋级认证考核，通过理论考试和实际操作考试，提升了员工的技能，打破了特殊岗位不可替代的神话，增强了员工的危机意识，也使员工学知识、学技术的热情空前高涨。此外，该班组还推荐班组成员参加矿上的“专业技术带头人”选拔活动，为他们搭建平台，同高手过招。获得矿“专业技术带头人”荣誉证书的员工，在班组内得到重用，成为班组员工的老师、教授，负责帮带 1～2 名徒弟，教导学生的理论学习、实际操作知识，及时解决工作中遇到的各种“疑难杂症”。此外，获得“专业技术带头人”荣誉称号的员工，在班组评先时，享有优先权，同时将推荐到矿后备人才库，作为重点培养对象。

陈国玺班通过安全型、民主型、学习型班组建设，有效地提升了班组的创造力、凝聚力和战斗力，强基固本，为打造平安和谐的企业做出了贡献。

**14. 磨心坡煤矿采煤 203 班规范工序管理、加强自主保安的做法**

重庆天府矿业公司的前身为天府煤矿，天府矿区具有 200 多年的开采历史，1979 年成立天府矿务局，2003 年改制组建为天府矿业公司。天府矿业公司注册资本 3.6 亿元，现有生产矿井 4 对，核定年生产能力 216 万吨，年洗选能力 90 万吨，是重庆市能源生产基地之一。另有煤炭经销、建筑安装、生活后勤等单位，现有员工 8 247 人。

重庆天府矿业公司所属磨心坡煤矿采煤 203 班现有职工 63 人，是全矿主要的采煤班组。该班组以“安全第一、预防为主”的安全理念为先导，以建立安全运行机制为保障，通过规范制度、规范工序管理，加强自主保安，积极推进班组建设，收到了显著的效果，连续多年未发生重伤以上事故，创造了和谐健康、稳定发展的局面。

磨心坡煤矿采煤 203 班规范工序管理、加强自主保安的做法主要是：

**（1）以安全理念为引导，确立班组建设远景目标**

在班组建设中，203班首先确立了班组建设的远景目标，即优化业务流程、规范工序管理、提升业务技能、加强自主保安，全力打造天府矿业公司磨心坡矿安全、高效的一流原煤生产班组。围绕班组建设远景目标，加强理念引导。

● 抓好日常教育，营造安全氛围。班组围绕矿里每月、每季度的安全活动主题和目标，做好安全宣传教育工作。严格实施每日一专题、每周一案例、每旬一考问、每月一考试、每季一评比的“五个一”班组安全教育活动，建立了班前室“全家福”、班前“安全宣誓”。

● 抓好温情教育，营造温馨环境。班组坚持带着感情抓安全，以友情、亲情、爱情唤起大家的安全责任感，班组对每个职工的基本情况、个性特点和爱好、家庭状况、夫妻关系、电话号码和住址记录在册，对特殊家庭、特殊时间、特殊人员做到心中有数，重点掌握，及时提醒注意安全。

● 抓好警示教育，做到警钟长鸣。近年来，203班认真总结反思了小组所发生的重大事故，为警示后人，把每起事故发生的时间、地点、性质、原因、教训，按照时间、分类编辑资料、绘成漫画，图文并茂，每月在班前室举行“重温历史、警示安全”系列事故案例展和安全漫画展，为消除人的不安全思想和行为起到了积极的作用。

**（2）规范班组管理制度，严格落实现场安全技术措施**

203班严格加强现场监督检查，严格监督落实现场安全技术措施，对于各类安全问题做到超前防范、防微杜渐，严厉制止违章违规作业。

● 严格落实班前会制度。把开好班前会作为现场管理的第一道程序，结合上一班作业现场存在的问题，针对每个环节、每个岗位，布置好当班安全生产及各岗位应协调处理的事项。

● 严格执行交接班制度。在交接班时认真填写好交接班日志，把相关安全生产的原始记录交接清楚，防止问题不明、措施不当而危及安全生产。

● 充分发挥煤矿群众监督员的作用。203 班现有群众监督员 11 人，他们坚持把查找隐患、制止“三违”作为煤矿群众监督员工作的重中之重，做到班组长不违章指挥、班组成员不违章作业、所有人员不违反劳动纪律。

● 搞好安全质量标准化动态达标。每班对作业现场的工程质量、岗位工作质量进行验收和评估，实现动态达标，积极创建安全精品工程。

● 规范操作流程，强力推行“手指口述法”。班组以基层员工操作流程、行为规范为突破口，通过集体研究，制定了员工简单易记、乐于接受的各工种、岗位的交接班、开停机、设备设施完好检查、隐患排查等口诀，将其作为排班会必不可少的内容，并随机抽取职工分工种背诵“手指口述法”操作令内容，答不出者扣当天 1 分工分。同时，加大现场执行力度，凡未按“操作令”操作者，将被处以 50 元/次的罚款。

● 借鉴推行“三违”帮教模式和排查、整改、验收、考核“四位一体”的安全闭合模式，从每个岗位、每个人、每个生产小组自下而上地对安全隐患进行彻底排查，真正扎扎实实地抓好安全工作。

● 实行当天当班工作点评。重点突出三点：首先点评当天当班谁在哪些方面做得好，快速执行得好；其次点评当天当班沟通方面哪一点、哪一项工作没有做好；最后点评下一班或第二天的工作应该注意些什么。

● 开展“三无安全明星生产小组”竞赛活动，打造安全明星生产小组。根据生产实际情况和安全生产责任目标，对照“三无安全明星生产小组”（无三违、无轻伤、无受伤）竞赛活动内容组织竞赛，推进班组建设健康有序发展。

为了预防事故，203 班还着重加强了班组应急救援知识培训，熟悉防灾、避灾路线，增强自救的处置能力。加强对新工艺、新材料、新设备、新技术的培训，适应安全发展的需要。认真落实师带徒制度，提高安全生产实际操作技能。大力开展岗位练兵，促使班组员工熟练掌握安全生产操作技术，提高防范事故的能力。

**(3) 及时交换意见，沟通思想，规范分配民主管理**

为强化班组建设，203 班在班组内不搞个人说了算的“家长制”“一言堂”，平时大事集体研究，小事相互通气，对工作中产生的意见和矛盾不回避，采取当面锣、对面鼓的办法及时交换意见，沟通思想。按照矿《关于进一步加强工资奖金分配管理意见》，重新调整健全了工资分配民主管理小组，严格执行工资分配制度，强化班组工资分配的责任意识，按照公平、公正、公开的原则，实行统一操作，利用队务公开栏，把班组职工工资奖金分配方案和政策公布出来，接受职工的监督。为增加分配过程中的透明度，班组还将小组当月的工资总额、工分、分值、出勤、工资表及时公开上墙，让职工明明白白地干活，清清楚楚地算账。同时，正、副班长在加强职工思想教育上坚持把理顺职工情绪、维护职工利益、关心职工生活、解决职工关注的焦点问题作为稳定班组队伍的重要内容，认真听取和收集组员提出的意见和建议，从源头上消除职工的思想疑虑，从行动上解除职工的后顾之忧，从而密切了干群关系，增强了职工的向心力，达到了融会干群合力、稳定职工队伍的目的，为安全生产奠定了思想基础。

班组实行班组长负责制，班组长由组员民主差额选举产生，差额率不低于 50%，在选举中区队也加强了民主监督和指导。经过班组选举的工会小组长，负责每月（季）组织召开组员大会或民主管理会，研究讨论或决定班组安全生产、奖惩、财务收支以及其他事务性工作，定期公布班组奖惩、竞赛结果以及账务情况和生产任务完成情况等班组事宜。

**15. 白庙煤矿李本清班注重强化对职工安全教育的做法**

河南平禹煤电有限责任公司成立于2005年，是在对新峰矿务局、白庙矿业集团进行资产重组的基础上建立的，为国家大型企业。公司以煤炭、电力生产、铁路运输为主，同时涉足煤化工、物资贸易供应、运输销售、铁合金生产、热力供应等相关行业，形成“煤电—铁路运输—煤化工”一体化循环经济发展的格局。目前拥有6对生产矿井，下设平禹煤电一矿、二矿、四矿、六矿、方山矿、白庙矿等重点煤矿，同时控股方山煤业公司。

河南平禹煤电公司白庙煤矿李本清班现有职工80人，为“清一色”的农民工。在日常工作中，该班组注重强化对职工的安全教育，严格执行各项制度，把安全生产当成“天字号”工程，从平地的学习培训、班前会到井下现场的工程质量，甚至职工休息，都有严格的规定，并且能够很好地落实到位。自班组组建以来，消灭了轻伤以上事故，月月完成掘进任务，优良品率达到了95%以上，被职工称赞为平禹煤电公司的“王牌队伍”“放心队伍”。

白庙煤矿李本清班注重强化对职工安全教育的做法主要是：

**(1) 学习先进经验，创立“双思”工作法**

2009年4月，《中国平煤神马报》刊登了中平能化集团七星公司开拓四队班长白国周先进事迹后，李本清班立即找来《中国平煤神马报》，利用班前会、安全学习日组织职工进行学习讨论，把汲取白国周班组的先进经验与强力推行“手指口述”安全操作法相结合，要求每个职工熟背本岗位的操作要领，牢记操作标准，规范操作，外化于行，如今班组的所有人员全部实行了“手指口述”操作安全确认法。该班在实际工作中创立了“双思”工作法，即利用班前10分钟进行思考，找出当班的工作重点及关键环节；下班前10分钟进行思考，找出问题和不足，对应注意的事项及时进行安排和交接，提醒下一班注意安全。

**(2) 保护职工的生命安全，加强班组日常管理工作**

班前会是职工下井前的安排会、动员会、细节会，在有些人看来，班前会浪费时间。而该班则把班前会作为安全工作的第一道关口，当作保护职工生命安全的一种义务，不管工作多忙，班组长都亲自组织班前会，向职工安排当班的安全工作，讲明上一班遗留的安全生产隐患的处理办法和注意事项，使职工心知肚明，为圆满完成当班的安全生产任务打下思想基础。为提高班前会的质量，2008年10月，班长李本清从《中国煤炭报》上抄来“班组管理十法”认真研究，结合实际，在班前会上学习推广应用，加强了班组日常管理工作。

**(3) 接班后进行安全评估，现场管理不马虎**

李本清班有一条铁的纪律：接班后不急于生产，而是进行安全评估。除翻阅上一班班中记录外，还要对作业地点范围内的安全状况进行评估，并对存在的安全隐患进行排除。

2009年春节过后，该班在240车场施工。2月13日四点班在进行作业前安全评估时，当班组长李本清发现风门关不严，锚喷表面平整度超过规定误差50毫米以上，就立即组织人员进行处理，直到工作现场全部达到安全规定才开始作业。

安全生产管理的重点在现场。该班班组长每次下井时衣兜里都要装着线绳、钉子、尺子、粉笔等工具，每到一处都校验中、腰线，检查和校正内在和外在质量，对棚架巷则校过山、退山，量上口、下宽，查背帮、背顶。发现隐患立即进行整改，绝不允许把隐患留给下一班。有一次，班长李本清发现一个组只顾抢进度，忽视工程质量，有两棚立的不合格，李本清就盯在现场，直到将棚立好。升井后，他依据有关规定，对该组负责人开了罚款单。第二天，该组组长找到李本清说情：“就两棚稍微倾斜了一点，值得这样吗？矿井业务科室又没发现，别太较真了。”李本清坚持原则，始终没有让步。

**(4) 搞好班组团结，建立平安和谐班组**

严了，是不是就没有关爱了？回答是否定的。搞好班组团结，建立平安和谐班组是李本清班不懈的追求。该班制定了团结和谐评比标准，设立了“班组团结奖”，内容包括工作完成量、工程质量、机械设备运行状况、顶板管理、隐患治理、文明生产、材料管理等。此外，还特别明确了“三不交接班”原则，即影响生产的安全隐患不排除不交接班，隐患整改责任人不落实不交接班，双方班组长现场不签字不交接班。在时间、空间上形成了零点、四点、八点三班有序循环的闭合管理链。和谐班组每月一评，对荣获团结和谐班组奖的班组，正、副组长每月奖励100元和80元，在2008年12月的团结和谐班组评比中，有十余名组长、副组长分别获得了班组团结奖。班组团结奖提高了班组的团队意识和工作积极性，班与班在隐患治理和交接班时从没有推诿扯皮过。

人的精力是有限的，用到工作的时间多了，休息的时间就少了，休息不好，安全就没有保证。在工作中，每个班安排的工作量，如稳钻、放炮、出砟、上锚网、打锚杆、毛喷，铁定为8个小时。同时，为保证职工的睡眠时间，班组立下了一个规矩，下班统一休息时间，晚上9点必须休息。休息好了，第二天上班精力才能充沛。

通过队务公开，消除职工的思想顾虑，避免了职工带情绪上班，这是该班实现安全生产的又一法宝。李本清班长期坚持队务三公开。一是任务公开。班组长根据职工的专长、技能，将每天的工作任务合理安排到各个岗位。二是出勤公开。班组考勤员每天将当班职工的出勤情况、安全情况、日得分情况等，张贴在公开栏上，接受职工的监督。三是工资公开。每月班组核算员要细化职工岗位工资系数，张榜公布，由职工根据各自的岗位工资系数就知道自己当月的工资。同时，还组织职工针对安全工作落实是否到位、材料使用是否存在浪费现象、工资分配是否合理等问题提出建议，以便及时找出解决问题的方法和措施，以此来加强沟通，提高班组成员的凝聚力和战斗力。

**煤矿企业生产班组自主安全管理做法与经验评述**

班组是企业的细胞，是企业安全生产的基础，班组的安全管理是企业安全管理的重要环节。对于煤矿企业来讲，要打造本质安全型矿井，就必须从班组安全管理的源头着手，严抓细管，夯实基础。

在煤矿企业生产班组安全建设和安全管理上，中平能化集团所采取的一些做法值得参考借鉴。

中平能化集团现有职工15.7万人，有生产班组10 550个，其中井下班组6 369个。长期以来，中平能化集团高度重视班组建设，以抓基层、强基础为目的，不断探索新形势下班组建设的新途径、新方法，通过完善班组建设机制，创新班组建设模式，突出班组建设重点，涌现出了以白国周班组为代表的一大批学习型、安全型、技能型、和谐型、创新型示范班组，为企业又好又快地发展打下了坚实的基础。中平能化集团的主要做法是：

**(1) 明确方向，始终坚持抓班组建设不动摇**

在中平能化集团的发展历程中，历届党政工领导始终坚持把抓班组、强基础作为强化企业管理、促进安全生产的重要抓手。根据不同时期企业的实际，提出不同的目标，制订不同的方案，采取不同的措施，先后制定下发了《关于开展创建“五好班组”活动的通知》《关于加强班组建设的指导意见》《关于加强煤炭产业班组建设的实施办法》等一系列文件，从体制、机制上保证班组建设持续强化。每年的工作会议都对班组建设工作进行重点安排，并不定期召开班组建设推进会、研讨会、经验交流会，与创建学习型企业、实施精细化管理紧密结合，推进了班组建设向纵深发展。特别是近年来，面对企业规模不断扩大、管理难度日益增大、安全条件更加复杂的新形势，坚持做到抓班组、强基础的方向不变，并结合企业实际和发展形势，做到常抓不懈、常抓常新。

**(2) 完善机制，充分激活班组建设活力**

通过班组建设，不仅强化了企业的基础管理，而且促进了煤矿和危化行业的安全生产，抓班组建设需要完善机制，充分激活班组建设活力。

● 建立目标管理机制。提出用 3～5 年的时间，在全集团打造 1 000 个明星班组、5 000 个优秀班组，培养出 1 000 名明星班组长、5 000 名优秀班组长。努力把班组建设成为“安全文明高效、培养凝聚人才、开拓进取创新、团结学习和谐”的企业基层组织；把班组长培养成为素质高、业务精、懂技术、会管理的基层管理者；把班组职工培育成为勤奋、敬业、创新、进取的新型劳动者。

● 建立评比评价机制。按照班组技能建设、创新建设、民主建设、文化建设、团队建设、健康安全建设“六项建设”的要求，制定了优秀班组、明星班组、示范班组三级班组竞赛评价标准。建立班组当班考核、区队月度考核、厂矿季度考核、集团年度考核四级绩效考核体系。在绩效考核的基础上，区队每月评选“优胜班组”和“优胜班组长”，厂矿每季度评选“优秀班组”和“优秀班组长”，集团每年评选“明星班组”和“明星班组长”。对于连续 3 年荣获厂矿“优秀班组”和“优秀班组长”，或 5 年内累计 2 次荣获集团“明星班组”和“明星班组长”的，授予“示范班组”和“示范班组长”的称号。

● 建立班组长激励约束机制。集团明确规定，井下采掘及辅助单位生产班组长的工资待遇，原则上按其所在班组平均工资的 1.2～1.6 倍进行分配。井下班组长的安全质量风险抵押，原则上不低于所在区队副职的 50%，并与所在区队副职一同考核、兑现。被评为“优秀班组长”“明星班组长”“示范班组长”的，除在经济上给予激励外，还在提拔使用、发展入党、推荐评先、外出疗养、考察学习等方面给予综合激励。农民工班组长当年荣获集团“明星班组长”称号的，年龄放宽到 38 岁给予转招。荣获“示范班组长”称号的，直接授予集团劳动模范称号。

● 建立学习培训机制。大力实施“万名班组长培训计划”，分期分批对全集团班组长进行轮训，并做到了培训计划、培训时间、培训内容、培训机构、培训师资五落实。积极鼓励班组长参加继续教育。对荣获厂矿“优秀班组长”称号、通过考试取得国家承认的大专及以上相关专业学历的，按规定比例报销学费；对累计 2 次获得厂矿“优秀班组长”称号的，可带资参加高等院校相关专业的学习和深造；班组长获得市级及以上劳动模范称号的，根据有关政策，免试学习主体专业，并报销学习期间的学费。职工培训做到内培与外培相结合、导师带徒与技术比武相结合、专业培训与学历培训相结合，实行多证多薪和技术津贴制度，调动了职工学文化、学业务、学技术的积极性。

**(3) 创新模式，搭建班组建设新平台**

近年来，中平能化集团紧密围绕企业发展战略，创新管理方法和管理模式，搭建班组建设新平台，突出抓了五个重点。

● 构建班组建设大格局。成立以集团党政主要领导为组长，常务副总经理和工会主席为副组长，组织、宣传、工会、劳资、培训、共青团和各安全生产业务处室主要负责人为成员的班组建设领导小组，领导小组办公室设在工会，具体负责班组建设的指导、推进和协调工作，明确了集团、厂矿、区队抓班组建设的任务和职责，在全集团建立起党委领导、行政主体、工会协调、部门联动的班组建设大格局，形成了齐抓共管、各负其责的工作局面。

● 成立班组建设研究室。制定了班组建设研究室的具体职责、工作任务和研究的课题。聘请懂班组业务、有理论基础和实践经验的同志担任班组建设的研究员。围绕班组建设的发展趋势和工作难点，确立研究的重点和课题，开展立项攻关。截至目前，班组建设研究室共有研究成果 5 项，立项课题 9 项，内容涉及班组机制、白国周班组管理法等方面。经常深入基层调研、督查、指导，总结经验、发现问题、指导工作。设立班组建设研究经费，实行专款专用。

● 成立班组长协会。集团成立了班组长协会，制定了章程，建立了制度，规定每月召开一次组长工作会、每季度召开一次常务理事会、每半年组织一次联谊活动、每年召开一次理事会。积极发挥协会的作用，定期组织开展班组之间、班组长之间经验交流、技术合作、观摩考察、互动联谊等活动，相互学习，取长补短，推进了班组工作水平上台阶。

● 创办班组论坛。各单位设立“班组讲堂”“班组课堂”，让班组职工当“讲师”，讲工作、生活技能；聘请专家搞讲座，讲班组管理知识、讲安全知识、讲经济形势、讲企业发展方向，让班组职工全方位学习新知识、掌握新技能、了解新信息，有效地提升了班组职工的整体素质。此外，利用企业内部网站、报刊、广播、电视台、短信平台，设立专栏、创办论坛，动员职工谈班论组。设立班组宣传橱窗一条街，形成了班组政策宣传、知识导读、信息交流、风采展示、成果共享的舆论氛围。

● 组建技术骨干学习工作室。全集团共组建技术骨干学习工作室 65 个，组织职工学习技术、交流经验和技术攻关。仅 2008 年，集团学习工作室共解决各类安全生产技术问题 1 458 项，完成立项攻关 726 项，形成工作法和操作法 82 项，为企业创造效益 1.6 亿多元。学习工作室成为班组职工技能提升的“加油站”、激发班组职工创新的“发动机”、职工成长的“孵化器”。

**(4) 典型引路，强力推广白国周班组管理法**

多年来，中平能化集团在班组建设上始终坚持典型引路的工作方针，高度重视典型的培养、树立和宣传，针对不同时期的实际，选拔树立不同的典型，利用典型引路，以点带面，持之以恒地发挥先进典型的示范带动作用。近年来，集团先后培育选拔树立了新时期产业工人的楷模、田庄选煤厂管工班长张玮，“金牌矿工”、当选“感动中国十大杰出矿工”的一矿采煤班长吴如，全国“三八”红旗集体、十矿机电二队灯房班，创造出易学实用班组管理法的七矿开拓四队掘进班长白国周等，通过典型的带动，促进了企业的持续快速发展。

为切实做好新形势下的煤矿现场安全管理，集团选拔树立了白国周这个典型，对他创造的班组管理法进行了强势宣传，并下发了《关于全面推广“白国周班组管理法”的通知》，大力推广白国周班组管理的做法和经验。集团编制了白国周班组管理法宣传教育专题片，编发了白国周班组管理法宣传手册，开展了“学习白国周、班组找差距”“引入白国周班组管理法，创造安全新水平”等主题活动，在全集团掀起了学习“白国周班组管理法”，争做“白国周式本质安全型班组”的热潮。

## （三）石油化工企业生产班组自主安全管理做法与经验

### 16. 锦州采油厂采油四号站推动员工综合素质升级的做法

辽宁锦州采油厂位于历史名城锦州，于 1991 年 4 月建厂，现有员工 3 523 人，管理着 2 490 口油水井、33 个中心站、5 座联合站、44 台注汽锅炉，年生产原油能力 140 万吨左右。自建厂以来，锦州采油厂在艰辛中崛起，在奋斗中发展，企业效益逐年攀升，管理水平不断升级，连续多年超额完成生产任务，先后荣获辽宁省五一劳动奖状和辽宁省“文明单位”、集团公司“先进采油厂”等荣誉称号。

锦州采油厂采油作业一区采油四号站成立于 1978 年，现有员工 31 人，管理着锦 16 块的 92 口油、气、水井，日产原油 150 吨左右。近年来，采油四号站坚持以“三个注重”“三项教育”“三个立足”为主线，有效地推动了班站学习氛围、员工综合素质、班站管理水平的全面升级，实现了从“学习力”向“生产力”的转变，促进了班站各项业绩指标的顺利完成。2006 年获国资委中央企业“学习型”红旗班组、2007 年获中国石油“先进班组”等荣誉称号。

锦州采油厂采油四号站推动员工综合素质升级的做法主要是：

**(1) 坚持“三个注重”，推动班站学习氛围全面升级**

作为曾获得国资委中央企业“学习型”红旗班组荣誉称号的标杆班站，采油四号站将创建“学习型”班组工作作为整个班组建设的立足点和推动力，坚持“三个注重”，努力营造浓厚、健康、和谐的学习氛围。

● 注重学习理念的培育，增强学习的主动性。为了鼓励员工勤奋学习、锐意进取，四号站牢固树立“学习在工作中，成才在岗位上”这一学习理念，以曾多次荣获油田公司技术能手称号、目前已走上管理岗位的张萍和于荣贵等员工为榜样，在员工中大力提倡肯学、勤学、学透、学成的学习精神。通过学习理念的培育、楷模精神的引导，逐步帮助员工克服了“采油工没有多大出息，建不了功，立不了业，成不了才”的不正确思想和消极情绪，帮助员工对自己的人生有一个正确的定位，看到自身价值，以更加积极的心态和饱满的精神投入到学习、工作中。

● 注重硬件设施的完善，增强学习的实效性。为了给全站员工创造一个良好的学习环境，采油四号站在采油厂、作业区的大力支持下，建立了一座一流的室内学习室和室外练兵场。学习室内采油常用工具、小型井下工具、管阀等百余种工具精心陈列、一应俱全，墙上、窗帘上悬挂的各种常见井身结构图灵活多样、布局巧妙。占地近百平方米的室外练兵场实景布置了采油井口、注水井口、机泵，最大限度地再现了生产现场的操作情况，为员工培训创造了生动的实景实物，切实加强了学习操练的有效性和实效性。

● 注重激励机制的调动，增强学习的积极性。让认真学习的员工政治上有荣誉、经济上有回报，以强有力的激励机制，进一步增强员工学习的积极性。基于这一认识，采油四号站实行学习成绩与奖金挂钩，每月对全站员工进行一次综合考试，对于连续 3 个月排名第一的人员授予“学习岗位明星”称号，对于连续 3 个月排名后三位的人员给予试岗处理。这一考核机制实施以来，在员工中引起较大反响，使员工增强了学习意识和上进意识，在全站形成了一股“你追我赶、争先学习”的喜人局面。

**(2) 加强“三项教育”，推动员工的综合素质全面升级**

结合采油站的岗位性质和员工状态，四号站在创建“学习型”班组过程中，坚持加强形势任务、专业技术、综合素质“三项教育”，有效地推动了员工综合素质的全面升级。

● 以“四通驿站”为平台，加强形势任务教育，打造“和谐型”团队。采油四号站在企业文化室内开设了“四通驿站”栏目，作为班站宣传贯彻形势任务知识和信息的平台及窗口。通过张贴主题教育宣传卡、政策法规知识等形式，做到政策直通；通过“和谐公开角”传递员工培训、医疗报销、所得税等方面的信息，公开生产经营成果、奖金、误餐费发放情况，做到信息畅通；通过开展“温馨勉言”征集、员工工作照展示等活动，将意义深刻的勉言写在值班室黑板上，如“热爱工作的人是美丽的”“用热诚的心工作、用感恩的心做人”，朴实的“温馨勉言”拉近了班站与员工间的距离，做到思想相通和心灵沟通。“四通驿站”搭建起员工了解政策信息、参与班站管理的平台，使大家心往一处想，劲往一处使，增强了整个团队的凝聚力。

● 以“五结合、五提高”为原则，加强专业技术教育，打造“技能型”团队。“五结合、五提高”，即结合基础知识，提高理论水平；结合岗位操作，提高操作水平；结合设备原理，提高演练能力；结合常见故障，提高预防能力；结合流程图表，提高诊断能力。按照这一原则，该站积极开展开井、转抽、转注等日常培训，有效地开展流程走向、配电系统选用原则、新设备使用方法等系统培训，使员工做到边学边用、学以致用，专业技术水平得到了很大程度的提升。

● 以“四传窗口”为载体，加强综合素质教育，打造“复合型”

团队。“四传窗口”即传承精神、传播理念、传递文明、传送知识。在传承精神方面，他们在班站文化综合板上将“和谐、务实、创新、奉献”的团队精神进行展示，并以图文并茂的形式生动地再现了四号站悠久的站史和辉煌的荣誉，鼓舞和激励员工传承石油人不怕苦、不怕累的优良品质。在传播理念方面，将管理理念、学习理念和安全理念张贴在更衣柜、泵房等醒目的位置，让“有形”的文化理念指导员工工作实际。在传递文明方面，开展文明礼貌“十字”用语及礼仪知识培训，教育员工待人接物朴实谦和，迎来送去热情有礼，让每一个来到四号站的人都有宾至如归的感觉。在传送知识方面，通过“知识传播角”“文化角”“健康角”等阵地，广泛传送业务知识、婚育知识、餐饮文化、健康常识、政策法规等，使员工的学习内容丰富多彩。“四传窗口”的开设，使班组不仅是提高技能水平的阵地，更是提升综合素质、打造“复合型”人才的摇篮。

**(3) 坚持“三个立足”，促进班站管理水平全面升级**

将学习力转化为生产力，才是创建“学习型”班组的最终目的。本着这一宗旨，采油四号站坚持以“三个立足”为目标开展学习，不断提高员工的管理能力、解决生产经营难题的能力以及安全管理水平，有效地推动了班站管理水平的全面升级。

● 立足班站实际开展学习，提高员工参与班站管理的能力。采油四号站员工在丰富知识、提升素质的基础上，注重学以致用，利用学习积累的成果和经验提高班站管理水平。班站结合实际，以“企业管理年”活动为契机，积极开展了“我为节约做什么，我为增效怎么做”的学习大讨论活动，鼓励员工结合自身所学，在节能降耗、小改小革、修旧利废等方面拓思路、想办法，进一步提高了员工参与经营管理的意识，形成“千斤重担众人挑”的局面。全站员工积极踊跃想办法、提措施，2010 年 1—8 月共提合理化建议 52 条，增产原油 1 056 吨，节约材料费 4 万余元。

● 立足中心工作开展学习，提高解决生产经营实际问题的能力。

面对锦16块油井进入开采后期，稳产难度大的实际情况，四号站立足于地质管理学习、练兵。针对油井生产状况，班站开展了“每周一井”的地质研究活动，即每周优选一口油井，由研究小组对其进行诊断，并会同地质技术人员一起对该油井把脉，对逐项资料进行研究，提出合理的油井生产措施。全站员工提出5口井实施补层堵水开采，累计增油200余吨。针对锦16块油井含水高，出砂严重，断、卡、脱现象极易发生，有的井即便是在进行碰泵、调参、更换皮带等日常工作时都有可能发生卡井的现象等问题，该站员工集思广益、群策群力，摸索出一套“多、快、准、好”的对策，即必须停抽施工时人要多、动作要快、准确率要高、质量要好，通过减少施工井的停抽时间，杜绝断、卡、脱现象的发生。2008年，四号站凭借这一套工作方法，卡井次数比往年减少了7井次。

● 立足排查隐患开展学习，提高安全管理水平。针对稠油井注汽后容易产生易燃易爆剧毒硫化氢气体，存在安全隐患的实际情况，四号站要求每口作业井在作业前和作业过程中都要进行检测，组织员工学习空气呼吸器的使用原理和硫化氢检测仪的操作方法，做到熟练应用。在此基础上，班站还积极推广井场“三色旗”安全提示法，对所管辖的油井进行硫化氢浓度检测，根据浓度标准制定硫化氢安全等级，并以此为依据制作了绿、黄、红三色小旗，在旗上标有硫化氢浓度范围，对员工和周边百姓起到很好的提示作用，避免了硫化氢中毒事故的发生。

**17. 河南油田江河油矿联合站实施安全生产“秘诀”的做法**

中国石油化工股份有限公司河南油田分公司地处河南省南部南阳盆地，于1970年开始勘探，1972年5月成立南阳石油勘探指挥部，后更名为河南石油勘探局，1998年划归中国石化集团公司，目前已经发展成为集油气勘探开发、精细化工、施工作业、机械制造、多种经营、社会服务于一体的大型国有企业。油田下设33家二级单位，矿区职工家属9万多人。

河南油田江河油矿联合站是中石化集团公司“五星级”站库，日均处理原油 3 500 吨，日均处理污水 17 000 立方米。在生产过程中，该站加强班组安全生产建设，强化安全基础管理，促进安全生产法律、规程、标准和相关规章制度的贯彻落实，实现班组规范化管理、标准化建设，在安全生产上取得了突出的成绩，被中华全国总工会授予“全国安全生产先进班组”荣誉称号，目前该站实现安全生产 26 周年。

河南油田江河油矿联合站实施安全生产“秘诀”的做法主要是：

**（1）秘诀一：推出“一人一卡”安全管理新路子**

“一人一卡”安全管理是指每一名员工都有一张适合自身实际情况的安全卡片。卡片的内容是根据每一名员工的工作经验、家庭状况、自身身体素质、性格特点与其岗位责任大小、安全系数高低等情况，制成一张安全卡片。这样一来，每名员工可以按照卡片的具体内容进行安全严密的操作，使各项生产的安全系数有了可靠保证。目前，该站 108 名员工都有一张适合自己实际情况的安全卡片，卡片上的安全操作内容均与自身实际状况相匹配、相适应。例如，该站老党员赵书玲常年患有腰椎间盘突出，按照他的个人情况，他的卡片上规定，一律不安排他从事重体力劳动，力戒错误安排造成的安全隐患。

**（2）秘诀二：实施安全协管员制度**

针对站内外来施工单位多、人员杂、管理难度大的实际状况，由站安全副队长从工作年限长、安全工作经验比较丰富的员工中挑选，再经过严格考评，最后筛选出 5 名员工经过安全培训合格，履行安全协管员的职能。该站定期举办安全知识培训班，使外来施工单位的安全作业有了可靠的保障。通过这些举措，使全站的安全生产更加有保障，起到了“安全防护网”的作用。

**（3）秘诀三：自编自撰作业指导书**

在合理安排安全工作时，坚决不能让自身性格特点、身体健康状况以及家庭琐事分散员工的注意力，力戒因此造成人为的安全生产事故。鉴于此，该站自编自撰了《HSE 作业指导书》。例如，该站脱水岗员工师东风的孩子不满 1 周岁，因无家人照顾，在上夜班时总是分心分神，给生产带来了潜在的安全隐患，根据《HSE 作业指导书》的内容，把他调整到白天值班，夜晚就可以很好地照顾孩子了。

另外，在消防演练和登高作业施工过程中，远距离的对话已不符合实际安全施工的需要，只有采取简单明了的手势语言才能快速而准确地把信息、方位传递给对方。为达到这一目标要求，该站自编了《手语指南》，又通过开展手势安全培训班等活动，收到了较好的效果。目前，全站每名员工都能够准确掌握每一个动作手势所表达的意思，确保了各项安全工作指标的顺利完成。

**(4) 秘诀四：培养一岗多能型 HSE 员工**

一岗多能型 HSE 员工是指员工在一个岗位上工作的同时，能熟悉和掌握与其相邻岗位的安全操作技能。由于每一起安全生产事故的发生往往不是单一的岗位所引起的，因此，需要多个岗位之间的密切合作，才能杜绝各类事故隐患的发生。因此，培养一岗多能的 HSE 员工，推动员工与员工之间、岗位与岗位之间危害识别与风险评价内容互相穿插、融为一体，促使一个岗位的员工熟悉或了解相关岗位的工艺流程和工作过程，能有效地避免各类安全生产事故的发生。

**(5) 秘诀五：唱响安全“绿”文化主旋律**

环境绿起来，鲜花开起来，站容美起来，干劲鼓起来。只有工作环境美了，心情舒畅了，干起工作才会非常愉快。目前，站上有草坪 1 800 平方米，绿篱带 1 600 米，是一座春有花、夏有荫、秋有果、冬有绿的花园之“家”，安全标志牌、警示牌突显安全“绿”文化。“安全是朵幸福花，大家浇灌美如画”“爱妻、爱子、爱家庭，不守规章等于零”等充满人性化的语言，用亲情唤起安全责任心，营造了浓浓的安全“绿”文化氛围。

**18. 炼油部催化裂化操作一班制定实施“三书”管理的做法**

中国石油化工股份有限公司天津分公司是国家特大型炼油、乙烯、化工、化纤联合企业，位于天津市滨海新区，占地面积 14 平方千米，拥有炼油主要生产装置 23 套、化工主要生产装置 21 套、化纤主要生产装置 3 套；原油加工年生产能力 1 250 万吨，主要有石油炼制、石油化工、石油化纤三大类产品，产品具有较好的市场知名度。

中国石化天津分公司炼油部联合一车间催化裂化操作一班有成员 11 人，承担着年产 130 万吨催化裂化装置的生产操作任务，生产清洁汽油、柴油、液化气等石油产品。所负责的装置有分馏塔、油浆线、气压机组等，涉及高温高压、易燃易爆、有毒有害危险源，是石油化工行业中技术含量高、工艺复杂、操作难度大的高危生产装置之一。该班组以建设自我管理型班组为目标，从“完善制度、练好功夫、打好基础、落实问责”四个方面入手，结合岗位实际，研究制定并实施了“三书”管理法，即《班组管理指导书》《班组日常工作指导书》《班组事故处理指导书》，有效地保证了装置的安全平稳运行，促进了班组安全生产管理水平的持续提升。

炼油部催化裂化操作一班制定实施“三书”管理的做法主要是：

**(1) 利用《班组管理指导书》，明确“谁管我”的问题**

《班组管理指导书》是在车间相应制度的基础上，细化完善了包括基础管理（安全生产、设备维护、产品质量、岗位练兵、技术学习、政治学习、劳动纪律、文明生产、考勤）、成本管理（经济核算、节能降耗）、现场管理（机泵卫生、区域卫生）、民主管理（班费使用、评优推荐）的 4 个大项、15 个子项的内容。将班组各项规章制度细化为当班工作任务的执行和确认图表，责成各岗位班组成员分解落实，班组长对每一项任务执行过程进行全程督导、协调，并对完成情况进行确认、考评。

执行过程中，将基础管理和成本管理作为重点，以安全、环保、运行、物料、质量、管理等经济技术指标为依托，对产量、能耗、物耗等指标进行目标预测，并量化分解落实到岗位和个人。《班组管理指导书》中还对重点工作的标准和完成的时间以及考核奖惩也都作出了明确规定。

操作一班在《班组管理指导书》中，明确提出了以“严、细、实”三个字作为班组安全生产的基本要求，引导班组全员充分理解这三个字的深刻含义。“严”就是严格标准、严格管理。坚决按照有关制度规定进行生产操作，落实各项防范措施，严格问责，奖惩分明。“细”就是见微知著、防微杜渐。从细微处做起，从点滴做起，达到控制异常、减少障碍、防止事故的目的。“实”就是实事求是、夯实基础。从最基本的方面做起，不弄虚作假，确保工作质量和标准。

《班组管理指导书》的有效执行，强化了全员自主管理意识，使班组的安全工作得到了进一步的保证，确保了班组安全管理各项制度措施的高效落实，形成了“个人保班组、班组保车间、车间保全局”的良好局面。

**(2) 利用《班组日常工作指导书》，明确“干什么”的问题**

为明确岗位职责分工、优化生产力配置、提高工作效率，《班组日常工作指导书》将班组中的装置班长、烟机、反应、分离、气压机、余锅 6 个岗位的日常工作内容、标准全部详细列出，一目了然。例如班长岗位，每天都要对照《班组日常工作指导书》上所列出的内容，进行消防器材检查、安全隐患检查、空气呼吸器检查、固定报警仪检查、油浆线检查、岗位巡检、交接班日记填写、办理施工作业票等 14 项主要常规工作，完成后逐一消项。而对于岗位上新出现的一些工作，通常由班组长去完成，或根据实际情况对这些工作进行再分配。事后，对这些工作进行确认，如果属于日常性的，要尽快将其列入《班组日常工作指导书》中。

在岗位日常工作完成的过程中，操作一班坚持以“六不怕查”（不怕查技术应用、不怕查生产操作、不怕查设备运行、不怕查班组资料、不怕查安全防护、不怕查劳动纪律）为目标，要求班组人员以“严、细、实”的态度，严格对照标准进行细化，逐项对照落实，切实实现了班组岗位日常工作制度化、规范化、标准化。

为确保《班组日常工作指导书》的高效执行，操作一班坚持以“安康杯”竞赛、“百日安全无事故”竞赛、合理化建议征集和“创优争先”“比学赶帮超”等活动为载体，组织学习各种安全文件及宣传资料，开展“自查自纠”等检查工作，不断激发全员的积极性，及时总结推广所取得的成绩，查找存在的不足，使班组安全生产的良好势头得以保持，有效地提升了班组的安全管理水平。特别是班组开展的合理化建议活动效果突出，近两年共提合理化建议 100 余条，60 多项被炼油部及车间采纳，创造效益 200 多万元。与此同时，班组在设备管理竞赛中，加大对设备的日常监测力度，在车间各班组内率先开展了机泵振动趋势监测活动，由专人收集数据并绘制成图，进行趋势分析，确保了机泵的正常运行，几年来无一起因人为疏忽造成机泵毁损的事故。

为不断提高全员安全事故防范能力，操作一班还坚持以实施提高职工素质工程为平台，牢固树立“强素质、保安全”的科学理念，细化并有效地实施班组年度学习计划，制订个人成长规划，认真开展导师带徒、岗位练兵、技术比武、跨装置系统学习等活动。班组根据人员素质状况，由班长带领骨干常年坚持制订切实可行的年度个人技能学习计划，并定期进行学习效果检验。班组对获得“知识型职工”、技术比武优胜等荣誉及完成年度学习计划的组员给予奖励，以调动大家加强学习的积极性。由于班组内这种互帮、互带、互惠的学习氛围浓厚，方法得当，使得班组全员的综合素质得到了有效的提高。近年来，系统操作人才达到班组职工的 80%，跨装置系统操作人才达到 30%，有 5 名中、高级技师，且有 3 人具备了跨装置系统操作技能；班组先后多次获得“天津石化学习型组织”、炼油部“创优争先”活动先进集体等荣誉称号。

**(3) 利用《班组事故处理指导书》，应对突发事件的处理**

《班组事故处理指导书》强调的是人员在事故状态下的应急反应操作和对各种事故预案的学习掌握。该指导书分为一般事故处理、机泵故障紧急处理和综合事故处理三个部分。指导书中对装置危险点源、隐患部位、关键设备等重点部位状况和涉及的工艺流程、阀门的开关以及注意事项都进行了详细的说明。

在《班组事故处理指导书》中，确立了“预防为主”的现代安全管理理念，进一步明确班组的安全生产职责，根据岗位情况，对每位职工需要掌握的内容提出了明确的要求。按照岗位将所有事故应急处理预案分配到个人进行学习，要求每个人在规定的时间内达到熟练掌握的程度，然后再按照岗位相邻的原则，互相学习、互相传授，最后达到人人掌握全部事故应急处理预案的目的。针对装置重点生产区域和危险点源、隐患部位，将全班人员分成四个检查小组，每班进行监督检查。同时，适时编制调整各种预案的内容，并细化落实到每个岗位、每个人、每个机泵、每个阀门，以提高预案的实用性和可操作性。

为进一步提高和检验解决突发事件的能力，《班组事故处理指导书》规定班组要坚持开展每月一次的模拟事故演练、每季度两次的消防和气防演练、每半年一次的水体污染演练，切实提高突发事件应急处理能力。同时，开展了月度班组“巡检明星”评选活动，鼓励职工立足岗位，开展安全隐患查改竞赛活动，并根据班组成员每月在现场巡检中发现问题的大小、多少，以及隐患、事故的处理效果，评出当月的班组“巡检明星”，进行嘉奖；反之，对由于巡检不到位、问题发现不及时造成事故和生产损失的，按照相应规定，给予处罚。2008年，装置进入运行后期，部分设备“带病运行”，班组发现由于分馏塔结焦严重，装置随时有可能出现非计划停工。为了稳定生产，保质保量地满足市场需求，针对这一情况，操作一班经研究摸索，采取了“大回炼比”操作法，取得了理想的效果。班组将总结出的操作经验和预案处理措施，及时与其他班组分享和交流，为催化裂化装置最终超长周期安全生产做出了突出的贡献。通过开展有效的学习实践活动，不仅培养了全员履职尽责、钻研业务的精神，而且也切实提高了大家防范事故、处理问题的技能。

操作一班“三书”管理法的有效应用，不仅使班组岗位安全管理工作切实做到有章可循、有“法”可依，而且促进了职工学习知识、掌握技能、提高素质的热情。通过四年来的总结完善，班组在平稳操作、巡检维护、检修验收、事故处理等方面得到了进一步的规范，班组安全管理工作水平得到了持续的提升。十余年来，班组当班操作未发生过一次安全事故，装置运行平稳率和产品合格率一直保持在100%。班组先后荣获天津石化“红旗班组”、学习型组织，天津市劳动模范集体、五一劳动奖状、“工人先锋号”，全国五一劳动奖状、全国“安康杯”劳动竞赛优胜班组等荣誉称号。

**19. 硫酸车间烟气制酸班建设创新型高素质职工队伍的做法**

金川集团有限公司是甘肃省大型国有公司，是采矿、选矿、冶炼配套的有色冶金和化工联合企业。主要生产镍、铜、钴、铂族金属、有色金属压延加工产品、化工产品、有色金属化学品等。公司已形成年产镍15万吨、铜40万吨、钴1万吨、铂族金属3 500千克、金8吨、银150吨、硒50吨及250万吨无机化工产品的综合生产能力，已经成为全球同类企业中生产规模大、产品种类多、产品质量优良的知名企业。

金川集团公司化工厂硫酸车间烟气制酸班，是伴随着公司环保项目的投产于1987年成立的，现有班组成员100人，主要承担回收冶炼二氧化硫烟气、实施环境治理及节能减排的重任。为了确保生产任务及环保目标的顺利实现，该班组广泛发动职工积极投入“创建学习型班组、争做知识型职工”活动中，努力在干中学、在学中干，营造“勤于学习、善于总结、勇于创新、敢于争先”的良好氛围，把班组打造成为一支学习型、创新型的高素质职工队伍，在冶炼烟气治理、节能减排方面年年都有新目标，年年都出新成绩，年年都有新贡献，年年都有新荣誉。

硫酸车间烟气制酸班建设创新型高素质职工队伍的做法主要是：

**（1）以“职工职业技能提升”为契机，搭建学习成长的平台**

为了使“创建学习型班组、争做知识型职工”活动取得实效，厂、车间及班组以甘肃省“百万职工职业技能提升”为契机，成立了化工厂“创建学习型班组、争做知识型职工”领导组织机构，全厂上下形成了党委加强领导、行政规划协调、工会全力推进、班组紧密配合、相关人员各负其责的工作机制，为“创优争先”活动的扎实开展提供了组织保证。根据硫酸生产系统的多次扩能改造和项目建设，厂里编制了《新版操作规程》，实施全员培训、系统学习，分班次、分时段开展集中学、分散学、在岗学，达到学懂、练熟的目的。为了给班组职工提供多种学习平台，开展了党员“一带二”、导师带徒、以老带新、新入厂大学生充实班组锻炼活动，广泛开展“技能练兵、岗位达标、业务能手”竞赛活动，坚持每日一题、每月一评、每季一考等活动，并始终坚持在干中学、在学中干。在积极、融洽的学习氛围中，提升了职工的学习兴趣。班组职工根据自己的文化程度确定文化学习计划，制订技术技能发展计划，根据新工艺、新流程的作业特点，制订岗位工作发展计划及个人五年成长目标，使班组职工人人有学习目标，个个有进步标准，年年有成绩，年年有新贡献。

**（2）开展创建活动，增强职工自主创新能力**

近年来，随着硫酸系统的不断发展壮大，生产工艺和设备也在不断改进，承担的冶炼烟气治理任务也更加艰巨。面对人员紧张、系统庞大、工艺流程复杂的状况，为保证四个生产系统的平稳运行，有效回收冶炼系统产生的二氧化硫烟气，对岗位职工的操作技能、综合素质提出了更高的要求。在产品产量年年创新高的同时，班组职工广泛开展“创建学习型班组、争做知识型职工”活动。通过组织不同层面、全方位的技术竞赛活动，推动班组的岗位练兵、技术比武工作。积极开展职工技术革新活动，激发了职工学习新知识、掌握新本领的积极性，职工的操作技能不断提升，职工的创新能力不断提高。“干吸循环槽加水装置改造”“装酸栈桥过道改造”“硫酸洗涤塔安装内置式过滤器”和“53 万吨硫酸电炉并联改串联”等项目获三届公司职工技术革新一、二等奖，“冶炼烟气制酸系统配气网络操作法”被推荐为甘肃省冶金机械先进技术操作法。在解决生产中实际问题的同时，为系统的平稳运行创造了有利的条件，也提升了班组综合素质，创造了良好的经济效益和社会效益。

在各项技术培训、学习工作的推动下，烟气制酸班取得了一定的成绩，涌现出了一大批优秀的制酸人才。彭国华就是其中的一员，53 万吨硫酸系统投产后，他和班组职工积极探索，摸索出了一些具有原创性的工艺运行参数和综合控制技术，为科学掌握生产规律和操作方法提供了依据，并将自己的理解和体会传授给每一位班组职工，确保了系统的长期、安全、稳定生产，当年实现了达产达标。2006 年以 53 万吨硫酸系统为载体的“冶炼烟气制酸技术集成创新及推广应用”项目荣获有色行业科技进步一等奖，具有向同行推广的重要价值，为有色行业智能化回收利用二氧化硫烟气树立了榜样，提供了支持。2007 年他又对冶炼 20 多台炉窑的烟气状况及化工厂五大制酸系统进行了深入分析和研究，将长期以来只能外排的矿热电炉、贫化炉等炉窑二氧化硫烟气引入制酸系统，从根本上解决了低浓度烟气制酸的技术难题。他参与完成的冶炼烟气非稳态网络控制技术研究项目，荣获了甘肃省科技进步二等奖，他本人也被推荐为 2007 年度公司级劳动模范候选人。

**(3) 倡导以人为本，构建和谐班组**

烟气制酸班坚持把“以职工为中心”的思想观念贯穿始终，把职工自我价值的实现与企业发展目标相融合，教育职工建立“团结互助、和谐共事”的员工关系，班长与职工全面沟通，心与心交流，让管理亲和于人，让管理者与职工在彼此间无拘无束的交流中互相激发灵感，建立各种交流平台和沟通渠道，用各种方式共同探讨生产、经营、管理中存在的问题和提出改进方法。班组员工始终保持一种积极向上的良好心态，在班组形成了良好的拼搏精神、宽容精神、诚信精神、敬业精神和创新精神。

职工通过“创建学习型班组、争做知识型职工”活动提高了自己的综合素质，并以此促进班组整体素质的提高，既创造了业绩，又锻炼了职工，实现企业与员工协调发展的最终目标。自 2001 年以来，该班组连年被评为化工厂及公司模范班组，多次被评为公司安全生产模范班组。2007 年被共青团中央授予“青年文明号”称号。

**20. 采油十三队王 53—11 站激发职工参与管理积极性的做法**

中国石油化工股份有限公司胜利油田分公司主体位于黄河下游的东营市，工作区域主要分布在山东省 8 个市的 28 个县（区）。油田自 1961 年被发现，1964 年正式投入开发建设以来，累计探明石油地质储量 42.9 亿吨，天然气地质储量 382.39 亿立方米；从 1983 年开始，已累计生产原油 7.73 亿吨，生产天然气 349.88 亿立方米。在实现自身发展的同时，为国民经济建设、石油石化工业和区域经济社会发展做出了重要贡献。

中国石油化工股份有限公司胜利油田分公司现河采油厂采油二矿采油十三队王 53—11 站现有职工 7 名，管理着一个计量站和 10 口油井，年产原油 1.5 万吨。近年来，该站把创建学习型班组、争做新型“四有”职工，作为加强班组建设，提高班员素质的主要载体，通过转变思想观念，改善心智模式，激发班组成员参与管理的积极性，营造出了人人当好油井主人的良好氛围，职工创新创效的意识和能力有了明显的增强，管理水平不断提高，荣获山东省“学习型标兵班组”荣誉称号。

采油十三队王 53—11 站激发职工参与管理积极性的做法主要是：

**(1) 教育引导，转变观念，牢固树立对油田负责的理念**

近几年来，在发展市场经济的过程中，人们的价值理念呈现多元化态势。在基层班组，部分职工感觉当个工人没奔头，虽然有一定的技术，但工作不专心；作用发挥差；更有个别职工技术水平较低却不想学，工作没有积极性；还有职工沉浸在自己固有的思维模式里，认为自己之前所学已经够用了，失去了学习的热情。针对这些问题，该站进行了认真的分析，认识到学习观念落后、方法简单、激励渠道单一是造成学习积极性不高的重要原因。为了提高职工的学习积极性和主动性，该站认真抓了教育引导工作。

● 以争做新型“四有”职工活动为载体，统一思想，提高认识。该站牢牢抓住油田开展争做新型“四有”职工活动这一契机，以新“四有”（即“想干有责任、会干有技术、巧干有绝活、实干有贡献”）为目标，用“技术工人也是人才”“当好油井主人就是对油田负责”等先进理念，转变每一名班组成员的思想。为此，认真组织职工听取全国五一劳动奖章获得者、胜利油田技能大师陈景世的事迹报告，并进行了诚恳的现场交流。陈景世只有初中文化，通过长期刻苦钻研，获得 11 项国家技术专利，创造效益 3 000 多万元。职工们从陈师傅身上真切感悟到了“咱们工人有技术才能更有力量”这句话的深刻内涵。

● 参观学习，对照先进，转变思想观念。在队干部的带领下，这个站的职工先后到河口净化站、东营压气站等先进单位参观、学习、取经。通过学习，对照先进，职工们深深感悟到，转变思想观念、调整管理角色的重要性。通过深入讨论，大家逐渐认识到，要适应形势发展的需要，做一个新时期的石油工人，必须实现三个转变，即从体力型向智力型转变，从素质单一型向责任与技术统一型转变，从被动灌输型向学习创新型转变。

● 搞好自我评价，引导职工认识自我，挖掘潜力。在提高认识、转变观念的同时，该站开展了以自我定位、自我立志、自我设计、自我实现为主要内容的“自我评价”活动。由职工从业务技能、工作态度、工作表现等方面，对自己进行自我定位，确立今后的努力方向和目标，然后由班组统一进行考核评价。通过“自我评价”活动，把工作学习的过程，变成一个互相监督、互相激励、互相提高的过程。

**(2) 学以致用，用以促学，提高为油井服好务的本领**

为了更好地体现在工作中学习、在学习中工作，在队领导的指导下，该站职工和兄弟班组一道，总结提炼出了以班前点兵、工前示教、班组对抗、人人授课等为主要内容的“育人成才十二法”，使学习效果大大增强。职工汪洪勇目前是队上的技术骨干，2004 年刚从作业队转岗来到十三队时，他的头脑里存在着只求过得去、不求过得硬的思想。但随着争做新型“四有”职工及创建学习型班组活动的开展，他的思想逐渐发生了改变。他开始主动加压，不断丰富自己的采油工知识，拓宽自己的学习面，尤其是在采油工业务技能方面进步迅速，连续 3 年在厂矿以上的各类技能比赛中取得优异成绩。

该站职工在班长殷秀珍的带领下，努力提高班组的整体技术素质。在采油厂组织的职工擂台赛中，该站 4 名女工也积极报名参加。在长达 3 个月的赛前训练中，她们早晨 5 点到现场练习，中午不休息，晚上回家后继续学习理论知识。为了练好加皮带的操作，她们在反复撬动电动机时，被碰得青一块、紫一块，但仍咬紧牙关继续练，终于练出了过硬的本领。她们的汗水和泪水没有白流，在擂台赛中获得了第二名的好成绩。近几年，该站在上级组织的各种比赛中，共夺得班组和个人三个第一的好成绩。作为一个最基层的班组，能在人数众多、高手如云的竞争者中脱颖而出，实属难能可贵，这也是对他们学习效果的一个实践检验。

**(3) 实干巧干，多做贡献，努力提高班组管理水平**

该站的职工把当好油井主人，为油井服好务，作为实现自身价值的最高境界。为了提高管理水平，他们学技术、练绝活、搞创新从不间断。

● 开展工作法和管理法创新活动。当好油井主人，具体到日常管理中就是拟人化管理。他们把所管的每一口井都当成班组中的一员，以此加深对油井的感情，管理起来更上心，出现问题处理更及时。他们在总结以往工作经验的基础上，提炼出了“六清、四到、三落实”的工作方法，使油井免修期由以往的160天增加到690天以上。该站职工还结合站上的管理实际，先后创出了油井加药节能小窍门、井口保温小窍门等，取得了显著的经济效益。

● 攻难题，练绝活。学习提升了素质，增强了能力，该站职工想得更细了，干得更精了。近两年来，他们共攻克难题8项，创造了20余万元的经济效益。该站职工乔振胜研制出的重力自动加药装置，替代了原药剂泵加药装置，解决了所辖区块因乳化、结蜡严重，极易造成管线回压升高，影响油井生产的难题，同时年节约电量25 550度，电费2.34万元。这项成果获得了国家实用新型专利。

该站职工坚持把学习型组织的理念落实到生产管理工作中，实现了不断超越。目前，这个扎根在荒原上的团队，正在用集体的智慧和辛勤的汗水，不断赋予“当好油井主人，为油井服好务”新的内涵。

**21. 石油三厂王海班严格班组管理、创造和谐作业环境的做法**

中国石油抚顺石化公司是大型石油化工联合企业，有80年的发展历史，拥有生产装置77套，年可产汽、煤、柴油600万吨以上，蜡70万吨，化工年生产能力184万吨，所生产的160多个牌号的石油化工产品畅销世界。公司下辖11家生产企业以及1个集体企业集团（13家集体企业），资产总额209亿元，国有企业在职职工22 766人，集体企业在职职工11 293人。

抚顺石化公司所属石油三厂分子筛脱蜡车间王海班成立于1993年，由3名大专生、3名技校生和6名中学生组成，主要负责世界最大的分子筛脱蜡装置的运行。王海班自组建以来，认真学习技术知识，不断提高技术水平，规范员工行为，细化了安全管理内容，通过健全安全管理规章制度、安全操作规程、岗位责任制，把不安全因素消灭在萌芽状态，取得了突出的成绩。自2009年以来，先后获得全国五一劳动奖状和中国石油“百面红旗”单位、全国职业道德建设最佳班组、中央企业学习型标杆班组等荣誉称号，被誉为“班组建设的旗帜”。

石油三厂王海班严格班组管理、创造和谐作业环境的做法主要是：

**(1) 积极发挥班组成员的智慧，使装置操作水平达到国际一流**

1993年，抚顺石化公司石油三厂投资近30亿元，引进美国UOP公司专利技术，建成了技术含量世界先进、单地规模世界最大的分子筛脱蜡装置。为了管理这一装置，经过层层选拔，组建了一个由12个人组成的班组，即王海班。

王海班的成员虽然是经层层选拔而组成的，但因为英语基础较差，困难接踵而来。由于外方进行技术封锁，不允许对计算机集散控制系统进行汉化，他们面对的DCS计算机操作系统全是英文界面。几千个阀门，上万米管线，所有塔、罐、炉的控制系统，各种温度、压力的变化，都是用英文标注的，如果掌握不准确，操作时出现失误，后果不堪设想。为了早日掌握技术，班长王海带领组员把计算机界面绘制成一张张中英文对照图，晚上把技术资料带回家，一边背翻译好的操作手册，一边对着自己画的中英文对照图，在脑子里模拟操作；白天到现场，将前一晚没有弄明白的问题向专业技术人员请教。他们还模仿孩子们学英语的办法，把单词和操作要领制作成卡片，坐车、走路、吃饭，甚至上厕所，随时随地地学习，有机会就相互提问，每天学习十七八个小时。很快，英文界面就成了他们的“好朋友”，工艺流程也在他们的脑子里形成了网络。

熟悉了流程和操作步骤以后，王海班又在现场比赛画装置流程图、背设备性能、考操作要领和事故预案。就这样，不到 3 个月的时间，他们就对 153 台通用设备、8 座炼塔、107 台容器、44 台冷热交换设备、6 000 多个阀门和上万米管线了如指掌，对各种操作要领和事故预案烂熟于心，全班一次通过了工艺技术考核，达到了上岗要求。

为了及时抢占市场，王海班主动请战，承担了本该由施工方承担的吸附剂装填任务，并且克服了作业空间窄小、粉尘大、容易造成窒息、施工质量要求高等困难，打破了美国人 30 分钟一换人的作业极限，提前完成了任务，装填效率创造了 98.4%的新纪录，仅此一项就为企业多创效益 1 946 万元。

有了这次成功的经验后，王海班经过一年多的摸索和实践，总结出了产量、质量、验收率三个 99%的优化参数，使装置操作水平达到了国际一流，年创造效益 300 万元。他们还总结出“四勤优化操作法”，年创造效益近 80 万元。

2003 年，为表彰他们的突出业绩，抚顺石化公司用班长王海的名字命名了这个班组。从此，“王海班”成为辽宁省和中国石油化工集团公司班组建设的一面旗帜，继续书写着在平凡的岗位上争创一流业绩的篇章。

**(2) 积极发挥班组成员的潜力，小手笔写出大文章**

班组虽小，职能齐全。企业管理各方面工作的最终落脚点都在班组。十多年来，王海班的管理以人为本，从大处着眼，从小处入手，用细微的“小手笔”，书写人本管理的“大文章”。

● 纪律不过关，别进王海班。“严”是王海班的基本特点。为了规范班组的管理工作，王海班制定了《员工行为准则》《班组定置管理规定》《交接班制度》等 30 多项管理制度，以此来约束班组全体成员的思想和行为。这些规章制度，不仅写在纸上、挂在墙上，而且落实在严格的执行上。公司内流传着许多关于王海班管理严格的小故事："咸菜和浓茶"是一个关于王海班控制夜班发困的办法之一。倒班工人最难熬的是子夜零点班，一些人认为打个盹谁也控制不住，只要不影响生产无所谓。而王海班每逢夜班，大家都吃咸菜、喝浓茶，没有一个发困的。王海班的每一个成员都敢坚定地向人保证自己上夜班从没打过盹。曾经有个机关工作人员不相信，趁自己值班的时间探视了几次，发现果然如此，十分佩服。

● 工作量化考核，分配公开公平。这个考核方法是以车间下达的各项指标为依据，以企业各项规章制度为准绳，以班组日常工作为基础，以安全生产、完成指标、劳动纪律、工作表现为主要内容，按照百分制的方式对班组成员进行考核，逐月公开考核评分，以得分多少计发奖金。这套考核方法使班组各项工作有据可查，每件事情有章可循，处理问题有凭有据。2001 年 6 月，从外单位新调来一名员工，实习期满上岗一段时间后，他的操作水平还是不符合要求。根据月动态综合考核情况，经班委会研究，对这名员工的月综合奖进行了相应的扣罚，他很不服气。但是，当他看到当月全班所有成员的综合考核表及计算机上显示的其他操作员的操作平稳曲线后，他服气了，并在以后的工作中仔细观察，虚心向其他员工学习，从中找出差距，使自己的操作技能很快得到提高。

王海班严格的管理手段、和谐的班组环境，不但在班组管理中收到了显著的成效，还降低了能耗、物耗，推动了生产指标的创新。为此，石油三厂专门印制了一本《学习王海班组"四十六句"标准手册》，下发班组，人手一册，全面推广王海班的管理经验。

**(3) 积极发挥班组成员的作用，严守安全生产最前沿**

在石油化工企业，安全生产是头等大事。作为企业员工，每天都要面对高温高压、易燃易爆、有毒有害等危险因素。王海班在实践中总结出了一套"王海班安全生产管理法"，概括为"技术过得硬、流程原理通、预案常学习、安全有保证"。为了进一步提高安全生产水平，他们根据生产实践，总结归纳出了确保安全生产的班组精细操作“三步十二法”：一是事前操作六明确——明确为什么操作，解决操作的目的性；明确如何操作，解决操作的方式、方法和步骤，其中重点解决关键点和危险点的问题；明确操作意外事故的处理方法，解决突发事件如何处理；明确操作对上下工序和整体生产运行情况的影响和变化，解决单元操作与整体操作协调和统一的问题；明确操作需要谁来协助、如何协助，解决配合操作的问题；明确操作前的汇报与沟通，解决告知操作和适时操作的问题。二是事中操作三确认——确认实施操作中的关键点和危险点是否随时得到监控；确认操作步骤是否按操作规程严格执行；确认操作人员与协助操作的人员是否做到时时沟通，操作配合是否准确无误。三是事后操作三到位——操作结束后现场检查到位，操作结束后汇报沟通到位，操作结束后跟踪检查到位。

多年来，王海班严格执行“三步十二法”，成功化解了装置遇到的两次停水、三次停电等重大事故，为企业避免了数百万元的经济损失。有一次，东北电网长时间波动，造成石油三厂分子筛脱蜡装置一天七次大面积停电，当班操作员严格按照事故预案，妥善处理了停电给装置带来的险情，将损失降低到最小程度。2005 年 6 月 24 日零点，班长王海在装置区巡检时发现加热炉区有一股浓浓的油气味，发现差压引出管下部与反应器出口管线连接处有三处砂眼，5.4 兆帕的压力、315℃的氢气和煤油一起呈雾状喷射出来，情况十分危急，王海带领大家按照紧急预案妥善处理，遏制了一次重大生产事故的发生，为企业避免了一次重大经济损失。

抚顺石化公司为了广泛宣传和推广王海班的经验，在全公司开展了学习王海班、创建“王海式班组”的活动，现在已经有 60 个班组成为“王海式班组”，立足岗位，学习新知识、提高新技能，“争创学习型红旗班组、争做知识型先进员工”已经成为基层员工普遍追求的目标。

## 石油化工企业生产班组自主安全管理做法与经验评述

班组管理是企业管理的基础，企业的各项规章制度都要通过班组来落实，班组管理的好坏优劣，直接关系到企业管理水平的高低。在企业对班组的管理中，不仅需要行政手段，还需要文化引导，即结合企业文化，营造良好的氛围，激励和引导职工参与企业的各项活动，努力打造职工成长、成才的平台，帮助广大职工提高素质和技术水平，使班组成为遵章守纪、特别能战斗的团队。

在化工企业班组安全管理和安全建设上，山东瑞星化工公司开展的创建安全合格班组活动的经验值得关注。山东瑞星化工公司自1997年开始，持续开展创建安全合格班组活动，一年一个台阶地逐渐深化和完善班组安全管理，班组的安全合格达标率也逐年提高，有效地控制了人的不安全行为和物的不安全状态，真正实现了安全关口前移、重心下移。该公司的主要做法是：

**（1）认真做好班组长的安全管理工作，确保班组长的优化配置**

班组长是企业生产活动中的兵头将尾，是安全管理最基层的指挥官和执行者，班组长的安全工作质量直接影响着企业整体的安全工作状态。因此，在开展创建安全合格班组的活动中，应着重抓好班组长的安全管理工作，加强班组长的安全教育，提高班组长的安全素质，严格班组长的选拔任用。

瑞星化工公司每年都要举办1～3期班组长脱产安全教育培训班，强化班组长的安全教育，不断提高班组长的安全技能。到目前为止，该公司所有班组长和主操作工已全部接受专业脱产安全培训，为安全合格班组建设奠定了坚实的基础。在班组长的选拔任用上，该公司定出了一套完整的考核竞争机制，定期或不定期替换不懂安全、违章指挥、冒险蛮干的班组长，选拔任用有一定文化知识、技术基础、操作本领，懂安全、会安全的人员，充实到班组长队伍中来。这种动态的管理确保了班组长的优化配置，为安全合格班组的建设提供了保障。

**(2) 扎实开展班组安全活动，实现安全管理的网络化**

瑞星化工公司在开展班组安全活动中，注意抓好班组的基础管理工作，努力实现安全管理的网络化。

● 抓好班组安全资料建设活动。该公司每个班组都有 3 本记录，即班组安全例会记录、班组安全教育记录、班组安全检查记录。从班组安全例会记录中可以查证，公司、车间、大班是否将公司召开的安全会议，下发的安全文件、规定等贯彻到班组，落实到每个职工的实际行动中去；从班组安全教育记录中可以查证，班组长是否组织职工学习公司下发的学习资料、事故案例等；从班组安全检查记录中可以查证，班组长是否组织职工积极查找身边隐患，及时消除事故苗头，做到人人身边无隐患。

● 开展班组安全教育活动。坚持“班前讲安全、班中查安全、班后总结安全”制度，每个车间的接班室都设有一块安全教育黑板，由各大班调度员主办，每周 1 期，由安全科抽查考核；每个分公司都在醒目位置设有一块安全教育专栏，由安全科长主办，每旬 1 期，由安全生产部抽查考核。通过开展以上活动，瑞星化工公司把班组建设活动搞得扎扎实实，夯实了安全管理的基础工作。

● 开展班组“狠反习惯性违章”活动。习惯性违章是导致事故发生的重要原因，是人的不安全行为的主要表现，是安全管理的关键。该公司自 2004 年 2 月开始在班组中开展此项活动，计划利用 3～5 年的时间，基本消除习惯性违章行为。在开展班组“狠反习惯性违章”活动时，一是扎实做好活动的宣传教育。让班组员工真正明白什么是习惯性违章行为，其根源是什么，为什么反，如何反，活动目标是什么等，消除侥幸心理，杜绝人的不安全行为。二是认真做好班组规范作业，严肃考核。依据国家的相关规定和标准，该公司专门制定下发了《部分安全作业规范及罚则》，作为排查习惯性违章的依据、遵章作业的标准，并对相关违章行为定出明确的考核标准，把“狠反习惯性违章”活动纳入制度化管理。把每个班组的活动情况纳入安全专项奖考核范围，同时纳入班组长安全责任追究范围，让习惯性违章无生存空间。三是及时总结，持续改进。通过在班组中开展“狠反习惯性违章”活动，不断查找习惯性违章行为，认真分析习惯性违章的原因，及时采取对策改进“狠反习惯性违章”活动，有效控制习惯性违章人员，加强反习惯性违章教育，消除人的不安全行为，利用班组安全例会做好总结和改进，扎实推行创建安全合格班组活动“PDCA”循环管理法，充分体现人本化管理，实现事故的科学预防和员工安全环境的优化。

**(3) 细化考核，奖惩兑现，提高创建安全合格班组的积极性**

加大班组安全投入，充分利用经济杠杆的调节作用调动班组成员做好安全工作的积极性和自觉性，是瑞星化工公司卓有成效的做法。

按照公司规定，若班组完成月度安全目标，组长可以得到 60～100 元、组员可以得到不低于 15 元的月度安全专项奖；若班组完成年度安全目标，考核合格后奖励该班组 100 元。为此，公司在文件中明确了考核细则和评比办法。若出现否决项，则取消该班组的“安全合格班组”评比资格。对于无否决项的班组，年底对照标准自查后向车间申请，车间审查后向本单位申请复查。安全环保科依据日常考核记录，仔细检查后向安全生产部推荐，安全生产部复查后报安委会审批，审批通过后，公司对安全合格班组予以通报表彰和奖励。安全合格班组实行动态管理，每年复查一次，复查不合格的，取消“安全合格班组”称号，并对组长通报批评。安全合格班组否决考核法和年度申请、复查动态验收法的持续推行，约束并激励了班组成员，提高了他们做好安全工作的积极性和自觉性。

随着安全生产科学的发展和安全管理法律法规的健全，瑞星化工公司将逐渐完善安全管理机制，健全安全管理制度，坚持人本化的安全管理理念，不断采取安全管理新举措，夯实“双基”工作，走出一条持续改进的新路子。

## （四）电力企业生产班组自主安全管理做法与经验

### 22. 上都发电公司集控运行五班构筑全员建功立业平台的做法

内蒙古上都发电有限责任公司位于内蒙古锡林郭勒盟境内，是国家西电东送北通道建设的重要电源支撑点，其发电燃煤采用锡林浩特胜利煤田的褐煤，主要供电方向为京津唐电网。内蒙古上都发电有限责任公司一期工程于 2003 年 7 月开工建设，为两台 60 万千瓦国产亚临界燃煤空冷发电机组，工程总投资 51.37 亿元；二期工程建设两台 60 万千瓦国产亚临界燃煤空冷发电机组，工程总投资 53 亿元。

内蒙古上都发电有限责任公司集控运行五班始建于 2006 年 5 月，现有班组成员 25 人，主要担负着确保公司四台机组安全稳定运行的任务。自班组建立以来，班组成员坚持“恪尽职守、率先垂范”这一班组主题，树立“保人身、保电网、保设备”的“三保”思想，积极开展学习型班组创建活动。在活动开展过程中，班组成员在紧密围绕企业中心工作的同时，还构筑了全员建功立业平台，不断深化“创优争先”工作，深化班组民主管理，充分挖掘员工的创新潜能，努力构建和谐班组。

上都发电公司集控运行五班构筑全员建功立业平台的做法主要是：

**（1）加强教育引导，让学习深入人心**

思想是行动的先导，为了把班组成员的注意力都凝聚到创建“学习型班组”中来，集控运行五班首先引导大家提高认识，转变观念，明确愿景，把学习变成每个人的自觉行动。

● 建设学习创新型企业与班组活动相结合。集控运行五班创造性地将建设学习创新型企业与班组活动相结合，在创建学习型班组的过程中，以学习型组织的理论工具指导班组建设，历经了基本理念导入、心智模式改善、愿景体系建设、创新体系建设、学习体系建设等过程。集控运行五班还设计了学习型班组创建模式并制定了学习型班组的创建制度，它包括学习型家庭创建、个人学历提升、党员领先带动机制、标杆学习机制、规范化管理机制、深度汇谈机制、团队学习复查机制、团队学习之星等。各种机制的建立，激励着该班组成员坚持不懈、百折不挠的奋斗精神和勇于开拓、锐意创新的进取力量。班组成员刻苦钻研业务知识，人人争当岗位能手，将学习型组织理论应用到实践中，为职工学习、交流、共享创造了良好条件。集控运行五班在工作中大力推行以“一周一课”为主要形式的班组学习培训，积极开展“一事一议”“班后讲评”“轮流讲课”等活动，建立了反思栏等团队学习阵地，实现了学习成果与工作成就的互动。

● 形成创建共识。集控运行五班的大部分成员都是2004年新招入的大学毕业生，他们实践基础差，动手能力偏低。但是经过四年生产理论联系实践的锻炼，大家各方面的技能都有了不同程度的提高。特别是近年来，通过有计划地组织全员培训学习，集控运行五班连续两年被公司评为先进班组，并有三名员工连续三年被公司评为优秀员工。这些成绩的取得，不仅让员工实实在在地感受到学习给自己带来的荣誉，也让这些新人重新找回了在实践中学习的自信心。为了继续保持这种良好的学习势头，引导班员自觉学习，班组以“创优争先”活动为契机，组织全班同志对学习型班组的性质和构成要素、基本特点和创建思路进行了系统学习，并围绕“为什么要创建学习型班组，能不能创建，如何创建”等话题开展深入讨论。通过思想引导，大家认识到了新形势下“创建学习型班组、争做知识型职工”的重要意义，增强了学习的紧迫感和主动性。

● 导入学习理念。创建学习型班组，学习是基础，改变习惯思维是关键。最初，班组利用业余时间组织集体学习，有的员工觉得负担重、加班加点多、业余时间少，认为学习是走形式，只要把分内的工作干好就行了，学与不学、学好学坏一个样。为了改变这种习惯思维，该班组在宣讲学习型组织基本知识的基础上，注意用身边自学成才的典型案例开展正面教育，引导班组成员树立“今天的努力、明天的能力”的学习理念。

● 建立共同愿景。为了激发全班职工的学习原动力，班组要求每人都要制订个人愿景学习计划。结合班组工作实际和员工个人愿景，通过组织员工深入座谈，制定出班组的共同愿景，即“练就过硬技术、追求一流质量”。在公司领导的支持下，班组先后开辟了愿景墙、学习园地，建立了图书角和学习网页，使员工进门看愿景，心中有理念，学习有资料，交流有内容。共同愿景与员工个人愿景的和谐统一充分调动了员工学习、工作的主动性和创造性，使员工的自主管理意识明显增强。

**(2) 提高业务水平，为机组平安保驾护航**

集控运行五班为了确保机组的安全稳定运行，始终坚持“安全第一、预防为主”的方针不放松，甘当保证机组安全的守护神。安全工作来不得半点虚假，在公司“百日安全无违章”活动中，班组全体成员庄严承诺“从我做起，杜绝违章”，提出“建设安全和谐无违章班组”的目标，把制度建设和执行作为确保安全生产的基础，规范了交接班制度、设备巡视制度、缺陷管理制度、设备定期试验和轮换制度，又结合实际情况，制定了各项奖惩制度。

班组认识到“规章制度是永远的行为准则”，有了完善的制度但不能严格执行，等于没有制度。严格遵守规章制度就是架设了一道确保人员和设备安全的全封闭围网。为此，该班组严格执行制度，用制度约束行为，加强运行巡视，结合季节特点进行事故预想和反事故演习，在重要节日和采用特殊运行方式时，做好事故预案，针对实际工作中遇到的问题进行运行分析，使值班员应对突发事件的能力大大提高。仅 2008 年上半年，该班组就进行事故预想 40 多次，反事故演习 20 多次，发现缺陷 668 项，进行了 2 000 多项倒闸操作，没有发生一次误操作事故，及时消除设备异常数十起，办理工作票

1 000多张，没有一张出现差错。

平安铸就成绩，集控运行五班通过加强班组管理、发挥群体优势，每年服务于安全生产的创新管理方法均在两项以上，在上级公司举行的各项竞赛活动中均名列前茅，取得了骄人的成绩，班组管理富有先进性和创新性。在“荣誉榜”上，集控运行五班连续被公司评为先进班组。历经四年的风雨洗礼，集控运行五班已逐步成长为公司内引人注目的“金牌班组”。

**（3）规范学习流程，把学习作为提升本领的一种手段**

集控运行五班以规范员工的岗位职责为切入点，通过规范学习，练就过硬本领，不断形成团队学习的新方法，主要坚持做了以下三个方面的工作。

● 坚持集中学习与业余自学并举，提升运行维护技术。在落实班组学习计划的过程中，该班组建立了月度学习制度和工作标准，每个人针对自身情况，制订出适合自己的学习计划和目标。班组坚持每月开展两次集中学习交流，增强了培训的针对性。

● 加强技术培训，提升运行维护水平。该班组每月都积极参加部内组织的仿真机运行维护技术培训班，班里的每位成员都自觉地把去部内仿真机室学习作为检验内部培训效果、拓展知识面的好机会，努力提升运行维护水平。2007年，在公司冬季培训中，该班组不仅对主、辅机操作规程和事故处理有了进一步的理解，而且通过学习，还充分认识了设备在运行中的特性。学习结束后的考试测验中，班组的半数成员均名列前茅。

● 坚持检查考评与机制激励并行，提升运行维护质量。为了充分调动全班学习、工作的积极性，该班组坚持日常检查考评与机制激励并行，工作中及时检查质量和设备缺陷，做到当日缺陷，当日消除，并记录在班组日志中。在学习中建立学习档案，定期考试，记录考核情况，并及时公布学习成绩，同时把考核情况与月度奖金分配和年度评比相结合，为单位向公司推荐先进提供了重要的依据。

通过这些做法，营造了良好的学习氛围，保证了运行维护质量的提升。

几年来，集控运行五班积极创造和谐的工作和生活氛围，为员工之间互相学习、互相促进、你传我帮他带打下了坚实的基础，员工素质及运行水平不断提高，得到了共同发展。

**23. 天富热电厂热工班发挥班组成员创造性思维能力的做法**

新疆天富热电股份有限公司热电厂地处戈壁滩上的明珠石河子市，始建于1986年。20多年来，天富热电厂经过了一期工程的完善，二期、三期、四期工程的扩建，装机容量达到151兆瓦，厂区绿化可覆盖面积达95%以上，成为兵团、石河子热电联产企业的佼佼者。该厂连续18年获评自治区级文明单位，先后被中央精神文明建设指导委员会授予“全国创建文明行业工作先进单位”“全国文明单位”称号。

天富热电厂热控分场二厂热工班成立于2005年8月，现有班组成员14人，平均年龄33岁，是一个年轻的班组，担负着二厂热工设备的维护及维修工作。该班组以创建一流标杆班组为奋斗目标，秉承“一流的管理、一流的工作、一流的素质”的工作理念，营造出了浓厚的学习氛围，充分发挥员工的学习能力和创造性思维能力，在创建学习型班组的过程中铸就了一支团结、协作、精细、高效的技能团队，班组各项工作走在了前列。

天富热电厂热工班发挥班组成员创造性思维能力的做法主要是：

**(1) 开展导师带徒活动，提高员工素质，营造学习氛围**

在日常工作中，二厂热工班注意找准结合点，突出着力点，鼓励员工加强学习，把学习效果落实到解决生产问题上和培养团队意识上，使学习变成锤炼作风的一种动力。班长经常组织全班学习专业知识并开展专项知识讨论会，为了提高班员的技术水平，采取了多样化的培训方式，如结合“修旧利废”活动，在修中学、在修中练；针对设备损坏的部位、出现的故障等问题进行分析讨论，促使每一位成员都能详细了解设备构造和解决问题的方法；利用班前班后会，对有疑问的缺陷进行分析，使大家在短期内学习到一些特殊的设备故障处理方式，以提高班组成员的现场应对能力。

对于新学员，班组安排有丰富工作经验的师傅为学员讲解专业知识，签订师徒合同，制订详细的培训计划。对于学习效果，班组及分场定期进行测试。通过多种培训，增强了班员的学习意识和学习的积极性。

**(2) 牢固树立“安全第一”的思想，强化安全意识**

安全是电力企业持续发展的根本，是安全生产的重中之重。二厂热工班结合全厂开展“四抓四看、四查四看”活动，扎实推进查隐患、查违章、查死角、查漏洞的工作，形成了教育培训不间断、安全活动不间断、检查考核不间断、隐患整改不间断、安全工作持续不间断的长效机制。热工班每周坚持安全学习，不放过任何细微之处，营造出浓厚的“遵章守法，关爱生命，时刻讲安全”的良好氛围。在工作中坚决执行“两票三制”、《电力安全工作规程》及其他安全守则，坚决杜绝无票工作。热工班坚持进行技术问答、事故预想，制订事故应急预案，以提高员工应对突发事件的能力。2011年，热工班平均每月消除缺陷约80项，消除缺陷率为98%以上，大大提高了设备的投入率，降低了班组的劳动强度，保证了厂里的安全生产。

**(3) 优质检修，持续改进，出色完成各项工作任务**

经过几年的不懈努力，二厂热工班共完成技术改造300多项，修旧利废60余项，攻克疑难问题几十项。2011年，全班完成的项目有修复1号炉3号角小油枪点火装置、修复1号炉主给水调节执行器电动机、修复1号炉吹灰器疏水电动门电动机、修复3号给水泵勺管执行器。此外，还对2号炉吹灰器G9B6回路加装的隔离继电器进行了改造，对2号炉吹灰器IK2行程开关进行了改造，对1号炉、2号炉4米加层的变送器柜进行了改造。

由于工作性质不同，二厂热工班经常需要加班加点、连续工作。例如2011年2月，1号、2号机组小修期间，全班人员放弃周末休息时间，每天都加班加点工作到晚上12点，最终比原计划提前7天保质保量完成，为二厂节约了时间，使机组提前安全运行，受到了厂领导的好评。2011年8月，二厂1号炉主给水调节门转动机构断裂，造成主给水调节门无法操作，直接影响锅炉的运行安全，如不及时处理，可能造成停炉。热工班班长曾志华接到通知时已是下班时间，但他仍及时组织6名班员加班至次日凌晨1点将此调节门修复，确保了锅炉的安全运行。

**(4) 建立健全班组管理制度，创建奋进、创新、和谐的集体**

二厂热工班结合实际建立完善的管理制度，编制完善的实施计划，制定大小修管理制度、值班制度，建立班费、考勤、值班加班公开制度，完善绩效评定和考核奖励机制，并坚持每月召开民主生活会和“每月一星”评选活动。二厂热工班奖惩分明，使职工收入与其所承担的岗位责任、工作效率和业绩全面挂钩，形成了责任共负、风险共担、利益共享的利益共同体，走上了全员参与、上下联动、协调配合、分层实施的良性轨道，树立“这是我的班组”的思想理念。

二厂热工班由于业绩突出，2006年被评为厂“创建学习型先进班组”；2007年4月获得“职业道德十佳班组”称号，同年被评为厂“创建学习型先进班组”；2008年8月被评为厂“班组建设优秀班组”；2009年获得“工人先锋号”称号。这些成绩的取得，充分肯定了热工班所做出的努力和贡献。

**24. 德州电厂运行部三期丙班坚持安全生产细化管理的做法**

华能国际电力股份有限公司德州电厂位于山东省德州市，是一座现代化大型路口火力发电厂。该厂于1989年8月开工建设，建厂之初称为华鲁发电厂，经电力体制改革、资产重组，于2000年12月更名为华能国际电力股份有限公司德州电厂。该厂一、二期工程建设安装 4 台 30 万千瓦国产亚临界燃煤机组，于 1991—1994 年相继建成投产；三期工程建设安装 2 台 70 万千瓦进口燃煤机组，1999 年 9 月开工兴建，2002 年投产。目前电厂总装机容量为 267 万千瓦，是山东电网主力电厂之一。

德州电厂运行部三期丙班是一支不断创造骄人业绩的优秀团队。该班组通过完善基础、强化自身、规范管理、提高水平，实现了平安运行，通过员工的不断学习创新，充分发挥员工的聪明才智，使员工的专业技术、知识水平不断提高。班组坚持以安全生产为基础，细化安全管理，不断深挖潜力，高质量、高效率地完成各项生产任务，为全厂的安全文明生产做出了突出的贡献。

德州电厂运行部三期丙班坚持安全生产细化管理的做法主要是：

**(1)“安全第一”记心中，确保机组安全稳定运行**

“安全就是效益，安全就是信誉，安全就是竞争力”是三期丙班的安全理念，在每一次值班、每一项操作前，大家都将“安全第一”牢记在心。

为了确保工作安全，三期丙班狠抓班组安全管理，认真落实和执行厂、车间“安全技术措施、反事故技术措施”计划和安全生产责任制，严格执行各项安全规章制度。班组和个人签订《安全生产责任书》，将安全压力转化为安全动力，积极参加厂、车间组织的各种形式的安全宣传和教育活动，深入学习《电力安全作业规程》《安全生产工作规定》和《防止电力生产重大事故的二十五项重点要求》，做到了人人懂安全，处处讲安全。2007 年 10 月，全班人员参加《电力安全作业规程》（华能新版）考试，达到合格率 100%，优良率 100%。

在生产作业中，三期丙班精心操作、精心监盘、细致巡检，严格执行危险点预控和操作票、工作票制度。2007 年 1—11 月，“两票”共执行 1 437 份，合格率 100%。根据电网调峰计划和机组检修安排，三期丙班全年启停 700 兆瓦机组 10 台次，未发生任何误操作及异常事件。全班人员严格执行“查缺陷、查操作、查违章”制度，共发现设备缺陷742条，其中重大设备隐患19条。他们及时联系检修处理，消除了设备安全隐患，保证了运行设备的安全水平，确保了发电机组的安全稳定运行。

对运行人员来说，当班期间精力集中、巡检仔细、监盘认真尤为重要。三期丙班要求每一位成员都要清楚当班运行方式和预控危险点，巡检中要求大家做到“眼到、手到、听到、心到”，保证及时发现问题，及时解决问题。2007年10月12日，三期丙班值班人员在监盘期间发现6号炉20磨煤机变速箱油温较平时偏高2℃，并呈微升趋势。当时磨煤机油温刚刚根据季节变化进行了调节，变速箱油温偏高2℃实在是微不足道的变化，但三期丙班值班人员没有忽视这一轻微的异常现象，他们认为温度上升可能是设备的某些部件出现了异常，立即进行检查分析，结果发现原来是变速箱油泵故障，出力不足，于是立即停止20磨煤机运行。如果他们不及时发现参数的细微变化并积极查找原因，将不可避免地造成磨煤机变速箱轴承的损坏，对锅炉运行安全构成严重威胁。在以后的生产中，类似的事情也曾经出现。通过认真监盘、细致巡检，三期丙班及时发现处理了6号炉捞渣机链条卡销脱落、6号机A气泵前置泵联轴器损坏等重大设备缺陷，避免了重大设备损坏事故的发生，确保了机组的安全稳定运行。

**(2) 学以致用见实效，节能降耗重践行**

在运行部三期丙班，学习蔚然成风。根据现代化大型燃煤机组的特点，全能值班是德州电厂对每一位集控运行职工的基本要求。三期丙班在副值长的带领下，根据所学专业的不同，有计划、有针对性地补充知识，通过专题学习、考问讲解、技术讲课等形式，因材施教，完善职工的知识结构。几年来，他们把积极参加公司、工厂组织的技术比武作为练兵的机会，发现差距，弥补不足，班组成员全部实现了全能值班，13人全部获得了集控值班员高级工资格证书。2006 年，三期丙班选派 2 名人员代表德州电厂参加“中央企业职工技能大赛（火电集控运行专业）”初赛，均获得银牌。其中一人还取得了“中央企业职工技能大赛（火电集控运行专业）”决赛资格，最终以优异的成绩获得决赛银牌，并于 2007 年年初被中央企业团工委授予“中央企业技术能手”荣誉称号，为华能集团公司和德州电厂赢得了荣誉。

三期丙班针对三期机组运行的特点，成立了“降低 700 兆瓦机组供电煤耗 QC 小组”。班组多次召开专题分析会，从操作上找差距，从设备上找原因，坚持对机组运行过程中的运行方式、运行参数和节能措施的执行情况进行比较分析，提倡经济分配设备负荷，选择合理的厂用电运行方式，努力降低厂用电率。经过三期丙班全体成员的共同努力，2007 年 1—11 月期间，该班组连续 7 个月在部门小指标竞赛中获得第一名的好成绩，连续 6 个月未出现受热面壁温超限的现象，平均厂用电率低于平均值 0.3%。三期丙班的经验得到了部门的肯定并在全车间推广使用，有效地提高了三期机组整体的经济运行水平。

此外，三期丙班提出的“辅助低压厂变冷备用节电”“磨煤机切换防止受热面壁温超限建议”等合理化建议被车间采纳，为部门安全生产、节能降耗、治理环境做出了贡献。

**(3) 团结协作聚力量，危机时刻显身手**

凝聚产生力量，团结诞生兴旺。机组运行中，不可避免地会出现一些意外突发事件。而这时，仅靠个人英雄主义无济于事，必须靠集体的力量才能取得成功。三期丙班全体成员时时刻刻以大局为重，以集体的成功为目标，心往一处想，劲往一处使，形成了强大的班组向心力，多次协力处理危机事件，有力地保障了机组的安全稳定运行。

2007 年 10 月 21 日，6 号机组满负荷运行时，A 凝结水泵变频器在运行中突然出现故障跳闸，备用凝结水泵启动后出口门卡涩，凝结水流量骤然锐减，除氧器面临断水威胁，机组运行在险恶工况之中。危急时刻，速度就是安全的保障，团结就是决胜的武器。三期丙班全体成员团结一致，开始了一场和时间的赛跑。副值长一声令下，全班成员迅速集中在集控室，投入事故处理中。在副值长的指挥下，巡检员迅速赶到，就地手摇卡涩的出口门，值班员迅速投入10、20层油枪，手动紧急停止50、40、30、20磨煤机的运行，副值班员紧急停止A、B气动给水泵，启动电泵运行，机组紧急降负荷到150兆瓦，除氧器水位、汽包水位、锅炉燃烧依次稳定下来。由于三期丙班平时对事故预想充分，全班成员操作果断，命令执行迅速，他们最终跑在了时间的前面，除氧器水位逐渐恢复正常，机组岌岌可危的运行状态得以逆转。俗话说，台上一分钟，台下十年功。在这次事故处理中，三期丙班人员临危不乱、有条不紊、执行迅速，这正是他们平时勤学业务、团结一心的集中体现。

宝剑锋从磨砺出，梅花香自苦寒来。在厂部举行的2007年班组标准化管理先进评选活动中，三期丙班连续3个季度获得了“优胜班组”的荣誉称号。成绩的取得，是三期丙班集众人之力、融团队之智，共建学习型班组、安全型班组的结果。

**25. 邹县发电厂继电保护班凝聚班组成员智慧和力量的做法**

华电国际邹县发电厂是一座现代化特大型坑口火力发电厂，坐落在山东省邹城市，与年产原煤4 000多万吨的兖州煤田相邻，具有得天独厚的发展条件。厂区占地152万平方米，目前正在运营的有4台33.5万千瓦机组、2台60万千瓦机组和1台100万千瓦机组，总装机容量354万千瓦，是华电国际电力股份有限公司的全资企业，也是山东电网的骨干电厂。

邹县发电厂电气队继电保护班有24名职工，其中有15名女职工，承担着全厂8台机组及升压站设备的继电保护、自动控制，以及电测仪表、二次回路等设备的检修维护和安全生产技术管理的重任。多年来，该班组凝聚班组成员的智慧和力量，大力开展全员劳动竞赛，以创建“工人先锋号”推动“创优争先”活动的开展，班组各项管理工作走在了全厂的前列，以优异的工作业绩先后荣获“华电国际先进集体”“山东省劳动竞赛先进班组”称号。

邹县发电厂继电保护班凝聚班组成员智慧和力量的做法主要是：

**(1) 开展生产知识培训，学习型团队彰显创新能力**

在工作中，继电保护班围绕厂工会开展的“创建学习型班组、争做知识型职工”活动，以全员培训促进全员学习的积极性，探讨实施“周四下午培训日”制度，努力提高员工的综合技能，把学习型团队建设作为“工人先锋号”创建工作的着力点。

继电保护班还重点开展了职工通岗专业知识和现场生产知识培训，结合“技术比武培训月”活动，对检修维护基本理论和操作技能知识展开竞赛。班组技术员编写培训竞赛手册，班组成员提前学习和模拟操作，重视培训和比武的现场结合，较好地凝聚了职工的智慧和力量。班组员工以优异的动手能力在工程改造和大修项目中，多次获得厂大修精品项目一等奖；在厂三期、四期工程以及除灰、脱硫等工程改造任务中，圆满地完成了保护整定计算任务。同时，班组员工克服家庭困难，主动远赴印度巴考，为厂外机组调试和成功启动做出了贡献。出色的工作业绩造就了一流的班组团队，班长卜繁薇以总分第三名的好成绩夺得 2010 年华电集团继电保护技能大赛金奖，班组被济宁市总工会授予“学习型组织”和“工人先锋号”荣誉称号。

**(2) 激发创优争先的积极性，创新型团队彰显创造能力**

继电保护班在月度综合管理考评机制建设中，加强了“五型”（技能型、效益型、管理型、创新型、和谐型）班组建设目标分解，即围绕安全生产、文明生产、设备维护、技术管理、班组管理以及对标创新和“五星级发电企业”建设等，在班组创建“工人先锋号”活动中，试行管理考评“五挂钩”激励机制，与管理人员和班组长业绩奖金、班组奖金挂钩，与班组升级、年度评选挂钩，促进“五型”班组和“工人先锋号”创优争先活动的有效开展。

班组还特别注重发挥一线职工的工人先锋作用，激发本职岗位创优争先的积极性。在细化检修维护质量控制管理中，班组积极开展了提升检修质量、降低维护费用活动，围绕设备近几年出现的主要缺陷、故障，以及检修维护质量、材料费用消耗等问题，认真分析改进提高的措施，通过工作小组间劳动竞赛激发班组团队创造能力，先后完成了5号发变组保护技术改造、6千伏厂用电系统近60台开关技术改造、15台400伏开关技术改造以及6千伏电源自动切换快切装置技术改造等20多个设备技术改造项目。同时，注重发挥班组“QC课题活动”的团队技术攻关能力，成功解决了用电系统CT损坏、线路特殊运行方式电压操作箱故障、直流系统虚假接地等一系列生产技术难题。其中，“220千伏升压站PT反充电事故分析”“小变比大电流CT在10千伏厂用电系统应用探讨”等相关论文被电力杂志采用发表。班组团队创优争先活动的开展，优化了设备安全技术性能，提高了机组经济技术运行指标。

**(3) 围绕主题劳动竞赛活动，竞争型团队彰显创效能力**

继电保护班围绕全厂“岗位立新功、五星我添彩”主题劳动竞赛活动，以优化机组性能、提升标杆机组竞争指标为目标，发挥一线职工的创新创效能力，注重发挥职工通过创新创效推动创优争先的积极性，积极开展创建“五星级作业区”和“五星级作业项目”的劳动竞赛，带动“五星级班组”建设，有效地提升了班组的创新创效能力。

班组在重大检修、技术改造等工程中实行项目负责制，从工程的设计、施工、试运转、投运到验收后的图纸整理以及对其他职工的专项培训等，全部由项目负责人负责，实现了“一个项目成就一名专家”的创优争先效果。班组还通过日常的小图纸绘制、瓦斯继电器校验、综合保护校验、线路保护故障排查、二次回路接线等定期技术比武比赛活动的开展，提升了检修技能和工艺质量，锻炼了团队创新创效的实践能力。在供热改造和技术改造工程中，班组依靠职工自主创新能力圆满地完成了电气保护定值、技术监督、应急与配合等工作，多次获得厂“学习之星、创新之星、检修小发明”等表彰奖励。

**26. 伊敏煤电公司发电部运行二值安全生产实现“四无”的做法**

中国华能集团公司伊敏煤电公司位于内蒙古呼伦贝尔市境内，占地面积 99.28 平方千米，是全国第一家大型煤电一体化企业。伊敏煤电公司于 1976 年开始建设，1998 年和 1999 年电厂工程 1 号、2 号机组分别进入煤电一体化生产阶段；2004 年 4 月，电厂二期工程开始建设，两台机组分别于 2007 年和 2008 年投产发电，对国家西部大开发和边疆少数民族地区经济发展具有重要意义。

伊敏煤电公司发电部运行二值是一个团结奋进、积极向上的班组。该班组以安全生产为基础，以经济运行和效益运行为中心，充分发挥民主管理职能，全面落实岗位责任制，认真贯彻执行“安全第一、预防为主”的方针，使班组成员安全思想牢固、班组整体和谐，在安全生产上实现了“四无”（无死亡事故、无重大设备事故、无交通事故、无火灾事故），受到全厂职工的一致好评，并取得了令人瞩目的成绩。

伊敏煤电公司发电部运行二值安全生产实现“四无”的做法主要是：

**（1）注重安全管理，不断提升安全生产意识，确保安全生产**

运行二值有着较好的班组安全管理基础，较完善的安全管理体系，在厂部和分厂的领导下，认真学习各类安全文件和有关通报，认真吸取兄弟班组和其他单位的经验和教训。班组三级安全网发挥各自的安全责任，始终把“人”作为安全生产的第一要素，引导和教育全员树立科学的安全管理理念，不断强化全员的安全意识。班组持之以恒地宣传安全生产的重要性，认真组织班组人员学习、分析、总结生产中出现的事故教训，并根据本班实际情况，查找问题，制定相应的安全整改措施。班组不断加强班员的安全责任心，将班员的安全责任心提高到讲政治、讲稳定的高度，坚定不移地贯彻“安全第一、预防为主”的方针。

班组把增强职工的责任感和事业心贯穿于安全管理的各项实践工作中，严格执行“两票三制”。2009 年，班组把反习惯性违章、严格执行规程、“两票三制”和防止误操作作为安全管理工作的重点，及时掌握相应设备的运行方式变动情况，坚持在操作前进行危险点分析和预控，在操作中严格执行操作联系和监护制度，不放过任何危险因素，以“三个不能过高估计”的要求严把安全关，有效地提高了全员的安全技术水平，杜绝了误操作的发生。2009 年，运行二值发出工作票 417 张，合格率为 100%。同时，运行二值积极做好事故预想和危险点分析，仔细巡检、细心监盘、精心操作，全年没有出现一次异常及安全生产事故。

**(2) 加强培训，提高全员技术素质，确保机组的安全稳定运行**

加强培训，积极开展导师带徒和岗位练兵活动，运行二值以全能值班员为培训方向，积极贯彻厂部、发电部的培训方针，结合一期、二期、三期机组的特点，根据人员结构制订科学合理的培训计划和具体措施，采取讲课、现场考问、仿真机模拟操作等手段进行培训，收到了很好的效果，在能源公司举行的全能集控值班员技术比武中取得了好成绩，在 3 号机组启动过程中实现了全能换专业操作。2008 年，由于技术水平高，处理方法得当，运行二值避免了 4 号机组因单循环泵运行跳闸停机的事故，受到了厂部的奖励。由于 4 号机组凝结水泵本体存在裂纹，导致凝结水泵达不到满出力，2009 年 11 月 23 日，在投入 2 号机高加水的过程中，汽机主值发现 7 号高加水位增长过快，判断为钢管泄漏。由于判断准确及时、处理果断，保证了机组的安全运行。

几年来，巡检人员认真巡检，及时发现了 EH 油箱泄漏、空气预热器轴承座裂纹、12 号小机调门摆动大、4 号发电机转子电压波动大等重大缺陷。由于分析正确、处理得当，避免了事故的发生，这充分体现了技术培训的成果。运行二值班组人员努力学习业务、刻苦钻研技术的学习氛围逐步形成，在青年职工的培训中总结出了一套较为科学和标准化的培训模式，得到了管理部门的认可。

**(3) 实施管理标准化，推行人性化管理，积极建设五好班组**

运行二值全体人员始终坚持经济运行和效益运行的理念，本着多发、超发的原则加强与网调的沟通和联系，确保发电任务的超额完成。把机组的节能降耗工作做细、做透，对机组运行中出现的任何参数偏离、经济指标的异常，都会仔细分析、查找原因，及时制定相应的调整措施，为电厂的节能降耗工作出谋献策。

该班组认真学习公司下发的《五好班组建设实施细则》，借助有利时机开展了“解放思想、更新观念，如何加强值内各项管理大讨论”的活动。通过此次讨论，大家的思想统一到了安全生产上，而促进安全生产的主要措施是建立宽松、团结、互助、积极向上的集体。运行二值努力推行人性化管理制度，发挥民主管理监督的作用，工会小组和团小组积极组织有益的活动，组织学习各类文件，传达厂部各项政策，加强自身宣传报道，从而增强了班组的凝聚力，提高了班员的思想觉悟。在日常工作中，值长、单元长带头开展批评与自我批评，发扬民主，创造人人互助、相互提醒、互指不足的良好工作氛围，使班组人员团结、齐心，工作上积极主动，保证了各项任务的顺利完成。

**27. 秦山核电公司检修部姚建远班组发扬奉献进取精神的做法**

秦山核电站地处浙江省海盐县，是中国自行设计、建造和运营管理的第一座30万千瓦压水堆核电站。秦山核电站一期工程于1984年开工，1991年建成投入运行，年发电量为17亿千瓦时。二期工程在原址上扩建两台60万千瓦发电机组，三期工程由中国和加拿大政府合作，采用加拿大提供的重水型反应堆技术，建设两台70万千瓦发电机组，目前已建成发电。

姚建远是秦山核电公司检修部的一名普通员工，在秦山核电站安装调试期间，先后参加了专设安全系统核级泵的建造和核电主系统冷却剂泵、海水循环泵等关键设备的安装调试工作，逐渐成长为一名在泵类设备的安装、检修、调试和维护方面技术过硬、经验丰富的高级维修人才。因成绩突出，姚建远于2003年荣获全国五一劳动奖章，2005年荣获全国劳动模范称号。姚建远所在班组于2005年被中国国防邮电工会和中国核工业集团公司命名为姚建远班组。

姚建远班组有12名成员，主要承担着秦山核电站核岛内关键水泵、容器以及常规岛中主要泵的检修任务。该班组发扬奉献进取、创新求实的精神，奉行“新观念决定新思路，新思路决定新出路”的观点，用现代化思想与工具武装自己，不断创新成果。

秦山核电公司检修部姚建远班组发扬奉献进取精神的做法主要是：

**(1) 打铁需要自身硬，技术是当好班长的第一要素**

2000年11月，作为核电站关键设备之一的主冷却剂泵进行首次大修，公司邀请了德国专家来负责检修技术指导。姚建远作为班长，负责承担具体工作。由于专用工具远远达不到检修的要求，因此还要加工制作很多的专用工具。大修前几个月，姚建远就和他的同事钻研主冷却剂泵的说明书和图纸，讨论还需要哪些工具。如果向供货商采购这些专用工具和设备，将需要很大的一笔资金，而且供货周期较长，会影响工作进度。姚建远利用一切可以利用的时间，凭着手头不多的技术资料和几张照片，研究图纸、编写方案，争取维修的主动权，避免盲目依赖外国专家，探索出了一条进口设备检修专用工具国产化之路。

德国专家初到现场，凭着对中国人固有的偏见，对我方人员极不信任，有时看着我方人员干活，一句话不说转身就走，或者冷笑几声。望着德国专家不屑的表情，姚建远和他的同事们铆足了劲，查资料、钻技术，誓要争回这口气。在现场，主冷却剂泵上有几百颗螺钉，姚建远都亲自检查并拧紧到要求的力矩。

电动机气隙测量是电动机检修中关键的一环，德国专家进行测量后得出数据，认为符合要求可以使用，可姚建远却发现德国专家的测量方法不符合技术要求。为了取得有力的证据，他自己拿起了测量工具，按照检修规程一步一步测量，并给出了新的测量数据。德国专家不服气，又测量一遍，结果数据与姚建远他们测出的一模一样。在事实面前，他们承认了先前的测量不准确。经过这次较量，德方不得不承认中国人比他们想象的要能干。渐渐地，德国专家对姚建远他们信任起来，“OK”常挂嘴边，态度也和蔼了，采取的措施、提出的方案都要征求我方的意见，最终在双方的密切配合下，圆满地完成了工作。

**(2) 班组管理需要讲科学，岗位练兵促学习型班组建设**

就像当初做技术工人一样，仅凭埋头苦干是不够的，班组管理更要创新巧干，要讲科学。科学管理就是把人人都讲的管理变为人人都参与的“共理”。在姚建远看来，能够带领一群人一个心眼地朝着一个目标奋斗的人，才是无愧于时代的真正劳模。

现代班组管理的意义已经不只是简单的生产管理模式，而是人人参与的班组经营模式。要从组织建制、民主管理、现场管理等入手，不断地进行创新活动，把班组里的每个人都培养成优秀管理者。

“争第一、当先锋、站排头、创一流”的班组目标，让姚建远班组逐渐形成了一套完整的“三个贴近、三个适应、三个延伸”的人才培养目标，即贴近本职、贴近专业、贴近工作；与高新技术的发展相适应，与专业理论相适应，与承担的任务相适应；向完成“高精尖”任务和生产工作延伸，向相关知识延伸，向未来精密机械加工发展延伸。这个人才培养目标着眼于培养和造就一支高素质的核电检修技术工人队伍，目的是要打造国内一流的高素质核电检修技能团队，让人人成为技术能手。为此，班组大力开展“检修技能比武”活动，充分调动班组成员学习技术的积极性。班组还开展全员参与的“安全知识竞赛”“千张工单无差错”活动，将过去的被动学习改为主动学习，不仅提高了全员参与学习的意识，也提高了班组成员的理论水平，扩展了大家的知识面。另外，班组还以“师带徒”等活动为载体，开展了一系列有针对性的学习活动，在班组内形成了良好的学习氛围和“比、学、赶、超”的创新氛围，提高了班组的学习能力和创新能力，增强了人机和谐，提高了工作效率。

**(3) 班组建设需要榜样，劳模精神引领班组建设**

姚建远在担任班长期间，班组先后承担了核电站第二次到第十二次换料大修的艰巨任务。

在第三次换料大修中发现一个螺栓拧不进，这个问题若不及时解决，核电站换料工作就不能按时进行，主系统将长时间处于低水位工况，会造成运行风险。时间不等人，姚建远根据自己的经验和对设备的了解，提出了切实有效的解决方案。为了能够尽快解决问题，必须有人进入具有高辐射风险的蒸发器内。一向随和的他此时口气异常坚决：“我来，我更熟悉一些，可以尽可能地减少检修时间。”大家看着姚建远毫不犹豫地钻进了蒸发器，连续工作了几个小时。当他爬出蒸发器时，同事们看到的是一张憔悴的笑脸。领导让他回家休息两天，可是他第二天下午又在检修现场忙乎开了。

作为班长，姚建远充分发挥了表率和带头作用，在困难面前，他总是冲锋在前。长年累月的检修工作使他患上了严重的胃病，在他办公桌的抽屉里，总是放着一种药——“三九胃泰”。他回到办公室的第一件事情就是打开抽屉，取出一包“三九胃泰”喝下去。当别人问他：“你这样干到底为什么?”他的回答是：“我只想对自己问心无愧。”

第十一次换料检修期间，由于特殊原因，两台主泵机械密封的解体要在原计划只解体一台密封的时间内完成。姚建远班组成员临危受命，任务成了主线，必须争分夺秒完成，否则就要延长换料检修周期，给公司带来严重损失。全班人员连续奋战，加班加点，拧成一股绳，每天工作十几个小时，有时甚至加班到后半夜。为了节省时间，班组成员连吃饭都是在现场的控制区出入口解决的。即使这样，全班人员也没有一个叫苦叫累。正是凭借这样一种责任感和爱岗敬业的精神，班组不仅保质保量地圆满完成了检修任务，还将原计划的检修时间缩短了两天。

**(4) 遵章守纪需要规章约束，建章立制抓好班组管理**

核安全对核电站来说是第一位的。班组成员的安全意识直接影响到检修质量和系统的安全可靠性。在班组管理中，姚建远非常注重班组内外部的安全经验反馈，并且将经验形成制度来促进班组成员遵章守纪，并使他们养成良好的工作习惯。

姚建远不仅经常组织大家学习和讨论班组积累的大量安全生产经验，将这些基于具体实践的经验彼此共享，还及时采集外部经验，通过别人的实践教训提高班组成员的安全意识。为做到对不安全因素的及时发现、总结、交流和纠正，小到一个检修动作是否规范，大到危及人身、设备或者系统安全的隐患，他都拿出来讲，要求班组成员及时回报、及时纠正。在每天的班前会和每周五的安全会上，他都会把安全作为重点来说，总结经验教训，分析安全案例，细致地评估班组近期的检修工作中存在的风险，提醒当事人注意。对刚毕业的年轻人，他一开始就抓好安全教育和培训，把安全行为当作一种习惯来培养。如在一次高压安全注射泵检修过程中，班组成员发现轴套密封圈原安装位置不正确，便迅速汇报并立即进行了修改，及时消除了安全隐患。

榜样的力量是无穷的。2010 年 11 月，因为工作的需要，姚建远调离了班组，但班组的名称没有变，班组的精神仍然在。新来的员工能够时刻感受到姚建远班组的影响力，这成为他们学习成长的动力。

**28. 电务厂月台变电站追求管理创新、创建安全班组的做法**

中平能化集团公司电务厂始建于 1963 年 3 月，担负着平顶山整个矿区的供电任务。该厂拥有 35 千伏变电站 8 座、110 千伏变电站 2 座，主变压器总容量 306 600 千伏安，年供电量达 86 000 万千瓦时，有职工 886 人。近年来，电务厂加强安全管理，实现安全生产无事故；加强党风廉政建设，实现党员无违纪；加强法制教育，实现职工无违纪；加强两个文明建设，实现一年一个新台阶，现有的各项经济技术指标都已达到煤炭行业的先进水平。

电务厂运行二车间月台站变电站是中平能化集团东部矿区的大型自动化枢纽变电站，现有职工 16 人。该站不断优化以创新为重点的班组管理机制，注重职工的自觉性、主动性和创造性的发挥，在班组营造崇尚学习、钻研技能、爱岗敬业的文化氛围，打造出了月台站精细化、标准化、本质安全的特色班组文化，形成了以团队理念为核心的班组精神，全面提升了班组的执行力、学习力、凝聚力和创造力。

电务厂月台变电站追求管理创新、创建安全班组的做法主要是：

**(1) 文化因地制宜，理念融合管理**

"橘生淮南则为橘，生于淮北则为枳。"月台站的班组文化建设坚持因地制宜，根据本班组、本岗位的特点来制定和推进，探索和创新出变电站班组管理新模式，形成了有特色的企业班组文化。

随着时代的发展和设备的更新换代，完善、创新管理制度并坚持制度底线、红线，是月台站安全文化建设的一个重要基础和原则。该站首先对班组"安全活动""反事故演习""事故预想"中一些现有的规定和惯例重新进行了评估，把这些规定、惯例等加以目标化、明细化、制度化，制定了《月台站安全活动要求》《月台站反事故演习制度》《月台站事故预想标准》等精细化、标准化、高层次的规章制度，建立了班组《安全生产岗位责任制》《安全检查制度》《安全教育培训制度》和《安全考核奖惩制度》，完善和落实了《"两票"和现场监护制度》。其次是抓思想认识。从大量的责任事故分析来看，绝大部分安全事故发生在班组和生产一线，其中主要是由于违章指挥、违章作业，以及事故隐患未及时发现和消除造成的。该站把提高思想认识、搞好安全教育作为一项重要工作来抓，通过进行安全责任教育、安全生产方针教育、安全法规教育和典型事故案例分析等定期的班组安全活动，让广大职工吸取经验教训，树立严格的安全意识，真正使各项安全措施落到实处。

严格完善的机制需要长期有效的执行。该站在原来的OPM精细化管理的基础上又进一步精细化和明确化，制定并实施了《日、周、月三位一体精细化管理》，把各类规章制度、安全活动日等融入管理中去，让每人、每天有明确的工作内容、严格的工作标准，班组每周有明确的工作任务，每月有详细的工作目标，从而形成了班组管理的全方位控制、考核新模式。

**(2) 创新岗位培训理念，提升员工综合素质**

电力生产行业是技术含量很高的行业，对职工的素质有较高的要求。怎样提高班组成员的技术水平、搞好技术培训、遇到技术难题组织开展技术攻关，这些都属于月台站班组岗位培训文化的范畴。该站建立了培训教室，设立了培训课堂，成立了班组讲师团队，建立了职工学籍档案，编写了变电站综合自动化培训教案和培训教材等。从初期的强化型培训制度到现在较为科学完善的“学期学分制”，月台站形成了较为完整规范的班组人才培训评价体系，有效地提高了全站职工的安全技术素质。

2009年，月台站根据职工岗位培训新形势、新需要，实施了全新的以“学期学分制”为基础的职工培训考核管理机制，充分利用和放大职工“想学习、想安全”的热情及动力，倡导以人为本，建立起一个好的培训机制，把职工培训纳入这个机制中，实现了从“要我学”到“我要学”的转变。该站的岗位培训坚持从严治学，不走过场、不摆花架子，进行实打实的培训和公正的考核。为树立职工的信心，月台站制定科学可行的激励机制，积极建立了各类相关配套制度，如《学习明星评比制度》《学习小组制度》等，对一些在培训中学习刻苦、业务掌握得又好又快、成绩突出的职工进行奖励，从而树学风、立榜样。月台站把职工分为两个学习小组，设立小组长进行培训管理，既提高了职工培训的效率，又分解了培训的工作量和压力。每个小组也可以发挥职工的智慧，自主搞好学习培训。通过动态考问、期中测验、期末考试等多种考核手段，评出获胜小组并给予奖励，促使小组间的激烈竞争，激发了职工比学习、比技术的热情和动力。

**(3) 培养职工“六个意识”，建设和谐团结的班组**

思想上的和谐统一对建设和谐团结的班组至关重要。该站在班组文化建设中着力培养班组职工的“六个意识”，即安全意识、责任意识、团队意识、主人意识、目标意识、危机意识。

长期以来，该站坚持以人为本的理念，充分利用每周的安全活动日、站例会、月底业务水平测试、黑板报等不同宣传平台，认真深入地向职工内心灌输：事故不是事发后的处理，而是积极采取措施加以预防，安全是确保生产的第一条件的安全意识；该遵守的制度一定要遵守，布置的工作按时完成，对做事的结果负责的责任意识；与同事携起手来，为完成组织的目标，齐心协力、共同努力的团队意识；工作不是别人的事或班组的事，而是我应该做的事，自发地、自觉地对待工作的主人意识；树立尽最大努力才能达成的自我目标，不断挑战，成就和意义就在于此的目标意识；随时给自己充电，居安思危，危机存在的同时充满机会，机会到来时自己已经准备好的危机意识。

通过不同的手段和多种方法对职工的“六个意识”进行长期培养，月台站已经建设成为一个团结协作、积极进取、安全思想意识牢固、学技术爱岗位的优秀安全班组，为电务厂的安全供电贡献着源源不断的力量。

**29. 南宁供电局继电保护一班以团队学习促进个人学习的做法**

南宁供电局成立于1961年，担负着南宁市和南宁、百色、河池地区等26个县（市）的供电任务。经过50多年的发展，南宁供电局已成为广西电力有限公司所属的国家大型一类供电企业，共有500千伏变电站1座、220千伏变电站15座、110千伏变电站48座、35千伏变电站9座，网内输电线路总长度3 286.1千米，配电线路长度3 750千米，现有在册职工1 382人。

南宁供电局变电维护管理所继电保护一班现有成员14人，是一群35岁以下的青年，全部具备本科以上的学历，是一支充满战斗力和凝聚力、朝气蓬勃的队伍，主要承担南宁供电局500千伏变电站、220千伏变电站及部分重点110千伏变电站二次设备的日常维护、事故抢修、技术改造等工作。该班组在日常工作中，扎实开展“创建学习型班组、争做知识型职工”活动，以团队学习促进个人学习，做到了“工作学习化、学习工作化”，学习实践操作知识，不断提高操作技术和技能，使人人练就了一身过硬的本领，并促进了班组的安全管理工作。

南宁供电局继电保护一班以团队学习促进个人学习的做法主要是：

**（1）创建学习型班组，形成四项有特色的工作**

继电保护一班在创建学习型班组过程中，采用多种学习方式，努力提高业务技术水平，逐渐形成了四项有特色的工作。

● 结合供电局“书香南供”活动，建立以继电保护一班为基地的管理所“书香小家”。为方便班组人员日常阅读，营造良好的学习环境，形成“工作学习化、学习工作化”的氛围，使学习成为大家工作和生活的自觉需要，该班组利用自身工作时间的特点，在办公室设立了一个员工“书香小家”。班组成员在书橱中不但能借阅到本岗位的技术资料，也能学习、查阅其他岗位专业领域知识，在不断巩固自身知识的前提下，其他方面的技能也得到了很好的提高。同时，“书香小家”为不同专业的员工提供了交流学习的场地，为把员工锻炼成真正的“一专多能”“精一会二懂三门”的复合型人才提供了有力的帮助，深受员工喜爱。

● 开展“一带一、传帮带”活动，签订师徒协议，使青年员工成长得更快更好。继电保护一班的成员虽然都是高学历，理论水平扎实，但毕竟年轻，对现场设备了解不够，还不能将自己的理论知识与现场工作很好地结合，发挥应有的能量。为此，该班组开展了“师徒结对子”活动。班长林瑞胜亲自牵头，让有一定经验的员工与新毕业的年轻员工签订师徒合同，并制订相应的互帮互助计划，定期开展徒弟间的技术比武活动，例如开展了“检修技能大比武”“二次专业识图”等活动，使各个“对子”在良性竞争中共同提高。

● 开展“人人当老师、每天学一招”活动，注重班前会的工作交流，做到自由交流、资源和经验深度共享。在创建学习型班组活动中，该班组特别注重班组成员间的交流，使各自工作的经验、心得体会得到充分的共享。该班组的做法就是抓住班前会的宝贵时间，前一天工作的负责人对前一天的工作进行小结，把工作中遇到的新问题、新思路、小窍门、危险点都拿出来与大家分享，人人可以走上台前在黑板上讲解，做 5 分钟“老师”。自从实行这个举措后，班组成员参与班前会交流的积极性大大提高。通过每天的学习交流，积少成多，每个人都有很大的收获，既提高了班组的整体技能，也营造了浓厚的学习氛围。

● 注意总结经验，编制班组工作的“武林秘籍”。为了使创建活动能够有效扎实地开展，该班组召开了多次班会，研究和解决在创优争先活动中碰到的难点，力求找到快速提高班组战斗力的关键点。经过分析，发现班组成员交流、总结还不够。由于整个南宁网区几十座变电站保护装置不尽相同，员工只熟悉其中的一部分，遇到不熟悉的只能电话求助，这使得工作效率大打折扣。因此，班组决定由班里经验丰富的员工牵头，编写“工作秘籍”“安全注意事项秘籍”“厂家联系宝典”等工作手册，把工作中的窍门、技巧、危险点及厂家的联系方式都涵盖进去，并放在内部信息网上共享，不断地进行更新。这些“武林秘籍”的编制大大提高了班组工作效率，年轻班员都说，有了它，干起活来踏实！

**（2）确定创建工作目标，努力把班组建设成为优秀班组**

继电保护一班一直把争创全国学习型先进班组作为自己的目标。创建学习型班组，不是对过去班组建设的否定，而是对过去班组建设中的经验和教训进行扬弃，用学习型组织的理论来指导班组建设。通过听取专家授课和对学习型组织理论的学习，班组逐步理清了思路，明确了班组争创全国学习型先进班组的方向，确定了建设“管理现代化、资料标准化、员工知识化”班组的具体内容。

● 管理现代化。用现代管理理论和管理手段来实施班组管理，从原先最基本的生产单位、单一的生产施工型班组变成管理型班组。实现班组计算机联网，将班组管理资料输入计算机，班组成员全部会使用计算机资源。同时，由继电保护一班牵头建立了“变维信息网”，通过网络平台交流工作经验，实现了网络化办公，大大提高了工作效率。

● 资料标准化。针对班组管理、材料管理和技术文件，提出不同的资料标准，对现有资料进行整合，删繁就简，发动员工补齐班组目前没有的技术资料，并把所有资料分门别类地存放在“变维信息网”上，通过网络实现资源共享。

● 员工知识化。从2008年开始，继电保护一班把建设学习型班组与企业发展紧密结合起来，以“读书、进步、文明、和谐”为主题，定位于“建设学习型班组、争当知识型职工”，并以此为切入点，全面推进班组建设活动。“工作学习化、学习工作化”成为班组的运行模式，员工将工作当学问来研究，快乐学习、自觉学习，树立终身学习的理念，不再视学习为负担，营造人人学习新知识、钻研新技术、掌握新本领的良好学习氛围。每个月还在班组会议室安排了业务学习，学习行业和企业发展的重要信息，面对广西经济和广西电力两个最佳发展机遇期，面对电业局发展优势和存在的困难，深入思考班组需做好哪些方面的工作。通过学习，使班员了解了经济、社会发展的趋势，熟知了企业发展的目标和任务，对通过学习提高自身素质与能力的必要性有了清醒的认识。

**(3) 通过创建学习型班组，综合竞争力显著提升**

创建学习型班组，提高班组成员的技术水平和安全素质是适应安全生产形势的需要，也是增强班组战斗力的需要。在创建学习型班组过程中，继电保护一班收获了累累果实，综合竞争力显著提升。

几年来，继电保护一班开展创建学习型班组活动，班组的凝聚力、战斗力大大加强，出色地完成了上级布置的各项工作任务，而且班组成员的危机意识、竞争意识、创新意识、学习观念、职业思维发生了巨大变化，“团队学习”“终身学习”“今天工作不学习，明天学习找工作”等理念正化为自觉行动，在班组内形成了自主学习、追求进步的良好氛围。班组成员经常在一起交流个人深造、提升个人价值的方法和学习经验。在外出工作的间隙，大家也养成了看书交流、钻研技术、勤学好问的习惯，真正形成了“工作学习化、学习工作化”的良好氛围。

通过开展建立学习型班组活动，继电保护一班的综合竞争力显著提升。班组成员的思想道德素质、职业文明程度、科学文化素养和技能水平明显提高；学习能力、竞争能力和创新能力不断增强；班组创新成果及有关的经济技术指标处于同行业前列；班组管理日趋完善，凝聚力增强，自主管理水平明显进步；工作效率明显提高。继电保护一班也因成绩突出，先后荣获广西壮族自治区和南宁市“学习型标兵班组”、南宁市“青年安全生产示范岗”等荣誉称号，班组的多位员工也曾获得区级、市级以及南宁供电局的各项荣誉。

**30. 天津城南供电公司运行班实施特色安全管理模式的做法**

天津城南供电分公司隶属天津市电力公司，组建于 2007 年 11 月，负责和平、河西、津南三个行政区内 110 千伏及以下的电网建设、运行、维护、营销、管理和服务，服务范围达 472 平方千米，服务人口达162万，服务总户数为70.37万户。分公司下设12个职能科室，15个基层工区、车间，在职职工937人。

天津城南供电分公司电缆工区电缆运行班成立于2006年1月，班组由6名成员组成，承担着天津市和平、河西、津南三个区533千米高压电缆的运行、维护、管理工作。运行班自成立以来，以班组安全管理为出发点，运用科学的管理制度、合理的劳动组织、完善的安全措施、规范的生产流程、灵活的应变措施来保障安全生产任务的完成。工作中坚持以人为本的理念，用安全文化的氛围来感化教育员工，在实践中形成了一套“规则守护安全、文化引领安全、亲情呼唤安全”的基层班组安全生产管理模式，并取得了优秀成绩。

天津城南供电公司运行班实施特色安全管理模式的做法主要是：

**(1) 安全无小事，运用规则守护安全**

安全靠管理，管理靠制度。电力行业属于高危行业，运行班的一切工作都本着“安全无小事”的原则，加强规章制度的建设与健全，结合自身特点，总结提炼了一套守护安全的“三必须”工作制度和“三勤”运行工作法。

●“三必须”工作制度，即一切工作必须严格执行《电力安全工作规程》中的各项规定，做到违反安全制度的事情坚决不办；工作必须严格执行《工作票制度》，票面上没有的工作不办，危险点不清楚的不办，工作前必须复诵票面，明确全部内容后再开展工作；工作必须执行《标准化作业制度》，按照作业指导书的内容逐条核对、逐项执行，避免因人为因素造成的工作差异或个人习惯性违章的发生。由班组制定《安全生产目标责任书》，对以上内容的执行进行绩效考核式管理，考核结果与个人奖金直接挂钩，以此规范员工在安全生产过程中按照规章制度办事，形成良好的工作习惯。

●“三勤”运行工作法，即腿勤、眼勤、嘴勤。在运行工作中，需要培养供电运行员工特有的“三勤”，这也是工作性质所决定的。在工作中，运行班要求班组员工把两条腿动起来，在各线段、施工现场、装置设备之间多走动，做到 24 小时不间断地更新信息；工作中要多看，随时注意线位附近的施工情况，关注施工单位的动态，巡视设备时要查看仪表指数，查看测温用蜡片是否熔化脱落等；工作中要多问，遇到施工单位多询问工程进度和下一步打算，向施工单位讲清楚高压电缆的重要性，指明危险点，互留联络方式等。应按照及时发现、及时汇报、及时制止、及时处理的“四及时”工作措施，具体开展各项运行工作，处理各种安全隐患。

运行班自成立以来，坚持用例会的形式树立和强化员工的安全意识，通过每日班前班后会、每周安全会、每月运行分析会布置工作，对其中的安全要点进行分析，找出不安全因素，提出防范措施，杜绝安全隐患，夯实每一天的安全基础，积累安全小周期，实现安全大周期，确保安全生产可控、能控、在控。

班组定期组织员工开展安全学习，更新、传达上级安全工作的最新进展，并使用录音笔记录，将安全学习的内容上传至分公司安全监督管理系统。班组还定期组织学习《电力安全工作规程》，对班组成员进行事故应急预案的演练和提问，开展安全知识、急救知识、消防知识等的学习，时刻提醒班组成员要居安思危，唤醒员工对生命的关爱和对安全的关注，进而从根本上提高安全意识，提升安全管理水平。

**(2) 培育班组文化，运用文化引领安全**

先进文化能给一个集体的持续创新发展提供无形动力，运行班结合企业文化建设，着重培育了班组特有的安全文化。

● 出台《运行班班组六大员职责》。运行班汇总日常工作的需求，给每位班组成员规定了工作职责，出台了《运行班班组六大员职责》，按照安全监督员、技术培训员、政治宣传员、工具材料员、生活管理员、资料管理员的分工向每位班组成员明确了其在班组工作中的职责，在班组中形成了“人人有职责”“我是班组一大员，我为班组出份力”的良好工作氛围，培养了班组成员的人生观、价值观和安全生产的主人翁意识。

● 强化班组建设，实施“6S 管理”。按照整理、整顿、清扫、清洁、素养、安全的要求，运行班对生产资料按照安全、专业、综合三大类进行整理，对库房重新布置，对物料归类存放，制定管理制度，实现常态化管理，保证物资随需随用；对个人更衣箱、办公桌物品摆放等进行定置定位管理，保证了办公环境的整齐划一，提高了工作效率。

● 提炼形成团队的安全愿景，引领班组建设。班组以“诚信、责任、创新、奉献”的核心价值观和“高、严、细、实”的工作理念为引领，提炼形成“我工作、我安全”的团队安全愿景。深入开展“三个不发生”安全生产劳动竞赛，组织全员签名，鼓励争当“安全生产示范岗”；开展无违章创建活动，争创“安全生产先锋”；开展“我为安全献一计”、安全感言征集、发送安全提示短信活动，形成“人人讲安全”的良好氛围；建立班组图书角，开展读书送书、读后感展评活动，分享心得、交流体会、共同提高。

● 发挥榜样的作用，增强员工的荣誉感和使命感。运行班积极借助各种载体为员工搭建展示平台，大力培养、宣传先进人物事迹。近两年，运行班涌现出了舍小家、顾大家的华建等 3 名城南供电分公司“亮点人物”和废寝亡食、情系电缆的张克贵等 2 名奥运保电先进个人。班长周志强更是为确保电缆安全运行，以一名共产党员的大无畏精神，多次制止了大型机械野蛮施工。在海河西路改造工程中，施工方要强行开挖路面并敷设排水管道，并扬言：“谁要是敢挡，就铲了谁!”周志强硬是把抢修车开到铲斗车下，大声喝道：“你要是敢动，就先铲了我!”最后，工程指挥部的领导赶到，向周志强道了歉，并采纳了运行意见，对电缆加以保护，避免了 4 条电缆被同时挖断的特大事故。

在紧张的工作之余，该班组为缓解员工压力，组织班组成员开展了乒乓球、象棋等文体活动，坚持每年开展一次登山游园比赛，这些活动不断增进了集体的凝聚力，使每位员工以健康的体魄投身于工作之中。多年来，运行班形成了“会工作、善学习、增才艺、享生活”的文化氛围。

**(3) 营造和谐的人际关系，运用亲情呼唤安全**

安全为天，幸福相伴，和谐的人际关系是电缆运行班难能可贵的财富。电缆运行的特点决定了24小时弹性工作制，有的现场不管是深夜还是休息日，人员必须到岗，经常和家里的事情产生冲突。多年来，从婚丧嫁娶到买水买电，运行班都充分发挥集体的力量解决个人问题，使员工安心工作。班里总是想方设法地创造条件关心员工，让大家在有出色表现时能够得到肯定和激励；在有困难和需要时能够感受团队的温暖和关怀。每逢班里的同事过生日，大家都发短信，送上推心置腹的话语，作为特殊的礼物。班里还定期召开恳谈会，进行深度交谈，及时消除员工的思想包袱和障碍，使员工产生强烈的归属感，让员工心甘情愿、不计得失地投身于工作之中，营造了和谐的共处关系。

为了发挥亲情的强大作用，运行班还开展了家属安全活动，组织家属联谊、参观生产施工现场、感受运行班一天的工作，使员工的工作得到了家属的理解和支持。开展安全家书征集活动，与家属签订《安全生产保证书》，要求家属做到早叮嘱、晚询问，构筑起安全生产的亲情防线。运行班里有一块展板，展示着每位运行班员工的家庭合影和温馨寄语，每天提示着班组成员安全是家人幸福的保证和源泉。

**电力企业生产班组自主安全管理做法与经验评述**

电力企业生产班组相对于其他企业生产班组有其特殊性，生产作业危险性大，人员素质和技术要求高。因此，在班组建设中必须突出抓好安全管理。班组的安全管理需要班组自身建立自主安全管理机制，同时还需要企业的积极倡导和引导。企业要把班组安全管理作为一项重要的基础工作，从班组安全生产、文明生产、安全培训、基础管理、精神文明建设与民主管理等方面入手，积极开展班组升级工作，从而提高班组的综合管理水平。

在这方面，长春热电一厂开展创建活动，促进班组升级的做法值得借鉴。

长春热电一厂始建于1908年。目前共有3台机组，总装机容量为17万千瓦，年发电能力约10亿千瓦时，年供热能力为300万余吉焦，担负着约500万平方米的供热任务，现有职工1 165人，有生产班组66个。

多年来，长春热电一厂一直把班组安全管理作为一项重要的基础工作，从班组安全生产、文明生产、安全培训、基础管理、精神文明建设与民主管理等方面入手，积极开展班组升级工作，提高了班组的综合管理水平，同时也促进了企业的安全管理水平。截至2010年，该厂已连续10年实现安全生产目标。

**（1）强化班组管理，健全组织，确保工作的开展**

为强化班组管理，2000年年初，该厂设立了以厂长为组长的班组建设领导小组，计划部、工会等相关职能部门为班组建设领导小组成员单位，各分场也成立了以党政领导为组长、班组长为成员的分场班组建设领导小组，形成了厂、分场、班组三级管理组织，健全了厂、分场、班组三级组织机构。班组长直接负责本班组的建设工作，形成了行政主管、工会配合、职能部门参与的班组建设领导体系。

**（2）制定班组升级建设实施细则，完善标准，规范管理**

该厂于2000年出台了《班组升级建设实施细则》，从安全管理、文明生产、设备管理、科技进步与职工培训、基础管理、精神文明建设与民主管理六个方面，规定了各单项百分制考核的内容，明确了班组升级的必备条件：单项评分达到80分、90分、95分以上分别为合格、先进、优秀班组，各项评分必须都达到100分才能够被评为一流班组。发生设备障碍和人身事故的班组的安全指标为零。

为提高班组管理水平，企业加强了对班组升级的日常管理，每季度对班组进行复查验收，每半年进行考评，全年进行总评，确保班组管理水平不断提升。在全年总评的过程中，严格按照《班组升级考评办法》进行等级评定，如果班组发生设备障碍和人身事故，则无权参加全年的班组考评活动，还将被列为考评不合格班组，限期进行整改提高。2010 年，该厂 66 个生产班组中，共评出一流班组 16 个，占全厂班组总数的 24%；优秀班组 18 个，占全厂班组总数的 27%。

该厂还从加强班组安全管理入手，以制度规范班组人员的操作行为，确保安全责任落实到人，实现了安全生产的闭环管理。以执行工作票为例，任何一项检修作业都必须由班组工作负责人办理工作票，工作许可人对作业现场的安全措施确认后，在工作票上签字。工作开始前，工作负责人进行作业危险点分析，对参与作业的每一个人进行安全交底，所有参与作业的人员必须在工作票上签字后，才允许开工作业，从而有效地保证了检修过程中作业人员的人身和设备安全，实现了安全管理的规范化、制度化，提升了企业安全管理水平。

**(3) 以班组长为重点，加强人员培训，提升安全技能**

2005 年以来，该厂将聘任班组长作为一项重要的工作，通过竞争，把懂经营、会管理、技术精、业务能力强的优秀工人选拔到班组长岗位上。2005 年以来，在基层的 66 个班组中，先后有 30 名工人通过竞聘走上班组长岗位，在企业安全生产中发挥了重要的作用。

该厂还将充分发挥班组长的积极性、主动性和带动作用作为提升班组管理水平的一种手段。根据班组自身特点，该厂开展了形式多样、富有成效的培训活动，加强了班组长的日常培训，提升了班组长的安全技能，切实把好安全生产的第一道关口。如运行分场作为机、炉、电运行单位，担负着企业安全、经济运行的重要责任，属于企业安全生产的最前沿。为提高班组长的管理水平，运行分场每月都开展至少两次考问讲解和两次反事故演习，每年完成3 000余次考问讲解和反事故演习，提高了值班员处理突发事件的实战能力。为了全面提升班组成员的安全素质，该厂每年采取“导师带徒”的培训方式，开展“一帮一”日常培训，明确培训内容及培训进度，通过自学、授课、现场答疑、岗位示范、现场指导等方式，取得了较好的培训效果。

## （五）机械企业生产班组自主安全管理做法与经验

### 31. 北方重工集团装配车间钳工三班创建安全管理网络的做法

北方重工集团有限公司位于沈阳经济技术开发区，是在沈阳重型机械集团有限责任公司和沈阳矿山机械（集团）有限责任公司合并重组的基础上组建的国有独资公司，拥有完整的设计、试验、检测和计量手段，有炼钢、铸造、锻造、热处理、焊接、机械加工及装配等现代化装备和完整的生产制造体系，主要为隧道掘进、冶金、矿山、煤炭、电力、建材、港口、化工、环保等行业提供重大技术装备和服务，产品远销世界五大洲30多个国家和地区，在岗员工1万余人。

北方重工集团有限公司装卸设备分公司装配车间钳工三班是一支技术全面、富有战斗力、充满活力的青年队伍。班组现有员工23人，半数以上为大中专毕业的青年人。班组根据自身情况，加强人员培训考核，不断提高员工的技术能力和水平，并创建安全管理网络，强化班组安全管理，取得了连年超额完成任务的良好业绩。

北方重工集团装配车间钳工三班创建安全管理网络的做法主要是：

**（1）选拔优秀职工担任班组长，班组长成为安全领头雁**

班组长是班组的组织者和决策者，也是班组安全生产的第一责任人和安全措施的最终落实者，因此，必须选拔政治思想觉悟高、安全责任心强、技术素质高、管理能力强的职工担任班组长。经过民主选举，范义于2000年担任了钳工三班班长。他上任后便组织班组成员开展班组安全员培训，培训内容包括政治思想、政策法规、文化知识、管理知识、操作技术、工艺技术等多个方面。在班长的带动下，全班工人共同学习，目前有高级技师3人、技师5人、高级钳工12人。

在良好的学习氛围中，班组员工先后有多人利用业余时间自学了大专课程。他们把所学的知识与掌握的技术相结合，并运用到工作当中。班组长组织技术骨干成立了攻关小组，凭借扎实的机械制造专业知识和多年的工作经验，解决了100余项技术难题，完成了30余项技术革新，提出安全合理化建议70多条。他们还总结出了一套“长型堆取料机装配操作，演装的边界及演装工艺”，这项工艺不但提高了生产质量，更重要的是缩短了工作周期。他们还利用边角料自制工装胎具十余台，标准件回收再利用共节约5 000余元，节约润滑脂80余桶，在保证生产通用化、系列化、简便化的同时，还为企业节约成本120余万元。

范义担任班组长的10年间，钳工三班从未发生过工伤事故。班组员工异口同声地说：“现在的辉煌是范义带领我们取得的。”这也应了那句“火车跑得快，全凭车头带”的名言。

**(2) 狠抓班组制度落实，创建班组安全管理网络**

钳工三班率先在北方重工集团有限公司建立了安全管理网络，制定了安全生产目标，完善了班组安全生产制度及各种台账记录。班组自建的10项规章制度有《安全管理制度》《质量管理制度》《设备管理制度》《钳工三班管理制度》《钳工作业操作规程》《钳工三班员工安全文明公约》《钳工三班“四比”制度》《钳工三班“四互”制度》《钳工三班“三重”制度》《钳工三班“一转变”的管理体系》。班组每天必开班前例会，随时传递最新的生产、安全信息，利用班前会向员工宣传安全生产方针政策，分析当前安全生产形势，了解基层安全生产状况和班组安全管理情况。班前会上，班长听取安全员班前检查情况汇报，考察员工是否认真细致地进行了班前检查，并布置本班安全生产工作。班组安全员在班前会开始前，针对当日具体工作强调安全注意事项，提醒职工加强安全责任，确保生产安全。同时，钳工三班还加大了班前、班中的安全检查工作力度。班前，班长范义对本班组所管辖的设备设施进行全面检查；班中安全检查则是由班组安全员每两小时巡检一次，日复一日、年复一年地坚持下来。开展班组安全检查，是坚持“安全第一、预防为主、综合治理”的安全生产方针的要求，也是做好安全生产工作的关键。

根据生产实际，该班组还制定了《关于明确班组天天是安全日、人人是安全员的有关规定》，以制度的形式明确班组安全活动要求，每天进行安全检查，人人既是安全员，也是监督员。班组员工利用业余时间自主学习一些事故案例和钳工等相关工种的安全工作规程、安全技术知识。班组安全活动的记录按统一记录格式填写，要求应到与实到人数相符，所有参加人员必须亲笔签名，没有参加的人员要补学，每次活动记录都有班组长的签字，严格考核。下班前总结一天的安全生产工作，让每个员工都谈一谈各自在这一个班里的安全操作经验、某项操作的特殊体验或安全认识方面的变化，相互交流，并进行示范讲解，以求共同提高。

**(3) 采取“走、看、说、盯、听”五种方法，提升班组安全管理水平**

钳工三班作业面广，技术要求高，生产程序复杂，安全管理难度非常大。为提高班组现场管理能力，充分发挥现场安全第一责任人的职责，班组在狠抓现场管理的同时，制定了班组安全管理考核办法。为了进一步把班组管理好，确保作业现场的安全，班长范义根据自己 10 年的生产管理经验，总结出了“走、看、说、盯、听”5 个字的现场管理基本方法，被员工们称为“五字法”。

●“走”即多走动，在班组的工作场所实行循环走动式管理，全面了解现场工作，确保工作安排无缺失、薄弱地点无遗漏。

●“看”即认真查看现场的各地点、各岗位，仔细查找不安全因素，时刻“擦亮”发现隐患的眼睛。

●“说”即每到一个工作岗位，要把不安全因素或隐患告诉职工，并把最佳的处理方法告诉职工，同时限定在最短的时间内进行整改，在未整改前必须做好安全监控。

●“盯”即现场发生突发问题或发现不安全的地点要尽快解决问题。

●“听”即班组成员班前认真听取副班长对现场的分析和安排，保证分工合理、重点明确。在现场，班长随时听取员工对安全生产的合理化建议，经讨论分析后及时采纳。

**(4) 群策群力，奋发向上，班组创出大效益**

钳工三班是以大型设备的装配加工等生产为主的综合性班组。由于所用工件庞大，使得劳动强度大、操作复杂程度高、安全系数低，可是全班员工没有退缩，勇于挑战。

班长主动研究对策，汲取以往经验，学习新的管理理念。根据班组每名员工的情况和技术水平，组成了5个技术平均、配合默契的装配加工小组。同时，还根据班组成员的特点，组建技术帮教小组、技术攻关小组、现场环境管理小组等。这些小组能随时应对各项工作任务。

2010年3月，钳工三班完成了公司出口印度韦丹塔大型斗轮堆取料机的生产任务。该设备质量要求严，精度标准高，合同交货期短。为了赶时间，钳工三班成立了攻关小组，员工自制了专用工具，还发明了“盲孔”斗轮演装法，将工作效率提高了2倍。班组还实行了两班倒的工作方法，轮流投入生产。经过20余天的艰苦奋战，凭借惊人的毅力，他们硬是用现有的机床设备加工出印度监制人员都信服的产品。

在班长的带领下，钳工三班凭借高超的技术本领及独特的管理方法，成为一支技术全面、富有战斗力、善打硬仗、有强大实力的青年队伍。哪里有难题，哪里就有他们的身影。班组多名员工先后到越南、印度、也门、朝鲜和澳大利亚等国家的工厂现场解决技术难题，为北方重工集团有限公司争得了荣誉，也得到了用户的一致好评。钳工三班的年轻员工，比技术、比学习、比干劲、比速度，互相学习、互相帮教、互相尊重、互相提高，重安全、重质量、重管理，形成了学的是技术、赛的是安全、比的是觉悟、争的是任务、创的是纪录的良好风气。

由于业绩突出，钳工三班先后获得了“辽宁省优秀班组”“辽宁省五一先锋号”“沈阳市铁西区金牌班组”“沈阳市创新型班组”“沈阳市先进集体”“安全示范班组”等荣誉称号。

**32. 黎明航空发动机公司郭维林班形成特色文化的做法**

沈阳黎明航空发动机集团有限责任公司隶属中国航空工业集团公司，始建于1954年，是国家“一五”期间156项重点工程项目之一，是新中国第一个航空涡轮喷气发动机制造企业，是我国大中型航空喷气式发动机科研生产基地。公司主要生产飞机系列发动机、燃气轮机、汽车涡轮增压器、铝型材及其制品等。

黎明航空发动机公司钣焊加工厂郭维林班的前身是氩弧焊班，成立于1952年，前任老班长是全国劳动模范、焊接大王阎德义。班组自成立以来，先后获得各种荣誉210多项，班长郭维林本人曾荣获了“全国劳动模范”“全国技术能手”等荣誉。该班组在生产中，面对各种挑战和考验，知难而进，团结拼搏，锐意进取，大力营造“平安、和谐、发展”的工作氛围，树立正确的学习理念，推动“工作学习化、学习工作化”，形成班组特色文化，使班组持续保持先进，不断取得优秀成绩。

黎明航空发动机公司郭维林班形成特色文化的做法主要是：

**(1) 创建学习型班组，争当学习先锋**

近几年，郭维林班引进了数控机械手焊接机、环形数控自动焊机、真空焊机、大型激光自动焊机、通用氩弧焊机等价值数千万元的设备，并承担着新型发动机燃烧室、扩散器、加力筒体等5 000多道工序、7个较大品种的焊接任务，许多重要工序的部件价值在四五十万元以上，最高的可达100多万元。面对这个工序复杂、技术含量高、质量要求精、设备操纵难度大的岗位，没有过硬的本领是不行的。为此，班组成员必须加强学习，提高技能，打造学习型班组团队。

郭维林班始终把学习作为班里的第一要务，营造浓厚的学习氛围。作为班里的带头人，郭维林自己买书，认真学习焊接工艺学、金属材料学等几十种专业理论。他考取了美国和法国权威机构颁发的焊接许可证，荣获了原劳动和社会保障部颁发的高级技术证书，并获得了我国焊接专业最高等级证书。

为了将积累多年的焊接技术传承下去，班长郭维林将自己40年来的焊接技术心得进行了整理，出版了《郭维林焊接操作法》等书籍供大家学习，同时也带动了班组全体成员自觉学习和钻研焊接技术。班组中4名技术能手编写了《美国进口耐克特自动环形焊的研究与应用》等教材，并在班组论坛上进行交流，不断提高班组成员的业务技能。同时，班组组织全班的技术能手开展“献绝活”活动，并把培养多面手纳入班组的日常工作中，改变了某项加工任务由固定人员负责的局面，使班组中能够胜任重要加工任务的项目团队由原来的1个增加到3个，大大增强了团队的整体生产能力。

近3年来，郭维林班焊接的各种零组件已装配到近千台发动机上，自制工装47种、180多件，攻克的关键技术每年都达20多项，创造经济效益8 000多万元，仅焊接挽救某重点型号发动机火焰筒一项就创造经济效益4 000多万元。

**(2) 创新班组文化，争当文化先锋**

郭维林班与时俱进，形成了独具特色的班组文化。这个班把“目标文化”“创新文化”“和谐文化”作为班组团队文化建设的主基调，称作2134原则（即两个一、三个四）。

“两个一”即明确一个班组文化建设的指导思想：用班组文化凝聚员工，创建学习型班组，提升班组综合能力，带动班组团队建设；确定一种班组精神：超越自我，领先一流。“三个四”即四个依靠：依靠观念来凝聚，依靠制度来保证，依靠文化来管理，依靠学习来提升；四个建设：班组组织建设，班组文化理念建设，班组业务建设，班组制度机制建设；四个提升：提升班组的学习能力，提升班组的创新能力，提升班组的操作能力，提升班组的管理能力。

班组文化建设的内容主要体现在以下四个方面：

● 组织建设。明确结构科学、系统完善的理念，按照实际需要设置了生产、质量、6S、创新、民主管理大员，健全了班组的党小组、团小组、工会小组等组织，形成了以班长为首的班委会。

● 业务建设。贯彻“工作学习化、学习工作化”的理念，制作了重点关键零件的操作流程图表看板，实现了技能共享；开展了班组论坛，组织有一技之长的员工开展技术交流活动，培养了多面手。

● 环境文化建设。营造“快乐学习、运动健康、舒心工作”的氛围，开辟了文化室，配备了计算机、空调、书籍、报纸等，创建了班组管理及文化看板，通过班前会、大员上岗、一日班长、参与工厂班组运动会、与“雷锋班”结对子共建交流等活动，促进了班组的和谐和思想理念的统一。

● 制度机制建设。体现“激励为主、约束为辅”的理念，实施了“双五”机制，即五项考核、五项激励，如对员工的任务目标、质量指标、创新成果、技术提升、6S管理等进行考核，对攻关创新、解决瓶颈、贡献绝活、小改小革、提出合理化建议的员工给予及时奖励。

**(3) 推进系列班组文化建设，体现“四个过得硬”的特色**

通过一系列的班组文化建设，达到了抓文化、促班组、带队伍的初衷，实现了管理过得硬、技能叫得响的班组团队目标，体现了“四个过得硬”的特色。“四个过得硬”包括以下四个方面：

● 学习能力过得硬。为了提高班组的整体技能，班组员工互相学习，交流技术，并对国际一流的先进设备的操作方法进行系统的整理。目前，全班成员全部掌握了三维激光切割机、环缝自动焊机、美国进口设备的全过程操作。在班组 21 名员工中，有公司部级专家 1 名、处级专家 1 名、科级技术能手 5 名、技师 8 名，有 9 名成员分别获得全国、省、市及黎明公司先进技术能手等荣誉称号，涌现出了 2 个全国劳动模范、5 个公司级以上劳动模范。班组成员全部掌握了计算机的初级操作技能，其中有 7 人考取了美国 GE 公司焊接操作证。

● 攻关技能过得硬。某重点型号发动机机匣造价 60 多万元，由于材料特殊，是钛合金，按要求必须在真空仓内焊接。如果从国外引进真空仓，则需要 120 万美元，况且时间也不允许，要达到焊接标准，十分困难。但郭维林班没有被困难吓倒，他们成立了攻关小组，翻阅了大量的技术资料。经过仔细、缜密的思考，攻关小组大胆采用了进气保护方法进行焊接。X 光检验和相关检测的数据表明，焊接质量完全达到了国际质量标准，打破了钛合金在大气中无法焊接的禁区。

● 生产、质量过得硬。郭维林班在日日保节点、周周保进度的基础上，努力实现精品交付。班组采用“三自”“四不”法，推行“自我发现、自我解决、自我提高”的“三自”质量控制模式，全面实现“不接受缺陷、不制造缺陷、不隐瞒缺陷、不传递缺陷”的“四不”质量承诺，并实行“着色焊接质量看板管理”。现在，班组焊接质量一次提交合格率、一次提交准确率均达到 100%。郭维林班的员工经常开动脑筋，通过小改小革和利用新设备来完善现行工艺，解决生产中的难题，提高零件焊接质量。

● 自主管理能力过得硬。为了增强班组成员的自主管理能力，郭维林班实施了“五自”管理，即“自我约束、自控管理、自愿创新、自主工作、自学成才”。同时，还实施了“一日班长”制度，每天由一名员工担任临时班长，协助班长做工作，并在第二天的班前会上对前一天的工作进行讲评，同时班里的生产大员、质量大员、6S大员每周都要上岗讲评。

郭维林班因业绩突出，2005年被命名为郭维林班；2006年被中华全国总工会授予全国五一劳动奖状；2007年被国务院、中华全国总工会联合授予“东北振兴金牌班组”荣誉称号；2008年被中华全国总工会授予“全国工人先锋号”荣誉称号。

**33. 西安飞机工业（集团）公司姚刚班勤奋学习、锐意进取的做法**

中国一航西安飞机工业（集团）有限责任公司是科研、生产一体化的特大型航空工业企业，是我国大中型军民用飞机的研制生产基地，现有职工20 000多名。西安飞机工业（集团）公司自1958年创建以来，始终坚持以军民用飞机研制生产为主，以科技进步求发展，大力开发非航空产品，现已形成集飞机、汽车、建材、电子、进出口贸易等于一体的高科技产业集团。

西安飞机工业（集团）公司姚刚班目前共有14名成员，都是清一色的男性，其中青工占到半数以上，是一支团结合作、善于攻坚克难的团队。十多年来，在班长姚刚的带领下，班组坚持以团队学习为基本形式，在平凡的岗位上勤奋学习、锐意进取、勇于创新、屡创佳绩，2005年荣获西飞（集团）公司“红旗班组”称号。班长姚刚连续多年被评为公司级劳动模范，2002年荣获“陕西省劳动模范”称号，2005年荣获中航一集团“航空企业技术能手”和陕西省“知识型职工标兵”荣誉称号。

西安飞机工业（集团）公司姚刚班勤奋学习、锐意进取的做法主要是：

**（1）立足岗位，不辱使命，认真履行航空报国的神圣职责**

在西安飞机工业（集团）公司，姚刚班主要承担着军用型系列飞机的导弹投放发射、火控电子仪器设备的安装检测和飞机自卫干扰、紫外线警告等系统关键设备的安装。这些工作直接关系到我国航空武器装备的核心部位和关键工序，集中体现着我国航空武器的打击能力和先进程度。可以说，姚刚班的每一个工作岗位都关系着国防建设的发展。

身担如此重任，不断增强班组成员的岗位责任感成为姚刚班的一项重要任务。该班组首先从提高班组成员对岗位重要性的认识入手，让每个人都清楚地认识到自己所肩负的重要使命和责任，自觉地把自己所从事的工作与国家的安宁、荣辱紧密联系在一起，牢固树立“岗位责任重于泰山”的责任意识，使“立足岗位、献身国防、不辱使命”成为班组每一位成员的坚定信念和不懈追求。在进行岗位责任意识教育中，姚刚班注重把岗位责任与国防建设、企业发展、实现个人价值联系在一起，提出了“辛苦我一个，为了两万人”“用力干只能达到合格，用心干才能达到优秀”等工作理念，并使之成为全体成员的共识和工作准则。

通过岗位责任教育和工作中潜移默化的影响，姚刚班每一个成员都深深感受到自己身处这样的岗位是企业领导对自己的信任，是祖国和人民对自己的重托，能肩负起这副重担，是人生的骄傲与自豪。“十五”期间，公司的科研生产任务十分繁重，飞机交付的品种、数量逐年大幅增加，多机种、多型号的生产交付高密度交叉在一起。公司的总装任务能否按期完成，直接关系到企业的发展。超负荷运转的姚刚班为了确保完成任务，在班长姚刚的带领下，认真分析情况，严格执行计划，全班每一名员工自觉按照班里的要求，每天早上主动提前 10～15 分钟到岗，做好开工前的各项准备，以保证一上班就能开工生产，而这一做就是十多个年头。对此，全班每一名员工都毫无怨言。这样的工作态度正是他们强烈责任感的具体体现，是他们航空报国、勇于奉献的不竭动力之源。正是这种强烈的责任感，才培育了姚刚班敢打硬仗、忘我拼搏、迎难而上的工作作风。

**（2）质量为首，视作生命，全力保障飞机交付差错为零**

“质量为首、视作生命”，这是姚刚班每位同志铭刻于心的工作信条，也是这个班组取得一个又一个荣誉和成绩的基石。他们明白，自己的一个微小失误都有可能酿成机毁人亡的大祸。质量安全，逢会必讲，这已经成为姚刚班的工作制度和习惯。抓质量和安全不仅是对工作提出要求，更重要的是把质量和安全保障工作具体落实到每一个工作细节。如大工序工艺弹的安装、弹舱支耳铰孔等，一旦出错，后果不堪设想。每次工作前，他们都要对每个细节进行严格的部署，按程序和要求进行，确保万无一失。

质量警示，常抓不懈。2000 年 8 月的一天，该班一位进厂不到 2 年的青工，因缺乏经验，在连接某重点型号飞机外挂导弹电源线时，因忙于别的工序，忘记了紧固接线螺母，结果在通电时，外挂不供电，脱落的线头把飞机地板打了个洞。飞机一旦上天，后果不堪设想。这是姚刚当班长 16 年来，班里所发生的唯一一次质量隐患。这件事对该班是个极大的教训。

班组员工深刻认识到，飞机质量无小事。一个微小动作都与飞机的安全和飞行员的生命息息相关，必须把抓好质量放在一切工作的首位。为了抓好质量，他们总结经验，制定了严密的监控措施，并采取了几项细节性的措施，具体做法是：

● 把厂里曾经发生过的质量故障归纳制表，经常反思，以此作为警示，避免再犯，并经常召开专题质量分析会，启发大家对问题的认识并制定防范措施。

● 制定严格的质量考核细则，要求每位员工上飞机时必须穿好工作鞋、工作服，带上垃圾袋和与工作相关的装配指令，在地面清点好准备装机的成品、零组件、标准件和工具，工作完毕后清点剩余物品和工具，并把工作现场清理干净，将所有多余物品装入垃圾袋带下飞机。

● 坚持“三检”制度，即自检、互检、检验员检查，并特别强调自检和互检。在个人工序完成后，首先要进行自检，看是否符合技术要求和技术文件，收尾工作及每个细节是否都已准确到位，然后再请班长或同事进行互检，经过层层把关，最后再进行工序验收。发现不合格的地方主动采取措施，力争一次通过检验员的验收。

● 坚持在大工序中统一动作。在进行集体工序时，大家统一听班长的口令，班长在工序进行中不断提醒容易出现质量安全问题的关键点，引起大家的注意。工序完成后，全班人员一起进行收尾检查，并统一清理工作现场。同时，还要求每位成员在工作中发现产品有质量问题或自己已造成质量问题，应立即停止工作，马上报告班长和车间，不得隐瞒，更不能私自进行处理。必须诚信做人、踏实做事，真正努力做到一次做好，缺陷为零。

在近几年交付的飞机中，姚刚班的总检、军检故障条数从未超标，多次受到厂部的质量嘉奖，为公司争得了荣誉。

**(3) 自加压力，不断超越，努力争创学习型红旗班组**

近几年，随着飞机的不断更新换代，新设备和新技术在飞机设计中不断被应用。姚刚班所承担的飞机火控外挂系统、导弹系统和电子对抗系统等高科技产品不断更新升级，工作原理越来越复杂，这对姚刚班全体成员技术业务素质的提升提出了新的要求。只有加强学习、提升能力，才能适应新形势向他们提出的新挑战，才能跟上企业新机种、新机型的发展要求。

为此，姚刚班自加压力、不断超越，按照公司创优争先活动的总体要求，以创建学习型团队为目标，提出了争创学习型红旗班组的具体实施办法。他们明确以全面提高全组职工综合素质为目标，以学习和掌握飞机型号火控技术要求为重点，以经常性的学习制度为保证，以内外结合、新老结合、理论和实践相结合等多种学习方式为载体，深入开展争创学习型红旗班组活动。在具体方法上，姚刚班采取了以下六个步骤：

● 建立“学习角”。在班组内设立了学习资料柜，购买了飞机原理、工程技术、人生理念和管理知识等方面的书籍，以方便职工学习。

● 坚持“每周一讲”活动。利用每天的班前会，坚持每周一次就飞机火控的具体理论或系统操作进行释疑解惑，不断提高职工的理论水平和实际操作能力。

● 坚持系统操作图纸上墙。每当新型号飞机投入生产，他们就将火控系统图悬挂上墙，一个个导管、一条条线路地进行梳理，让每个人对技术资料、技术文件、装配指令和系统工作原理都做到心中有数。

● 鼓励职工业余时间自学。倡导班组员工提升学历水平，以便更好地为企业科研和生产服务。

● 加强内外交流。除了进行技术业务学习时班长的讲课外，他们还把飞机设计人员请到班内进行系统介绍，对图纸和成品资料进行消化，有时还去成品厂向专家请教。

● 重视经验积累。当新设备进入总装阶段进行装机调试时，他们充分利用技术文件和相关理论进行功能调试，认真记录处理结果和故障排除方法，积累经验，以备参考。

通过开展争创学习型红旗班组活动，“在学习中工作、在工作中学习”和“终身学习”的理念深入人心，全员的思想素质和技术水平都得到了提高，很好地完成了公司所有机种机型的火控安装任务。

**（4）相互关爱，情同手足，让班组成为“和谐小家”**

一个集体要有战斗力，首先需要有强有力的凝聚力。姚刚班之所以能在工作中取得这么多的成绩和荣誉，并深受企业和部队各级领导的信任，其中一个重要原因就是他们在班组建设中，始终坚持“以人为本”的管理思想，把尊重人、关爱人、培养人和构建和谐团队作为干好各项工作的基础，使全班 14 名员工团结得就像一个人一样。

姚刚在班内既是班长，也是兄长。他经常讲：“我们共同在做一项非常光荣的事业，我们每天有 1/3 的时间工作在一起，这是我们的缘分，我们应当珍惜。”他工作时冲锋在前，吃苦耐劳，像一面旗帜。生活中，他非常关心每一个班员的生活和思想情况。谁家的老人从外地来看孩子，他都要去拜访，给他们介绍公司的发展和他们的子女在西飞工作的情况；谁家有婚丧嫁娶的大事，他都会组织全班人员参加并帮助做些具体的工作。他对待班组成员一视同仁，奖金分配公开、公平、公正，经费账目定期向全员公布。有一个员工被摩托车意外撞伤住院，伤势比较严重，活动极不方便，班组成员立即去医院看望，在伤者进行各种检查时大家抬上抬下，并且每天晚上留一人轮流看护。人人感到姚刚班就是一个家，在这个家里，大家心情舒畅，工作愉快，班长一呼百应，班员说干就干，从没有推诿扯皮、消极怠工的现象。

**34. 长安汽车集团焊接车间成车侧围小组提升全员素质的做法**

中国长安汽车集团股份有限公司成立于 2005 年 12 月，是我国四大汽车集团之一，总资产 903 亿元人民币，目前已形成整车、零部件、动力总成、商贸服务四大主业板块，拥有强大的整车制造和零部件供应能力。长安汽车集团在重庆、黑龙江、河北、江西、江苏、安徽、浙江、广东等地拥有整车生产基地，有 33 个整车（发动机）工厂和 19 家直属企业，整车及发动机年产能力 230 万辆（台），并在全球 30 多个国家和地区建立了营销机构，产品销往 70 多个国家和地区。

长安汽车集团股份有限公司下属的长安公司渝北汽车制造厂（第五工厂）焊接车间，主要从事长安微车系列汽车的焊接生产，车间 CM8 线成车侧围小组是焊接生产线至关重要的班组，主要承担着 CM8 白车身总成的拼焊任务，是生产线的关键工位。成车侧围小组由 3 名正式员工和 14 名外派合同制员工组成，平均年龄 23 岁，是一支充满活力和战斗力的班组。班组坚持团结拼搏、求真务实的光荣传统，结合班组实际，开展多种形式的安全知识学习活动，不断提升班员的安全素质，增强班组的战斗力，团结带领员工积极主动地开展工作，取得了优异的成绩。

长安汽车集团焊接车间成车侧围小组提升全员素质的做法主要是：

**（1）树立荣辱观，提升全员素质，打造学习型员工队伍**

成车侧围小组针对外派合同制员工较多、人员复杂的实际情况，制定了班组建设措施，倡导“在岗不爱岗将下岗，从业不敬业将待业”的职业观，以增强每个员工的主人翁责任感，实现了人人参与管理的目的。该小组实行能者上和能上能下的方针，全面提高员工的素质，服从焊接车间人性化和柔性化管理，积极寻求员工学习、提高的途径和方法。

● 坚持实施员工互动培训。在生产过程中，小组充分运用 CPS（长安生产系统）管理中的各种工具，克服生产任务重、技术含量高、设备复杂等重重困难，认真结合车间、工段开展的员工互动培训要求，先后在白车身增焊、前后碰撞横梁焊接总成装配等岗位中，通过互换工作岗位、转岗培训、岗位练兵等形式，强化组员适应新形势和新环境的能力，在提高业务能力方面取得了很好的效果。目前，该小组 95％的员工已参加过互动培训，实现了一专多能并能够顺利转岗，车间“培养优秀人品、制造优质产品”的理念在成车侧围小组得以充分体现。

● 坚持开展社会主义荣辱观的学习。为提升小组的创造力、凝聚力、战斗力、向心力，培养良好的职业道德素质，成车侧围小组积极组织全体组员深入学习“八荣八耻”，使全体组员深知社会主义思想道德建设的指导思想、方针、原则和公民的基本道德规范，发扬以集体主义为核心，以主人翁精神为原则，以爱祖国、爱人民、爱劳动、爱科学、爱社会主义为基本要求的行动准则。班组充分利用生产间隙在小组内召开“知荣辱、树道德”座谈会和“荣辱在心中”心得交流会，撰写 20 余篇心得体会和感想，在班组内形成了爱岗敬业、崇尚科学、敬业奉献、追求进步的良好氛围。

● 坚持开展寓教于乐的文体活动。在生产任务十分繁重的情况下，成车侧围小组积极参与车间、工会和团支部开展的体育运动会、消防大比拼、队列训练大汇操比赛、CPS 班组活动经验交流会和 CPS 价值流图发表会等活动，并取得了较好的成绩。小组内部也积极开展组员共同进步谈心活动，“自动自发”“员工精神”“方法总比问题多”“红军精神”读书活动，以及创优争先活动，共计 20 余次，极大地丰富了组员的业余文化生活。小组每周还定期利用生产间隙组织全体组员轮流朗读或传阅一篇公司、工厂、车间的会议文件和一些优秀书籍，如学习公司下发的“CPS 生产管理系统”“成本工程控制”“57 振兴行动计划”“长安 T35 事业领先计划”“长安‘十一五’规划”等文件，以及《没有任何借口》《致加西亚的信》《红军精神》等优秀书籍，让全体组员从思想上、意识上都受到影响，对小组各项工作的开展起到了推动作用。成车侧围小组 2005 年被重庆市国防邮电系统评为“学习型班组”，2006 年被长安公司评为“青年文明号”。

**(2) 统一思想，以“四问”为切入点，让学习成为习惯**

成车侧围小组十分重视员工的学习，在生产任务不忙时，班组每天抽出 1 小时对全组员工进行队列训练；生产任务十分繁忙时，班组也利用待料、设备故障等空余时间进行训练，保证了每周至少有 1 小时的训练时间。这种独特的军事化管理形式和培养团队协作意识的方式，有力地增强了全体组员的凝聚力、执行力、向心力和战斗力，员工遵守安全生产劳动纪律的自觉性明显增强。

为了促进员工的学习，该班组以“四问”为切入点，全面展开多项培训，倾力打造学习型班组。

● 一问：“你会什么?”以前，小组员工都有这样一个误区：自己是一线生产工人，只要具备熟练的操作技能就是一名合格的员工。为了纠正这个误区，让班组员工深刻感受到市场竞争的激烈，班组专门召开了主题班会，共同分析了当前社会的就业情况，以及长安公司、第五工厂的发展形势和大好机遇，同时让大家相互问一句："你会什么？"就是这简简单单的一句话，员工们感受到了生存的危机和竞争的压力，更认同了"进则生、停则衰、退则亡"的生存法则。行为的转变源于思想的转变。班组全体员工在思想观念上逐渐从"要我学"向"我要学"转变，主动学习和勤于思考的意识开始在脑海中形成，班组员工学知识、钻技术的积极性日渐高涨起来。

● 二问："你学会了吗？"为保证班组的培训计划卓有成效地展开，班组把全员培训作为班组人才培养的重点来抓，以"全力提高员工队伍素质，为企业发展提供永恒活力"为目标，成立了以班长为培训组长，以五大员和经验丰富、业务能力强的熟练工人为培训导师的员工培训小组。同时，班组大力提倡"创建学习型班组、争做知识型职工"的学习理念，并根据员工培训需求制订出短期和长期培训计划。同时，班组还制订了详细的实施方案和考核措施，确保了培训工作的全面有序开展。每次培训结束后，老师都要亲切地向学员问一句："你学会了吗？"就是这一句质朴却又发自内心的关心话语，彻底打破了教与学之间的芥蒂，员工也不再因为羞于请教而不懂装懂，互相学习、互相帮助、共同进步的良好学习气氛在班组弥散开来。

● 三问："你进步了吗？"一名合格的员工不仅体现在业务水平的纯熟上，还应体现在个人的思想素质和文化修养上。班组中的党团员不仅积极参与保持共产党员先进性教育和团员意识教育活动，还认真地向组员们宣讲"八荣八耻"的社会主义荣辱观，以自身的先进性带动班组员工的整体先进性。班组通过"一人领讲、大家讨论，共同学习、相互交流""及时宣讲、全员消化""边学边用、学用结合"等形式，定期组织大家学习一些优秀书籍。同时，班组还鼓励员工养成自觉主动的学习习惯，要求员工树立"时时学习、终身学习"的思想。通过一系列活动的开展，员工的学习成果被真实地展示出来。根据展示情况，班组又有针对性地制订了下一步培训计划，以求持续学习，不断进步。

● 四问："你准备好了吗?"一个企业，最关键的因素是人。一支优秀的员工队伍是支撑一个企业不断前进的原动力。可是，面对企业快速发展的需要，员工必须做好充分准备。班组在对全体组员的意识教育中，随时提醒员工时刻做好准备，不要在机会来临的时候，自己措手不及，提醒员工不断地反省自己，时刻准备着。

**(3) 狠抓产品质量，务实创新，不断进步**

在生产过程中，该班组员工始终坚持"不接受缺陷、不制造缺陷、不传递缺陷"的质量宗旨。每天的班前会上，班长都向组员宣传公司的质量方针和政策，要求操作者对自己生产的每一件产品负责，注重每一个细小环节，不断提高产品质量。因此，班组出色地完成了各项生产任务和质量指标，并荣获长安公司"优秀创新质量班组"称号。

为了使大家积极上进，适应多工位操作，该班组在班组内建立了有效的竞争机制，要求每个员工都能够熟练地进行点焊和操作 $CO_2$ 气体保护焊。原来点焊工和 $CO_2$ 气体保护焊工是分开操作的，但是通过短短 3 个月的互动培训，所有的点焊工都会操作 $CO_2$ 气体保护焊，而且 $CO_2$ 气体保护焊工也会操作点焊。在学习的过程中，要求大家多想点子、多出主意，以高度的主人翁责任感来面对工作。按照车间"培养优秀人品、制造优质产品"的理念，班组每月评选优秀员工，并给予精神和物质上的奖励。班组还在小组内搞技术练兵，讲技术协作，坚持"公开、公平、公正"的考核原则，杜绝走形式、走过场，大大提高了员工的积极性，在小组中掀起了"比、学、赶、帮、超"的热潮。这些活动的开展充分调动了广大员工的生产工作积极性，极大地提高了员工的业务能力和自身素质，进一步加大了管理的透明度，在小组内形成了良性循环的体系，营造了一个管理有序、运转良好、持续发展的具有较强生命力的"家"。

### 35. 起重机械公司电焊二组营造勤奋学习、快乐工作氛围的做法

浙江省建设机械集团的前身是创建于 1958 年的浙江省城市建设机械总站和浙江省建筑机械厂，现为浙江省建设投资集团控股的工程机械专业集团，主要从事建设工程机械、电力施工机械、环保机械、金属结构件的设计、制造、销售、租赁、安装、改造与维修等业务。集团现有科技研发公司、起重机械公司、搅拌机械公司、钢结构公司、设备租赁公司、工程机械公司等专业子公司，有员工 1 000 余人。

浙江建机起重机械有限公司是建设机械集团下属子公司，公司的铆焊工段电焊二组现有组员 25 名，其中电焊技师 6 名、高级工 8 名、中级工 9 名，组员平均年龄 27 岁，主要承担各类起重机械产品关键部件的焊接工作。近年来，该班组通过创建学习型班组、健全激励机制、明确奖惩措施，着力营造“勤奋学习、快乐工作”的浓厚氛围，促进组员超越自我、追求卓越，使组员具备一流的学习能力，创造一流的工作业绩。

起重机械公司电焊二组营造勤奋学习、快乐工作氛围的做法主要是：

**（1）与时俱进，更新观念，提升核心价值理念**

电焊二组的很多职工原是农村进城务工人员，为把他们培养成为新一代的产业工人，集团公司和班组注重抓好新工人的入企教育，帮助他们尽快进入角色。入企教育包括进行思想道德、厂纪厂规、质量安全教育；进行岗位技术培训，取得上岗证方可上岗；组织参加班组活动、各种劳动竞赛、群众性岗位练兵和技术比武，帮助他们增强法律意识、文明意识、安全意识和技术技能。

班组通过班前会、黑板报和印发学习辅导资料等形式，组织职工认真学习政治、经济、安全生产等方面的知识，用科学理论指导实践，不断创新班组管理水平，不断提升职工的综合素质，使班组建设与企业发展同步。通过学习实践，班组积极践行集团的文化理

念，牢固树立起以“科学决策、精准执行、高效互动”的管理理念、“用心服务、迅捷服务、全程服务”的服务理念、“开阔视野、激发潜能、提升价值”的人才理念等为主要内容的核心价值理念。

**(2) 完善制度，加强培训，提升班组的学习能力**

电焊二组属于技术性比较强的班组，只有不断学习，加强技术技能培训，才能适应工作要求。为此，班组组织各种学习、培训活动，提升班组成员的学习能力和个人技术水平。

● 完善日常教育管理。坚持举行每日班前会，做到安全生产、产品质量、生产进度“三必谈”，及时总结工作、查找隐患、整改提高。引导、规范职工的工作行为，确保职工的岗位目标与企业目标高度一致。开展每周五学习总结活动，掌握新知识，学习新技能，了解新工艺，确保职工胜任本岗工作，适应企业技术进步的需要，保障安全、文明、优质、高效生产。加强班组民主管理，在组员中广泛开展提合理化建议、劳动竞赛、创优争先、自评互评等活动，形成了自我提升、良性竞争、相互欣赏、相互支持的良好工作氛围。班组坚持做到累积点滴改进、迈向完美品质，发动职工为完善班组管理出谋划策。2012 年，班组共收集整理了 18 条高质量的建议，内容涉及生产组织、工艺流程、转运交接、规章制度等，对不断提升班组管理水平起到了有效的促进作用。

● 实施素质提升工程。坚持“导师带徒”制度，通过“以老带新”“党员带团员”等形式，传授电焊操作诀窍，传承优良的职业精神，加快新职工的成长成才步伐。认真开展技能培训、技术练兵、技术比武、技能晋级和专业技能带头人活动，现在，班组有 6 名组员享受每月 500 元的技师津贴。在浙江建设机械集团组织的电焊工技术比武中，电焊二组取得了 1 个一等奖、1 个二等奖和 2 个三等奖的好成绩，还被浙江建设机械集团确定为大专院校和技术学校的实习培训点。

● 开展专题学习培训。按照国家安全检测部门严格监管的要求，认真组织职工参加安全检测标准的学习培训；邀请行业内的焊接专家上门举办电焊操作技术培训；开展自动焊机、埋弧焊机等新设备操作技术培训；参观其他先进制造业生产基地，学习先进的生产工艺和现场管理经验；开展“焊接设备规范操作保养日”等活动，保证职工遵章操作、文明生产，减少质量缺陷，避免事故隐患；组织职工开展安全知识竞答和安全知识扑克牌比赛等，寓教于乐，进一步增强了班组职工的安全防范和劳动保护意识。

**(3) 立足实际，科学管理，打造工程机械卓越品牌**

电焊二组在生产作业中，立足于班组实际，进行科学管理，打造工程机械卓越品牌。

● 有效提升产品质量。为切实落实“科技创新、专家品质、彰显卓越”的品牌理念，班组号召大家做无差错能手，向零缺陷迈进，严格加强质量管理，不断完善关键部件质量控制制度、质量等级评定制度，积极推行主要焊接件唯一性标识制度，即在每个标准节上都标注生产日期、操作者以及焊接等级，便于质量追溯。优良的焊接质量确保了整机质量的稳步提高。在“5·12”汶川大地震中，一些在西安作业的国内其他知名厂家的塔机发生了折臂、倒塌的事故，而浙江建设机械集团生产的40余台“西湖牌”塔机全都安然无恙，通过了大震的考验。“西湖塔机，大震不倒”，极大地提高了浙江建设机械集团塔机产品在当地及周边市场的声誉。

● 切实保证生产安全。班组的安全管理体系健全、责任落实、管理规范、制度完善，持证上岗率保持在100%。班组坚持不懈地开展群众性的“安康杯”竞赛活动，进一步提高职工的安全生产意识，提高班组的安全管理水平。全面推行“6S管理法”，整治生产现场，整改事故隐患，不断改善作业环境，同时也提高了职工素质，保障了生产安全。2009年，电焊二组还针对气体保护焊焊接时不允许有风、尘烟难以排除的情况，新安装了10台直流风机，切实保障职工的身体健康。

● 提供优质客户服务。班组先后选派技术骨干对杭州西湖文化广场、杭州大剧院，合肥政务新区、经济开发区、滨湖新区，西安曲江南区、政务新区、广厦河滨花园，以及摩洛哥、孟加拉、阿尔及利亚、阿联酋等国内外大型建设项目进行现场焊接、总装。组员们优良的工作作风、精湛的技术水平赢得了客户们的高度信任。技师方春雷在阿尔及利亚拼装焊接和安装塔机时，在恶劣的工作环境和气候条件下，发挥一专多能的优势，发扬连续作战的精神，优质高效地完成了任务，赢得了用户的高度赞誉，为集团拓展中东市场创造了条件。

在电焊二组的职工身上，充分展示了新时期中国产业工人与时俱进、奋发进取、不畏艰险、勇攀高峰的精神风貌。因为学习气氛浓厚、基础管理扎实、职工团结协作，电焊二组连续 3 年荣获浙江建设机械集团“双文明班组”称号，每年都被评为学习型班组、质量信得过班组、“安康杯”竞赛活动先进班组。2007 年，电焊二组还荣获浙江省“创建学习型组织、争做知识型职工”示范班组称号。

**36. 第一机械集团公司宋殿琛班组打造技能型团队的做法**

内蒙古第一机械集团公司始建于 1954 年，是国家“一五”期间 156 个重点建设项目之一，是中国兵器工业集团公司的骨干企业，也是内蒙古自治区最大的装备制造企业。经过 50 多年的建设与发展，公司已成为以重型车辆为主导产业的大型企业，经营业务主要有车辆核心业务、车辆零部件专业化业务、车辆相关业务和辅助产业四个层次。公司占地面积 20 多平方千米，资产总额 151 亿元，有职工 23 000 多人，拥有各类机动设备 10 000 多台（套），其中具有世界先进水平的进口设备 1 000 多台（套）。

内蒙古第一机械集团公司宋殿琛班组是 2005 年由中国国防邮电工会和中国兵器工业集团公司联合以劳模名字命名的班组，现有成员 16 人，其中高级技师 3 人、技师 3 人。这是一群平均年龄只有 31.7 岁的青年职工、一支人人身怀绝技的技能型人才队伍。该班组在生产作业中，面对各种困难，解放思想，坚定信心，迎难而上。全班组从思想意识上提高对安全的重要性的认识，牢固树立“安全第一、预防为主”的思想，转变观念，由消极被动的“要我安全”，到积极主动的“我要安全”，实现了安全生产，成为中国兵器工业集团公司班组建设的排头兵。

第一机械集团公司宋殿琛班组打造技能型团队的做法主要是：

**（1）发扬优良传统，打造人人有绝活的技能型团队**

宋殿琛班组主要从事军品和科研产品的生产试制加工任务。班长宋殿琛是第六届“中华技能大奖”获得者、全国十大知识型职工标兵、中央企业十大杰出青年和全国五一劳动奖章获得者，曾经受到吴邦国、王兆国等国家领导人的亲切接见。当荣誉接踵而至的时候，他感到了肩上责任的重大和团队整体技能水平提升的迫切性。在做好本职工作的同时，宋殿琛把更多的精力投入了班组成员的技术培训和班组的各项管理之中。

为了把班组的每位成员都打造成各具绝活的技能型人才，班长宋殿琛定期组织班组成员进行技术讲座，将特殊材料的加工方法、车刀修磨技巧、异型零件的测量方法、设备改进对加工的影响等多年积累的经验无私地传授给身边的同志。他还利用多种形式使学习活动丰富多彩，首先，请专人主讲擅长的项目，使每名职工的绝技绝活与大家共享；其次，把职工在工作中遇到的问题集中起来，共同研究解决办法；最后，让参加技术比赛的职工把比赛中遇到的各种各样的加工技巧，特别是把其他地区选手的先进技术向全体成员传达，使班组了解到现代车工行业的发展趋势，并参照班组的现状查找差距，开阔了视野，明确了努力方向。如今，班组每位成员都各有所长，成为技术能手。班组首创的军品内油槽加工、阀体阀芯加工、缸体加工、硬质合金刀具加工梯形螺纹等多项特殊加工方法，已成为解决生产瓶颈、进行高科技产品试制开发的关键技术。

宋殿琛班组把建设技能型团队作为凝聚班组合力的手段，针对班组成员的特点，在提高技能方面开展“传帮带、赶帮超、高带低、结对子”活动，为班组成员互帮互进营造了良好的氛围。在日常工作中，班组 16 名成员在技术上互相交流，在工作上互相学习，在生活上互相帮助。特别是班组中的技师、高级技师，对年轻职工从工具的互借、加工方法的研究、刀具的刃磨等方面加强指导并与他们交流，使年轻职工的技术水平得到快速提高，形成了人人有绝技绝活的技能型班组，并总结出了一套独特的车工操作法。

**(2) 以班组建设为平台，全面提高自主管理水平**

宋殿琛班组把“抢急项、保节点、齐创新、创名牌”、实现班组自主管理、创建全国模范班组作为班组的奋斗目标，并紧密结合班组的特点，制定了班组各项自主管理规章制度，打印装订成册下发到每位成员手中，使成员统一了认识，明确了标准。班组严格执行内部管理考核制度，对生产任务、产品质量、现场管理、成本控制进行班组自主管理，与每位成员的考核挂钩，与“三组升级”的奖惩挂钩。

班组根据生产作业计划和急项单，给每张图纸标注生产节点，并在生产中时时关注节点的完成情况，实现了以日促周、以周保月的班组生产管理目标。在质量管理方面，班组强化成员的质量意识，明确提出了“全体成员要对自己的每一刀负责”的口号，加强工序质量控制。班组长、质量员每天巡回检查，发现问题及时纠正，利用班组展柜对产品质量进行公开曝光。基于此，班组成为公司自检班组，2007 年获得了中国兵器工业集团公司“质量信得过班组”称号。在费用控制方面，对成本费用指标进行分解，落实到每位成员，并制定了节约措施，使工具辅料的领用发放做到规范受控。班组每月召开经济分析会，做到“三明”，即消耗原因明、消耗是否正常明、节约措施明。实施小时费用考核后，工具辅料费用呈明显下降趋势。

宋殿琛班组充分利用班组建设平台，实现了班组自主管理，形成了一支凝聚力强、作风过硬、能打硬仗的班组，连续 4 年被集团公司评为“信得过班组”。

**(3) 以人为本，凝聚团队力量，形成班组文化**

宋殿琛班组把团队精神作为凝聚力量、促进班组建设发展的重要内容。为了提高班组的凝聚力，班组将每位成员的座右铭悬挂在班组明显位置，时时刻刻作为指导工作的准则。班组经常组织球类比赛、参观学习、郊游、会餐等活动，凡是公司组织的各项文体娱乐活动，全班成员都积极参加。宋殿琛班组明确规定，每个成员都要发挥“一人有难、班组互助、协力发展”的精神，做到“五必访”，即结婚必访、住院必访、困难必访、思想有包袱必访、员工有伤病必访，从而提高了团队的凝聚力，增进了成员间的友谊。班长宋殿琛还将每个人的工作现场表现录制成光盘，发给每位成员，使家属充分了解车工的工作性质，取得家属对车工紧张工作的理解和支持，从而使每位员工都能够全身心地投入到工作之中，出色地完成了各项军民品科研试制任务，为国防事业做出了突出的贡献。

几年来，在班组全体成员的不懈努力下，宋殿琛班组取得了骄人的业绩，先后荣获中国兵器工业集团公司“五好一准确”先进班组和中国国防邮电工会“创新示范班组”称号，2008 年荣获全国“工人先锋号”荣誉称号。

**37. 液压支架修理厂钳一班奋力打造安全型班组的做法**

中平能化集团机械制造有限公司的前身是平煤集团东联机械制造公司，始建于 1956 年，现有职工 2 691 人，下属液压支架厂、带式输送机厂、机械制造厂等分厂，主要从事矿山设备设计、制造、安装、维修及服务工作。

液压支架修理厂钳一班现有职工 28 人，其中中专以上学历 18 人，作业面积近万平方米，主要从事煤矿液压支架的大修工作，担负着分厂一半液压支架的大修任务。在安全管理上，该班组掌握班组员工的心态、情绪和思想波动；加强现场岗位的安全管理，积极开展安全生产知识培训活动，及时进行现场安全检查，坚决抵制生产过程中的蛮干、不在乎和侥幸心理，铲除各种麻痹大意的思想，较好地规范班组员工的安全行为，保障员工的安全卫生与身体健康，取得了显著的成绩。

液压支架修理厂钳一班奋力打造安全型班组的做法主要是：

**(1) 学习先进，典型引路，全力加快班组建设**

借鉴白国周同志先进管理经验，班组每月月初召开一次谈心会，全班职工坐在一起谈工作、谈学习、谈家庭，畅所欲言，以便及时了解和解决职工工作生活中的实际问题。班长赵建伟经常冲在生产最前线，利用工余时间找职工谈心，了解职工的思想动态，配合分厂解决好职工的后顾之忧。为了做好班组各项工作，更好地把“白国周班组管理法”运用到实际工作当中，在推行亲情式管理的同时，几名班委实行“三包”（包安全、包生产、包质量），班委必须保证每天作业时跟班到位，及时协调解决工作中出现的问题。在抓好现场管理的同时，几名班委每天提前半小时到岗，排查隐患，下班后晚半小时离开，巡查现场。为了不影响正常生产，分厂一般都安排矿上利用周末休息时间运送支架。每逢此时，几名班委都会在没有加班工资的情况下义务奉献，有时一连几个休息日都坚守岗位。时间久了，许多职工都深受感动，开始主动要求替换他们。

班组每年年初都要给每位职工下发班组建设意见征询表，征集有关安全管理、奖金分配等方面的合理化建议，积极推行班务公开，对好的意见予以采纳并给予奖励，充分发挥每位职工参与班组管理的积极性，增强了“我是班组成员，班组靠我发展”的主人翁意识，促进了班组的健康、快速发展。

**(2) 以人为本，齐抓共管，奋力打造安全型班组**

安全是保证企业正常运行的前提和基础，它不仅与企业的发展紧密相连，更与广大职工的健康息息相关。液压支架大修安全系数低、劳动强度大、作业环境差，每天施工的工件重量小的近千斤，大的有十几吨。为了确保安全生产，班组长等几名成员以身作则，每天跟班，及时纠正和制止“三违”现象的发生。根据作业实际，班组制定了《班组作业十项安全规定》《班组安全奖惩措施》等管理制度，严格落实，以确保安全生产。

为了使每位职工真正把安全理念根植于心，班组每周召开一次安全总结会，通报一周来的安全生产情况；每月进行一次安全评比，并在搞好职工自保工作的同时，以每个小组为单元，大胆实行捆绑式安全管理法，同奖同罚，奖罚直接从奖金中体现出来。这不仅增强了全班职工的互保意识，也大大调动了每位职工抓安全、查三违的积极性，营造出“人人都上标准岗、争做安全人”的良好氛围，形成了“个人保小组、小组保班组”的良性循环，开创了班组安全生产的良好局面。

支架解体过程中，时常发现有火工品的存在，以往也发生过爆炸事故。为了从根本上杜绝此类事故的发生，班组制定了“支架送修时由班长查，解体时由组长查，解体中由焊工查”的三级联查制度，形成了责任层层传递、安全层层把关的良性循环。截至目前，全班共排查出火工品 376 枚（管），从根本上杜绝了此类事故的发生。班组设立了党员安全监督岗，几名党员充分发挥潜在职能，讲奉献、出实效，真正做到党员身边无“三违”，多次受到安检部门的表扬，有力地保证了安全生产。

**(3) 班组如家，和谐共进，合力打造和谐型班组**

班组自成立以来，一直传承“团结、互助、友爱、进取”的精神。班组每月都会评比出在工作生活中互帮互助表现突出的个人或小组，并给予一定的奖励，激励全体职工发扬互助友爱的精神，增强职工的凝聚力，营造良好的互助氛围，促进班组各项工作的顺利开展。全班职工自发集资建立了班组互助基金，以备大家不时之需。平时，哪位职工病了，谁家老人或孩子过生日，班组职工都会自发前去看望。分厂洗衣机坏了，看到洗衣工一人忙不过来，几名天车工利用工余时间帮洗衣工把全班的工作服洗得干干净净。老工人朱三星每天早早来到车间，帮全班职工把一杯杯开水接好。2009 年 6 月，职工刘振利因病住院，手术当天恰逢周末，十几名职工自发来到医院，帮助其家人做好手术的准备工作。班组职工每年都会利用周末休息时间组织一次郊游活动，许多职工都会带上家属参加活动。或春暖花开，或秋高气爽，孩子们在田间尽情嬉戏，家属们在一块亲切交谈，这是一个大家庭和睦相处的最好体现。和谐促进团结，团结就是力量。全班近百名职工家属已形成了一个团结的实体，在前进的道路上同甘共苦、友爱互助，奏响了一曲和谐社会的动人之歌，为建设和谐班组、构建和谐矿区奠定了坚实的基础。

**38. 大连燃气公司机修车间钳工班强化班组安全生产的做法**

大连燃气集团有限公司的前身是大连煤气公司，始建于 1907 年，1910 年建成投产供气，2009 年 8 月改建为大连燃气集团有限公司。公司下属单位有前关制气厂、香周制气厂、储配分公司、管网分公司等，主要承担燃气的储存、加压、输送，燃气管网的维修维护，管网设施的安全运行和日常维护等工作。公司现有制气厂 2 座，日供气能力 120 万立方米。全市煤气用户总数 73.3 万户，其中民用户 72.6 万户。

大连燃气集团有限公司储配管理处是供气的基层单位，承担着大连市区管道煤气的储存、输送、加压和混掺液化石油气的制气任务。储配管理处机修车间钳工班主要负责燃气输送设备的检修维护工作，确保所有输送设备设施时刻处于完好状态。该班组落实安全责任，强化班组安全生产管理，倡导安全文化理念，加强班组制度建设，杜绝各类事故的发生，并在促进企业技术进步、节能降耗活动中做出了积极的贡献。

大连燃气公司机修车间钳工班强化班组安全生产的做法主要是：

**(1) 加强制度建设，做好班组安全竞赛活动的保障**

俗话说，“没有规矩，不成方圆”，只有将各项规章制度落到实处，才能保证安全生产。为此，企业要求基层各生产班组坚持每周至少一次组织大家学习《安全生产法》《消防法》等各项国家法律法规，严格落实各岗位《安全技术操作规程》《安全生产责任制》《消防安全责任制》《重大事故应急救援预案》等企业规章制度。

钳工班结合班组的实际情况，积极落实企业的规章制度，明确每名班组成员在安全生产中的职责，增强安全生产的责任感。为此，钳工班结合本班组工作情况，成立了以班长、副班长、工会小组长为核心的班组安全竞赛活动小组，严格贯彻上级文件精神，参照竞赛百分考核标准，开展了以“自觉遵章保平安、提高责任促和谐”为主题的班组安全竞赛活动。同时，在全班范围内发起“查找一处隐患、纠正一次违章、预防一次事故、提出一条建议”的“四个一”活动，通过查找和排除隐藏在身边的事故隐患、为自己和他人纠正一次工作上的违章行为、预防即将发生的事故、及时提出合理化建议等多种方式调动大家工作的积极性，有效地减少了工作中的不安全因素。

**（2）强化安全培训，提高职工技能**

作为大型设备设施的技术维修人员，没有一定的专业知识、丰富的经验和临场应对各类突发事件的能力是不行的。为此，钳工班把强化班组成员的安全意识、提高班组成员的安全技能作为参与竞赛的头等大事来抓。通过开展有针对性的岗位技术大练兵、暑期劳动竞赛、重大事故应急救援预案演练等多种培训，使班组成员把理论知识与实际工作相结合，让“每周一题”“周四班组安全学习”“月底安全考核”成为大家提高自我素质的平台。对于在考核中成绩突出者，月底奖金给予适当增加，此举激发了大家学习岗位技能的积极性。平时，一台新设备、一份新资料、一张新图纸都成为大家争相观摩、研读、传看的焦点，大家在干中体会，在干中提高，在干中创新，努力成为“精一门、会两门、懂三门”的新型技术工人。

2007 年 7 月 3 日早晨 4 时 30 分，车家村储配站压缩机室的一台压缩机在开车前的盘车过程中，出现盘不动车的现象。钳工班闻讯后迅速赶到抢修现场，确定是吸气阀堵塞导致无法盘车后开始进行抢修，经过两个多小时的紧张维修，设备恢复了正常。凭着对工作的高度责任心和对设备多次大修的经验，大家觉得其他三台压缩机也可能存在相同的吸气阀堵塞问题。于是，大家克服阀体备件短缺、现场煤气味大以及连续作战人员疲惫等多种困难，将其他三台压缩机的 64 个吸气阀全部拆除，经清扫后重新安装，保证了设备的正常运行。

**(3) 实现安全管理目标化，发挥职工的主观能动性**

为了充分发挥班组安全目标的管理功能，钳工班在公司年初制定的总体目标的指导下，根据本班组工作的实际情况，制定了明确的班组安全管理目标，形成了个人向班组、班组向车间、车间向处里负责的层级管理体系。通过建立个性化的安全目标和量化考核机制，调动和激发了广大职工参与企业管理的积极性、主动性和创造性，有效地提高了工作质量和工作效率，为企业创造了更多的效益。

在 2007 年 7 月的一次压缩机大修中，检修人员要对大瓦头、小瓦头、十字头和旧腰轴等部件进行更换。班长韩守江发现，只要处置方法得当，这些报废的部件还是可以再使用的。经过充分的论证，并在用自行配置的清洗材料认真仔细地清洗和研磨所有部件之后重新换上，结果压缩机在运转过程中发出轻微的异声。为了设备能在良好的环境下运行，大家不顾辛苦，不怕麻烦，又重新将所有部件卸下，寻找原因，经过又一轮研磨之后再安装。如此反复三次，终于使压缩机运行恢复了正常。此举为企业节省了近 10 万元的大修费用。

近几年来，通过开展班组安全竞赛活动，有效地推动了企业班组安全工作和钳工班的各项工作，提高了职工的安全意识和安全技能，展示了职工队伍的精神风貌，使班组安全管理又跃上了一个新台阶。

**机械企业生产班组自主安全管理做法与经验评述**

班组是企业生产组织的基本单位，是一切安全管理工作的出发点和落脚点。据有关资料表明，90%以上的生产安全事故发生在班组，而大多数不安全因素又都存在于生产一线的工作现场。因此，加强班组建设、强化现场管理是控制和减少各类工伤事故、创建良好的作业环境最为实际和有效的方法，是实现安全生产的重要途径之一。

中国一拖集团公司是以农业装备、工程机械、动力机械、汽车和零部件制造为主要业务的大型综合性装备制造企业集团，员工众多，班组众多。为加强班组安全建设，该集团坚持以人为本，积极采取措施，推动班组建设，并取得了良好的成绩。中国一拖集团公司在生产班组管理上的一些做法和经验值得借鉴。

**(1) 加强班组建设，完善规章制度**

加强班组建设涉及方方面面，必须充分调动和激发班组职工的积极性和主动性，才能收到预期的效果。班组应以班组长为第一责任人，将安全职责分解落实到班组的每一位成员。

● 不断提高班组长的管理素质。班组长的管理素质包括思想素质、技术素质、管理素质、文化素质。具体应做到“六严”：严中有己、严中有章、严中有信、严中有爱、严中有恒、严中有度。班组长应明白，自己就是班组安全生产的第一责任人，有权组织安全生产，有权对班组进行安全教育，有权处理本班组的“双违”现象，有权向上级部门提出有关安全方面的合理化建议，有权调整本组人员的工作岗位，有权建议评选安全生产先进个人。同时，班组长应经常组织班组成员进行学习，不断提高他们的安全意识和自身素质，明确班组的安全目标，明确每个职工的安全职责，熟练掌握本岗位的安全操作规程，使班组形成一个以班组长为安全生产第一责任人的团结协作的群体。

● 制定和不断完善班组规章制度。规章制度是经验的积累，也是从血的教训中得出来的。因而，它是一种人们应遵守的行动准则，具有一定的约束力。班组一是要落实上级的各项规章制度；二是要结合实际生产的需要和具体情况，制定出落实班组长、安全员、职工等岗位安全责任的办法。为此，公司制定了《安全生产责任制管理标准》，规定了从班组到职工个人的安全职责，明确了责任。如要求班组的安全员每天都要在现场查规章、查隐患、查纪律，做到隐患可知、可控，能够整改到位，防患于未然。

**(2) 坚持安全教育，提高职工的操作技能**

安全教育不仅要经常持久、循序渐进，还要寓教于乐，应采取多种形式让职工轻松愉快地接受安全教育。为此，公司利用“安全百日竞赛”“安全生产月”“每周五安全学习”“每天班前十分钟”等活动，通过组织培训、电化安全教育、安全知识答卷等形式，使职工在丰富多彩、形式多样的安全教育中增强安全意识，在思想上由过去的“要我安全”向“我要安全”转变。

● 以活动为载体，深化安全教育内容。活动是深化安全教育的载体，为了不断推进班组的安全教育，公司还组织开展了“三查、三想、三改”活动，即查一查自己的行为是否伤害了自己，想一想发生事故对自己和家庭造成的痛苦，改一改自己不安全的行为；查一查自己的行为是否伤害了他人，想一想发生事故对他人和家庭造成的痛苦，改一改自己不规范的行为；查一查他人的行为是否伤害了自己，想一想他人发生事故给自己和家庭带来的痛苦，督促他人改一改自己不安全的行为。通过“三查、三想、三改”活动，职工的自我保护意识和群体保护意识得到了显著增强。

● 严格执行安全操作规程。制定安全操作规程，是为了更合理、规范、有序地操作。公司针对不同的工种、岗位制定的要求、规定、注意事项或警示，都是从血的教训中总结出来的，是预防各类事故发生所必须严格执行的作业规范。安全操作技术能力则是通过技术培训、学习和在实际工作中逐步积累经验获得的，其中班组的作用很大。公司根据近年来生产条件、环境的变化和原安全操作规程在执行过程中反映出来的问题，重新对各工种（岗位）的安全操作规程进行了修订、完善，编印成册，旨在帮助班组职工更好地学习和掌握安全操作规程。每位职工只有牢记本岗位的安全操作规程，在工作中严格执行安全操作规程，才能杜绝违章作业，确保安全生产。认真学习、严格执行安全操作规程和提高操作技能是相辅相成的，只有不断提高自身的安全操作技能，才能有效地避免事故的发生。

● 坚持预防为主，规范现场管理。公司要求各生产班组在每天工作前召开班前会，布置工作。班前会首先讲安全，要求职工班前、班中、班后“三检”，日清月结，做到人人讲安全、天天讲安全，确保安全生产目标的实现。公司以及各单位领导深入班组、生产现场进行经常性的检查，主要对各班组的工作区域（仓库内的安全通道、货物堆放、特种作业区等）、设备设施（机械设备、起重机械、电气焊设备、电动工具、其他设备等）、行为（劳动保护用品和吊具的使用、习惯性违章、情绪变化等）、软件（安全宣传、学习记录、检查记录、合理化建议等）进行辨别、检查、评价，对评价中发现的问题及时进行整改和总结，需考核的按规定进行考核。规范现场管理应严格体现在安全操作规程的执行上，明确职工在每一时间应该做什么、不该做什么，进一步规范作业行为，克服习惯性违章，使各项工作井然有序。

**(3) 运用科学管理方法，促进班组安全建设**

为了使班组安全管理的职能得到充分发挥，从而实现班组的安全生产，公司注重抓了“三个转变”，即班组安全管理由传统管理逐步向科学管理转变，由被动管理向主动预防管理转变，由自然管理向标准化管理转变。为此，物流中心先后将安全检查表、事故树、生物节律、预先危险性分析等现代化安全管理方法引入班组安全管理，推动了班组安全标准化达标工作的开展。同时，公司给每个班组都建立了班组管理园地。管理园地在安全管理中被称为目视管理.

通过在园地内张挂各类安全管理制度、班组安全管理目标、安全操作规程、班组安全检查记录及个人执行情况，达到了传播安全知识、激励组员、发扬优秀成绩、克服薄弱环节、敦促班组完成安全管理目标的目的，实现了组员的自我调节和自我控制。

实践证明，加强班组建设是实现安全管理的关键所在，是企业生产经营和持续发展的永恒主题。加强班组建设要不断创新，只有创新才能适应生产经营发展的需要；只有扎扎实实地加强班组建设，才是做好安全管理工作的关键。

## （六）其他企业生产班组自主安全管理做法与经验

### 39. 天津港中化石化码头流体装卸队四班全过程安全管理的做法

天津港中化石化码头有限公司是天津港从事散装液体货物装卸的专业化公司，位于大沽沙航道北岸。码头岸线总长 509 米，现有 3 万吨、10 万吨级的泊位各一座，泊位共铺设原油、成品油及化工品管线 39 条，可停靠 2 艘或 4 艘船舶同时作业，可装卸原油、成品油、化工品等货类，年设计吞吐能力为 345 万吨。公司是全国油港中接卸货类品种最多、功能最齐全的散液货物装卸码头，接卸的货类中 80％以上属于易燃易爆、有毒有害危险化学物品，是全国重大危险源及安全重点防范单位。

天津港中化石化码头有限公司流体装卸队四班是从事流体装卸工作最前沿的班组，全班现有员工 28 人，平均年龄只有 25 岁，大多数是农民劳务工。该班组的特点是人员年轻，都接受过相应的教育，有一定的文化基础，因此，他们都明白自己身上职责的重要性，深知所从事工作的危险性。多年来，尽管该班组人员不停地流动，有出有进，但是班组始终把安全工作、把提升每位人员的安全操作技能放在所有工作的首位。班组一直以安全生产为工作核心，通过实行“8S 管理”、卓越绩效管理和全过程安全管理模式，研究制定了特色管理和培训方法。班组自 2002 年组建以来，从未发生过安全、环保等事故。

天津港中化石化码头流体装卸队四班全过程安全管理的做法主要是：

**（1）建立安全培训实操实训基地，提高安全操作技能**

班组建立工作操作手册，保障各项记录的真实、完整、有效。班组各岗位职责、分工明确，责任到人，以保证各项工作的顺利进行。班组结合现场生产操作，利用 PPT 培训教材、电子化考核系统、模拟教具等培训资源，积极开展在线培训及岗位培训，目前班组成员培训上岗合格率达到100％。

新员工入厂时，虽然都有一定的文化知识，但是从没接触过石化码头，也不了解流体装卸，操作技能和安全意识都比较薄弱。因此，班组中的老员工和学历较高的员工积极参与对新员工的教育培训，配合技术人员制作了工作操作流程的视频、模拟器和实物教具，建立了行业中第一个独具特色的一线员工安全培训实操实训基地。每名新员工都要在这个基地进行安全操作方面的理论和实际培训，培训完毕后均要经过电子化考核和现场操作考核后方可上岗工作。通过完整而系统的培训，班组成员在短期内就掌握了基本的工作内容和操作技能。同时，班组还对老员工进行定期的回笼教育，着重实行在线培训。通过科学的培训，班组成员的安全生产意识有了显著提升，安全操作技能明显提高，完成了由工作初期对工作岗位一无所知向熟知工作流程、掌握基本安全操作技能的过渡。班组还凭借实际工作中的努力，在公司每年定期组织的油盘灭火、带压堵漏、输油软管对接等比武竞赛中多次取得单项第一的好成绩。

为提升全体成员的安全意识，保障现场生产的安全，该班组特别注重安全知识的学习。班组严格执行公司工会分类编制的“有毒有害信息卡”制度，并利用班前会重点强调本班次作业货类有毒有害信息，使操作员工在接卸每条危险品船舶时，都能准确掌握正在装卸的危险化学物品的特性和意外接触的应急处理方法，避免因意外造成的伤害。

**(2) 提出“全过程安全管理法”，创新班组安全管理工作**

班组注重阶段管理，形成了作业前预控、作业中监控、作业后总结的“全过程安全管理法”。该管理法是对生产操作全过程的安全管理，需建立班组的工作手册，真实有效地做好工作记录。认真执行放置在码头现场各个泊位操作间内的“现场管理看板”的管理内容（执行主岗岗位职责、现场8S定置图、消防预案、有毒有害信息卡、昼夜船舶动态计划、装卸工艺作业票、HSE危险源卡片），使班组成员充分结合现场工作实际，在执行作业流程上更加规范化、科学化。2010年，在天津市总工会召开的“天津市班组安全建设成果发布会”上，四班代表就“全过程安全管理法”进行成果发布介绍，并在天津市推广。

2006年，为提升公司安全管理工作水平，避免各类生产安全事故的发生，公司工会主导实行了员工安全观察报告制度。四班在不断强化自身安全操作技能的基础上，利用这项制度，主动提交安全观察报告，将工作中查找的安全隐患进行整改。截至2012年，班组向公司上报的安全观察报告中所提出的问题均解决完毕，有效地将码头现场的安全隐患降到了最低，保证了作业现场的安全稳定，也展示了班组农民劳务工在参与企业安全管理、把好班组安全关方面技能的提高、水平的提升。

此外，该班组还利用工余时间组织班内员工学习集团公司及本公司下发的安全活动课题，分析事故案例，并通过学习进行安全自查，不定期地撰写本岗位及个人自查报告，查找自身不足，从而不断提升安全意识。流体装卸队首次成立了以班组长为主的HSE检查小组和防泄漏、防火灾、防潮等应急小组，确保现场生产的安全受控。2010年9月15日，班组的防泄漏小组成功处置了相关库区管线泄漏事件。

为细化现场操作管理，针对重点岗位员工，班组实行了每3个月一次的岗位轮换制度，有效地杜绝了习惯性违章，提高了员工的操作技能。针对新员工的操作管理，班组成员及流体装卸大队骨干开展了“降低新员工误操作次数”的小组活动，该活动使班组获得了2010年度交通部“优秀QC小组”称号。

**(3) 帮助员工解决困难，营造安全和谐的班组环境**

在日常工作中，班组加强民主管理，落实班务公开制度，注重班组文化建设。在集团公司“发展港口、成就个人”的核心价值观的指导下，班组创立了“安全和谐搞生产、团结高效创佳绩”的口号。班组成员积极参与流体装卸大队的民主管理，选举出一名信息沟通联络员，并定期进行更换，随时掌握员工的思想动态，有效地解决了员工在工作和生活中的实际困难，让每位员工在班组都有归属感。

同时，在班内开设班组文化墙，公开班内事务及相关信息，并在原有内容的基础上开辟“班组和机关建设新标准”专栏，使员工及时了解新标准的内容，更好地执行和落实。利用“职工书屋”“职工小家”等载体，定时开展读书讨论活动，并写出读书体会。班组通过多种学习形式培养员工的主人翁责任意识和安全意识，把安全理念植入人心。

由于取得突出的成绩和工作效果，以及创新实行的“全过程安全管理法”，该班组2010年荣获了“天津市班组安全建设优秀成果奖”，同时还获得了天津市“工人先锋号”、天津市“安全优胜班组”的称号，以及获得了2010年度全国交通建设系统“工人先锋号”、全国“工人先锋号”、全国“安康杯”竞赛优胜班组的称号；2011年获得了“全国班组安全建设与管理成果发布活动”一等奖。在流体装卸队四班，班组员工不再是安全生产管理中的弱势群体，而是成为企业做好安全工作的坚强后盾。

### 40. 合肥燃气集团公司制气厂焦炉班不断完善班组管理的做法

合肥燃气集团有限公司始建于1982年，是集天然气储配、销售、燃气设计、管道安装、燃气具制造于一体的市属国有独资大型企业，下辖天然气储配公司、管线运行公司、燃气营销公司、物流供应公司、制气厂、工程公司等实体单位。集团目前拥有30亿元总资产、1 500多名员工，建成燃气管网2 800多千米，管道天然气供应规模和城市气化率在安徽省城市供气行业中排名第一。

合肥燃气集团公司制气厂制气车间焦炉班现有职工86人，主要负责本厂的焦炭生产。该班组自组建以来，发扬“团结、敬业、开拓、奉献”的企业精神，坚持“安全第一、预防为主、综合治理”的安全生产方针，不断完善班组管理，落实各项安全措施，确保了生产安全和职工人身安全，先后获得合肥燃气集团公司“标杆班组”、安徽省建设系统“模范班组”和安徽省“安全班组”等荣誉称号。

合肥燃气集团公司制气厂焦炉班不断完善班组管理的做法主要是：

**(1) 注重安全教育与培训，通过竞赛和班前讲习增强实效性**

安全教育与培训是企业安全管理工作的重要内容，通过教育与培训可以有效增强员工的安全观念，提高班组人员素质，保障制度落实，避免安全事故。

在日常工作中，焦炉班注重学习、教育、培训与生产实际相结合，做到“四有一归”，即学习、教育与培训有计划、有目标、有要求、有记录，学习培训结束后所有资料全部归档。班组充分利用安全例会、班前班后会等多种形式，认真组织大家学习《安全生产法》《岗位安全操作规程》《突发事故应急处理预案》《消防应急预案》等各项规章制度，不断提高班组成员的安全意识和自我保护意识。通过事故案例分析，强化了职工自保互保意识，强化了安全生产的忧患意识，为安全生产提供了可靠的思想保障。

为了进一步营造浓厚的班组安全氛围，焦炉班还制作了安全文化牌板，在重点岗位和职工经常出入处设置了警示牌，张贴了安全标语和安全警句，以形象、醒目的警示语言向职工传达禁止指令、安全提示等信息。焦炉班还开办了安全板报，做到每周更新内容，潜移默化地提高职工遵纪守法的自觉性，在职工内心深处构筑了牢固的安全防线，树立了“安全是法”“安全是效益”的安全理念，实现了职工从“要我安全”到“我要安全、我会安全”的根本转变。

“技能比武竞赛”和“班前十分钟讲习”是焦炉班为增强学习趣味性、调动班组成员的学习进取心而组织的两项活动。“技能比武竞赛”将各种预案的演练与每月组织的班组、岗位竞赛相结合，提升了职工的业务水平和操作技能，提高了突发事故的预见能力和应急处理能力，更使少数人的绝技绝活成了大家的共同财富。“班前十分钟讲习”活动是由一名职工结合工作、生产情况，提出安全主题，讲见闻、谈感受，大家参与讨论。真理越辩越明，是非越辩越清楚，思路越辩越清晰。通过这项活动，使大家在相互启发中思想得到了统一，认识得到了提高，缺点得到了纠正，安全知识得到了充实。

竞赛使焦炉班 17 人获得了市级煤焦炉工高级工资格，班前讲习更使班组形成了一个人人重视安全、个个关心安全的大好局面。

**(2) 建立健全各项管理制度，认真把好“五关”**

建立健全各项管理制度是保证安全生产的前提。焦炉班认真把好“五关”并将其纳入班组绩效考核，是制度贯彻落实的重要保证。

● 建立健全岗位生产责任制，要求班组成员明确职责范围内的安全生产要求，签订安全责任书，牢固树立“安全生产、人人有责”的思想。

● 建立岗位设备巡回检查制度，要求班组成员在岗位范围内不仅要熟练掌握设备的运行特性和生产操作规程，还要对生产设备进行“四定”，即定时、定点、定路线、定项目地巡回检查，发现异常情况及时采取措施，消除隐患、排除故障，防止事故的发生。

● 建立严格的交接班制度，要求交接班人员做到“三清”“七不交”，以确保安全生产顺利进行。

● 班组安全员和工会小组长在开展群众性“查隐患、堵漏洞、保安全”的同时，认真把好“五关”，即措施关，布置生产任务时，看安全生产措施是否得当；防护关，上岗作业时，看劳动防护用品是否按照要求配备齐全，个人劳保衣帽穿戴是否整齐；检查关，班组自检、互检和安全大检查时是否检查到位，做到有检查就要努力查出问题，杜绝“干惯了、见惯了、习惯了”的“三惯”思想；改进关，对检查出的问题要及时加以整改，并对查出的安全隐患做到定整改责任人、定整改措施、定整改完成时间、定整改验收人；奖罚关，每月对安全措施采取得当的班组成员给予奖励，每月评选出一名安全标兵，并给予鼓励，对生产过程中的违章行为等给予严厉处罚，做到奖罚分明。

**(3) 通过现场管理，实现班组作业规范化、员工操作标准化**

生产过程实现规范化、标准化作业是保证职工按科学规律进行生产活动的有效措施。焦炉班通过推行5S现场管理，使生产现场管理规范化和员工操作标准化，促进员工养成良好的行为习惯，使员工遵章守纪意识明显增强。在生产过程中，班组结合推行“一法三卡”，组织员工认真开展危险点排查、分析，制定了防范措施，制作了提示卡、警示卡、信息卡，使员工充分认识本班组安全生产和职业危害中存在的隐患，预测可能发生事故的危险性，并提出超前控制的反事故安全措施，实现了个人无违章、岗位无隐患、班组无事故。

焦炉班积极开展了“十个一”活动，加强群众性安全管理工作，班组有15条合理化建议被采纳。在公司开展的安全警语评比中，班组人员所撰写的“安全像座钟，发条能紧不能松”“接焦稳步前行，倒车易出事故”等3条警语，获得了1个一等奖、2个三等奖，余煤提升机改造、循环水熄焦等技术改造更是取得了明显的经济效益，也创造了良好的安全生产环境。

20年来，焦炉班苦练基本功，熟练掌握安全知识和操作规程，在实行“全员、全过程、全方位、全天候”的动态安全管理过程中，按照“理念渗透、环境塑造、管理推进、行为养成”的工作思路，不断丰富安全管理的内涵，为构建和谐企业打下了坚实的基础。

**41. 北京燃气集团运行三所运行一班实施安全达标管理的做法**

北京市燃气集团有限责任公司组建于1999年9月，主要承担北京市各类用户的天然气销售服务工作。2006年12月，原燃气集团管道天然气业务与非管道天然气业务分离，分立后的燃气集团成为专门从事城市管道天然气业务的公司，公司注册资金19.8亿元，总资产160亿元。燃气集团总部设14个职能部室、1个临时机构，下设5个分公司，3个中心，6个控股、参股公司，现有员工5 000余人。

北京市燃气集团高压管网分公司运行三所运行一班是北京燃气管线安全运行管理的一支专业队伍，是服务保障首都安全稳定供气的一个前沿阵地。该班组现有职工10人，平均年龄37岁，主要负责北京京通路以南、中轴路以东、四环路以内区域及小红门博大路沿线燃气设施的安全运行保障工作。多年来，运行一班围绕安全稳定供气的中心任务，坚持“精细、严格、求实、创新”的工作方针，以设备安全管理为基础，以安全技能培训为重点，以安全制度建设为保障，以安全文化建设为引领，积极开展各类安全达标竞赛活动，在长期的燃气安全运行管理实践中，逐步摸索总结出一套“4×3安全达标管理法”，取得了自班组成立以来安全零事故的成绩，连续多年获得北京燃气集团“十佳安全班组”荣誉称号。

北京燃气集团运行三所运行一班实施安全达标管理的做法主要是：

**(1)“4×3安全达标管理法”的内容**

运行一班实施安全达标管理的做法，主要体现为“4×3”，其内容是：

● “4”，即4个阶梯。燃气安全运行工作包括巡线、检修、施工配合、防外力破坏、安全保驾等多项内容，是一项点多、线长、面广的立体式复杂工程。通过对复杂的燃气管线安全运行管理工作内容进行梳理、总结，抓住本质因素，将安全运行管理工作划分为物质、行为、制度和精神 4 个从低级到高级、从客观到主观、从静态到动态、从有形到无形的管理层面，每一个管理层面就像一个阶梯，每上升一个阶梯，安全管理水平就提高到一个更高层次。

●“3”，即 3 个指标。基于长期运行管理的实践，抓住每个安全管理层面最为核心的 3 个要素，作为检验安全工作的主要指标。围绕指标开展安全达标班组建设，不断丰富、细化和创新指标内涵，努力实现安全管理工作“纵到向底、横到向边”。各层次核心指标具体为：

物质层：设备安全达标、现场安全达标、环境安全达标。

行为层：安全知识达标、安全技能达标、安全操作达标。

制度层：安全责任达标、安全监督达标、安全激励达标。

精神层：安全意识达标、安全理念达标、安全文化达标。

“4×3 安全达标管理法”基于燃气安全运行管理的实际工作内容，既突出层次性，也确保覆盖面，不仅是一种安全管理的方法，更蕴含着运行一班在长期的安全运行工作中总结出的安全理念、管理目标和精神追求，其具体内容是：

安全乘法原理：安全稳定供气是班组安全管理工作追求的核心目标，处在“等式”的右边，只有当等式左边的每一个阶梯、每一个指标都为安全时，结果才可能安全。如果任何一项为“0”，那么安全稳定供气的目标就为“0”。因此，不能放过任何一个影响安全的隐患，不能容忍任何一个影响安全的操作，不能滋生任何一个影响安全的念头。

阶梯精神：阶梯代表层次，是一种方法论，安全目标的实现是一个从低级到高级、从客观到主观、从静态到动态、从有形到无形的不断升华的过程。阶梯同时也表达一种精神，代表着不断向上延伸、不断追求卓越，每一层阶梯都是一个从量变到质变的转折，是一种不断攀升、永不气馁的精神力量。运行一班肩负安全重责，是阶梯上的攀登者，从“要我安全”到“我能安全”，再到“我要安全”，最后到“我为安全”，不断提升、永远进取、成就卓越。

**(2) 细化“物”的安全管理，促进本质安全**

● 设备安全达标。坚持查找设备隐患“三不放过”原则，即安全隐患不排除不放过，故障处理不彻底不放过，原因分析不清楚不放过。实行“设备隐患逆向排查法”和“无责任汇报制度”，自下而上排查隐患，随时汇报隐患，找出隐患并及时主动汇报，不追究责任，克服了定时、定点、定人的常规隐患排查可能存在的时间差漏洞、习惯性盲点死点等各种情况。在班组内开展“设备达标评级”活动，以设备维护保养情况、维修检修计划执行情况、设备台账填写情况、特种设备管理情况等为细化指标，开展达标考核和竞赛评级。

● 现场安全达标。做到生产现场“五化”，即整洁化、清晰化、条理化、定置化、标准化。实行“6S管理”，按照安全要求，规范各类台账格式，统一制作目录标签，分类摆放。对办公环境、硬件设施进行统一定置、统一标识，并责任到人。建立统一规范的安全目视系统，在调压站箱门口、管道、灭火器等显著部位设置安全提示牌、使用方法标牌等。

● 环境安全达标。针对野蛮施工造成管道破坏、燃气井盖丢失、违章建筑占压管线等威胁燃气安全的主要外部环境，运行一班要求巡线员“三勤一及时”，即“勤说”，要说出管网的准确位置，预防外力破坏；“勤看”，施工现场进度快，要经常看，确保监护不缺失；“勤问”，施工现场局面复杂，要问清施工走向，做到提前交底。“一及时”，有问题及时向上级汇报，把隐患消灭在萌芽状态，把工作关口前移。

**(3) 固化“行为”安全管理，促进过程安全**

● 安全知识达标。坚持安全知识、技能培训“四个一”，即每天讲一个安全生产技术问题，每月进行一次岗位练兵活动，每季度开展一次应急预案演练，每年进行一次安全知识技能综合达标考核。开展“班前五分钟安全经验分享”活动，将生活和工作中亲身遇到或了解到的安全事故积极与班组成员分享，对照事故分析原因，总结教训，查找漏洞。

● 安全技能达标。做到提高安全技能“三结合”，即与安全检查相结合，与技术练兵相结合，与安全竞赛相结合。开展班组成员人人担当“兼职小教员”活动，根据各自岗位和分工，参加相应的“基础知识＋专业知识＋基本技能”的模块化培训，掌握后担当兼职小教员。在班组成员中开展上下工序交叉学习活动，通过相互“传、帮、带”，实现一岗多能，提高班组成员安全风险识别和预防能力。

● 安全操作达标。做到安全操作程序化，严格按照《岗位操作规程》《安全技术规程》等标准进行操作，一环扣一环，做到“四负责”，即上道工序要对下道工序负责，环节要对整体负责，班组成员要对班组负责，班组要对企业负责。制订所辖范围内的燃气管线处置预案，明确每段管线两端控制阀门、影响范围、责任人员及下游联系方式，并以“桌演”和现场演练的形式全面落实各项预案的内容。

**（4）强化安全“制度”建设，促进常态安全**

● 安全责任达标。通过民主选举的方法，在班内设定“两长三员”，即班长和工会小组长，安全员、内勤员和设备材料员，并明确各自的管理要求。同时，在安全工作上树立“每个人都是第一责任人，每个人都有监督责任，出了安全事故每个人都有直接责任”的思想意识。

● 安全督察达标。执行“六个必讲”和“六个必查”。“六个必讲”，即班前会，公司、班组的目标、任务必讲；严格按标准操作必讲；安全注意事项必讲；班后会，违规违纪必讲；好人好事必讲；改进措施必讲。“六个必查”，即设备巡视必查，检修质量必查，违规操作必查，安全规范必查，生产现场必查，各项记录必查。另外，铁腕抓安全，狠心查“三违”，主动带上放大镜，把小题“大做”，对违章违纪行为百分之百登记上报，对违章违纪者百分之百按规定处罚。

● 安全激励达标。建立安全达标奖励机制，设立班组安全奖励基金，年初每人提交100元，班组再拿出1 000元，共同组成安全奖励基金，用于各项安全活动的奖励。年末对实现全面无安全事故的成员进行奖励，出现安全事故的，实行一票否决制，奖励全部予以扣罚。

**(5) 深化安全“文化”建设，促进核心安全**

● 安全意识达标。在班前会安全教育中，认真执行“确认精神状态、灌输安全知识、交代安全注意事项、诵读安全理念、进行安全宣誓”等五个步骤，使安全成为一种融入日常工作、生活的自觉习惯。开展“亲情寄语嘱安全”活动，让每一位成员的家属在春节等传统节日，向自己的亲人送出安全关爱和嘱托，让成员从寄语中体会亲人字里行间渗透着的爱意和期盼，增强成员的安全意识，把安全生产与家庭幸福、企业发展联系起来，构筑由“夫妻情、父母爱、子女愿”铸就的安全亲情防线。

● 安全理念达标。固守集团“安全是魂、预防在先”的安全理念，自觉执行企业各项安全规范，努力消灭一切安全隐患；信守“安全就是效益的理念”，常算经济账，做到效益与安全质量达标、安全效果、安全培训等紧密挂钩；坚守“三个可以”的安全理念，即所有安全事故可以避免，只要用心；所有不安全行为可以改变，只要努力；零事故可以实现，只要坚持。

● 安全文化达标。坚持“五观察、五必访”，“五观察”即上班观察表情、工作观察干劲、学习观察态度、吃饭观察饭量、休息观察言行；“五必访”即成员有困难必访、成员请病假必访、成员无故缺勤必访、成员婚丧事必访、成员生日必访，以便及时了解成员的思想情绪、身体状况等，使工作有针对性。坚持民主、公开、人性化管理，建设和谐班组，营造安全氛围。做到在班组内“四公开”，即任务公开、班务公开、考勤公开、奖惩公开。依托安全理念引导、团队精神聚人、亲情教育感染、素质技能提升、安全行为养成五项措施，用文化的力量带好班组，护佑安全。

运行一班通过创建安全达标班组，提高了班组成员的安全知识、安全技能，并把安全意识、安全理念渗透到每一名成员的日常行为和思维方式之中。如今，安全已经成为班组的“灵魂”。

**42. 乌鲁木齐车辆段电器乙班提升班组自管自控能力的做法**

乌鲁木齐铁路局地处西北边陲的多民族地区，属全国铁路网末端，管辖兰新、南疆两条干线。乌鲁木齐车辆段是乌鲁木齐铁路局客车定检和运行保障的客车段。近年来，车辆段坚持科学发展观，视安全生产为客车检修中的重要组成部分，分层次、分工种抓好安全关键点，特别是对快速客车、空调客车采取超常规架车整修，使客车走行部、钩缓装置和制动装置等安全关键部位得到了彻底整治，客车关键部位质量始终处于可控状态，客车段检修能力从 800 辆/年上升到了 1 200 辆/年，年产能提升了 50%。

乌鲁木齐车辆段三机车间电器乙班现有职工 46 人，主要承担 16 对固定列车及专特运、临客列车的电器设备、发电车、单元机组的日常检修、维护和保养工作。近年来，电器乙班坚持素质优先、从严管理的工作思路，强力推进自控型班组建设，班组各项工作取得了长足进步。2009 年全年，班组自控率达到 89.39%，“三零”率达到 98.6%，连续 4 次被段评为“自控型班组”。截至 2010 年 6 月 6 日，实现安全生产 1 140 天。

乌鲁木齐车辆段电器乙班提升班组自管自控能力的做法主要是：

**(1) 坚持从严制胜，强化自控型班组管理**

电器乙班坚持在严格执行制度上不打折扣、在攻关整治上不留死角、在关键环节控制上不讲情面，让严格落实标准成为班组共同的行为习惯、行为准则、班组文化，变“要我标准”为“我要标准”。

● 认真落实基本制度，实现管理受控。在规章制度的落实上，他们坚持“违章再轻也是违章，标准不执行必须处罚”的原则，运用生产网络对标准的落实进行考核，在过程中实施控制，从工长这一层就开始严起来，对出现的违章违纪坚决不搞“下不为例、小事化了”。2009 年上半年，班组无一人触犯段 10 条“安全质量高压线”，无一人受到段一级的通报处分。针对现场职工在修车中存在的赶超进度、漏检漏修、简化作业等问题，在职工作业前，由工长在关键部位投放“故障牌”，职工在执行作业标准的过程中查找“故障牌”，未发现“故障牌”的按规定考核，发现的给予奖励。在作业中设置并查找“假设故障”的做法，有效地提高了职工的标准化作业水平。经过近 1 年的实施，职工在作业中查找“故障牌”的达标率达到了 87.5%，班组人员受上级部门日常通报下降了 21%。

● 扎实开展专项整治，实现安全受控。电器乙班把专项整治作为消除客车电器安全隐患的有效手段，根据车间制订的整治保养计划，定期组织开展循环往复式专项整治和预防性保养维修，在班组实行整治、保养“三个一”，即每月对电器设备进行一次保养，每周开展一个项目的专项整治，每日对车间安全控制点进行一次重点检查。变阶段性整治为循环往复式整治，变状态修为保养修。截至 2010 年 3 月底，他们共开展专项整治 56 项，在整治过程中防止典型安全隐患 47 件、重大安全隐患 11 件。

● 从严控制重点环节，实现关键点受控。电器乙班针对车间在电器检修网络中确立的 14 个安全关键点，按照易发生问题的检修时段、作业项目、薄弱人员，划分了 3 个关键卡控对象，将列车密集到达检修时段、节假日、登高处理故障、带电处理故障及新转岗职工作为重点，实施严格控制。通过对 3 个关键卡控对象的联防互控，借助新技术、新工艺的辅助控制，实现了安全关键点的持续受控。以往，他们检查判断电器配线故障主要依靠眼看、手摸、点温计检测，受时间、载荷、人为因素的影响，误差较大。2010 年以来，通过在接线端子处粘贴感温胶贴，利用感温胶贴受热变色的热成像技术，判断电器配线发热、松动故障，有效地控制了电暖器配线打火故障的发生。自使用感温胶贴以来，共发现接线端子过热的车辆 11 辆。

● 落实节约开支措施，实现检修成本受控。根据班组成本控制需要，电器乙班制定了《材料实名领取制度》《班组成本周分析制度》，规定班组人员用料一律由本人领取，每周要对材料支出费用进行统计分析，将每月成本计划合理分配到每日、每列车，确保班组检修成本控制在计划范围内。同时，加强故障判断的再确认，降低了故障误判率，缩小了换件修的范围；强化了状态修的管理，做好废旧配件的回收、修复和再利用，做到了少花钱修好车，甚至不花钱也能修好车。经过 2009 年全年的努力，班组成本控制收效明显，截至目前，材料成本节约 29.4 万元；开展修旧利废 17 项，修复电器配件 523 件套，节约开支 37.7 万元。

**(2) 坚持素质制胜，加强班组自主管理**

按照路局、段和车间总体工作的要求，坚持开展“大学习、大练兵、大比武”活动，在业务学习的质量上狠下功夫，在职工业务素质提升的同时，其优势和效应延伸到了班组管理的各方面，为提升班组自我管理能力注入了活力。

● 以业务素质提升为目标，持续推进“学练比”活动。具体做法：一是工长带头督促学。班组把业务学习的“小课堂”与生产实践的“大课堂”结合起来，开展“半工半读”式学习。生产不忙时，组织实操演练；生产忙时，坚持自学，利用班组点名会集中学。突出对作业指导书的学习，在班组点名会上讲解典型故障出现的原因和排除方法，强化业务学习的实效性。坚持班前“每日一问”制度，由工长对班组人员“应知必会”进行提问，促进班组全体人员共同提高。二是骨干辅助帮助练。针对班组新转岗职工多、业务技能偏弱的实际，开展“一对一”“手拉手”传帮带活动，以转岗职工、青年职工为传帮带对象，由班组技术骨干、小组长每人带 1 名徒弟，师傅上车近距离指导和现场讲解，使徒弟的基础理论知识、故障应急处理能力和检修技能得到快速的提高。三是贴近实际全员比。班组一方面以小组、个人为单位，每月组织 2 个包车小组开展对抗赛，将比赛成绩作为小组月度绩效评比条件，同时作为班组人员岗位达标评定的主要依据；每季度开展一次班组业务技能竞赛，对竞赛成绩优异的小组、个人给予奖励，并推荐参加车间、段组织的技术大比武。另一方面，借助段开展的“百千万辆”劳动竞赛，将职工每月防止事故发生的数量及安全、质量、路风等方面的业绩，按等级加减核算后，将业绩突出的优胜者报段、车间申请表彰奖励。截至 2010 年 3 月底，班组开展对抗赛、技能竞赛 17 次，并推荐 2 名业务尖子参加段技术大比武，在“百千万辆”劳动竞赛中取得了车间排名第一的好成绩。

● 以业务技能水平为依托，优化调整劳动生产组织。段推行劳动组织改革后，班组的生产任务由每天 13 列增加到了 16 列。面对新情况，电器乙班根据现场职工的业务水平，适度调整了劳动组织，将原来的 4 个包修小组整合为 2 个大组，每个包修组各承担半列车的检修任务，使单列车的技检时间压缩了近一半；对于密集到达的入库列车，以 2 个包修组为主，以发电车、轴温报警器检修小组为辅同步并行作业，有效地提高了技检作业效率，保证了正常检修和应急抢修两不误。

● 以业绩综合评判为主导，深入推行岗位环流竞争。2009 年以来，工段在各个岗位开展“关键重点岗位”考评认定活动。该班组为此建立了班组内部关键重点岗位竞争环流制度，根据班组管理系统记录的个人月度达标考试、安全绩效等基础信息，每月对关键重点岗位人员的业绩进行综合性评价和排序，并依此分工种、按岗位实施动态调整。同时，将班组奖金分配向关键重点岗位倾斜，向关键岗位上的有功人员倾斜，给在岗员工以压力，给不在岗员工以动力。管理制度的实施，使职工真切感受到，有了关键重点岗位的“身份”并不代表就有了“岗位”，想要有岗位，还要靠业务素质和安全业绩说话。

**(3) 坚持思想制胜，强化班组基础建设**

职工队伍的稳定是班组建设的前提和基础，因此在加强管理手段的同时，认真开展“一人一事”思想工作，从而转变和提高职工的安全思想意识和大局意识。

● 转变管理认识，筑牢班组管理根基。班组基础建设是班组安全文化的一个重要体现，同时也反映了班组的技术力量和管理水平。班组通过对员工进行认知教育，通过每月的“专题安全分析会”，使班组成员首先从思想上转变认识，把以前认为的“班组安全文化建设只是表面文章”彻底转变过来，将工作中遇到的问题以书面形式体现在班组基础台账中，并结合班组现场实际工作，提出注意事项，严格各项规章、标准的落实和执行。同时，把班组基础建设与安全质量相结合，如由班组长和质检员对每班次检修的 16 列车体进行复检，2009 年全年共发现问题 768 件，并由班组长进行监督整改，提高了客车的检修质量，与 2008 年相比，故障率下降了 32%，收到了显著的成效。

● 转变职工思想，稳定职工队伍。电器乙班充分认识到政治思想工作的重要作用，在新形势下，做好班组人员“一人一事”思想工作是加强和改进班组建设工作的重要环节，在整个班组基础建设工作中占有重要的地位并发挥着重要的作用。班组在日常管理中坚持开展“一人一事”思想工作，做到“五必谈、两必访”。一是奖惩必谈，即职工因安全质量、违章违纪考核，罚款达 100 元时，班组长与其进行交流和谈心。二是思想波动必谈，即职工因奖金分配或对分配制度不理解而产生思想情绪时，由班组长做好耐心细致的解释工作。三是生产任务变化必谈，即对生产任务增加、未完成生产任务需要加班的职工做好思想工作。四是岗位调整必谈，即对新分配、转岗职工，班组长要与其交流和谈心。五是有实际困难必谈，即班组职工因生活遇到困难或家庭问题造成思想情绪不稳定时，班组长与职工进行交流和谈心。“两必访”是当职工因病住院和遇有婚丧嫁娶时，班组长要进行走访。截至目前，班组谈心交流的职工人数达 17 人，解决思想问题共计 21 件。他们充分认识到职工队伍稳定的重要性和必要性，着力扩大“一人一事”思想工作的覆盖面，不但针对问题职工进行谈心，同时通过每个月度班组“民主对话会”“政治理论学习会”在全班进行思想教育。班组“一人一事”思想工作不但由班长来做，而且还发动班组骨干和党员共同参与，充分发挥班组 13 名党员、骨干的作用，实现班组全员互动，起到“以点带线、以线成面、以面成体”的作用。

### 43. 三峡通航管理局船闸运行维护四值提高综合素质的做法

长江三峡通航管理局是交通部长江航务管理局设在宜昌、主管长江三峡河段通航业务的专门机构，负责长江三峡、葛洲坝水利枢纽通航建筑物及其配套设施的运行、维护、管理工作。全局职工 908 人，有机关处室、局直属单位 18 个，主要业务部门有船闸运行管理单位、三峡海事、航道局、通航工程技术中心、通信信息中心等。

长江三峡通航管理局三峡船闸运行维护四值，是一个由 18 名职工组成的基层班组，主要负责当班期间三峡双线五级船闸的安全运行、设备维护、故障处理和设备消缺修理等工作。近年来，该班组结合船闸安全运行中心工作和班组自身实际情况，不断探索创建学习型班组的有效方式，制定学习型班组组织管理制度，明确实施细则，实施短、中、长期目标检查考核，稳步提高职工的综合素质，提升班组的管理水平，确保了三峡船闸的安全畅通。班组荣获湖北省“学习型标兵班组”称号，2007 年荣获湖北省五一劳动奖状。

三峡通航管理局船闸运行维护四值提高综合素质的做法主要是：

**（1）导入学习理念，转变工作观念**

三峡工程拥有一流的设计、一流的建设，也必须要有一流的管理。面对设备繁多、技术复杂、自动化水平高的三峡船闸，职工的文化素质、专业理论、维修技能和管理水平都有不小的差距。压力转变动力，危机产生使命，班组职工充分意识到要管理好三峡船闸，胜任自己的本职岗位，必须不断地学习新的理念、知识、技能和管理。他们通过到三峡电厂、长江水利委员会等单位基层班组学习和考察，组织职工观看《创建学习型组织》等学习励志电教片和书籍，使职工们充分认识到学习是自身生存和发展的动力和源泉。为此，职工结合不同岗位的特点树立了“干什么学什么，缺什么补什么，练什么精什么”的学习理念，逐步建立了“工作学习化、学习工作化”的学习观，切实由“要我学”转变为“我要学”。全班职工思想高度统一，把创建学习型班组定为班组管理和发展的中、长期目标。

班组在“创优争先”活动中着力解决好“五个定位”，即在学习动力上定位一个“需”字，在内容上定位一个“精”字，在方式上定位一个“活”字，在态度上定位一个“实”字，在制度上定位一个“严”字。班组把学习与日常工作融为一体，结合每名职工的特长和不足，量体裁衣，因材施教，为每名职工设计制定个人学习发展愿景和规划。主、副主管学习管理，班员学习执行；老职工学习理论原理，年轻职工学习实际技能；电气专业人员学习机械液压，机械专业人员学习电气，形成了一种互学互补的良好氛围。

**（2）结合班组中心工作，创新形式，持续开展职工培训**

确保三峡船闸安全畅通，是班组各项工作的落脚点。为了保证船闸安全畅通，就必须持续不断地组织职工进行技术业务学习和培训，让职工尽快掌握设备的性能，积累维修的经验，练就故障处理的真功夫。为此，班组建立了全员基础理论技能学习和维修骨干有针对性重点学习的两层学习构架。制定并实施“123456”学习工程，即每月进行1次岗位技能考试，演练2个事故应急处理预案，讲解和分析3个常见运行故障，提出4条安全运行合理化建议，进行5次现场突击考问，累计6个小时的自学时间。班组每季度还组织一次各岗位的工作经验交流，每半年组织一次典型故障案例分析，每年完成2项群众性科研成果。

运行维护四值开展“创优争先”活动的主要方式有：

● 实行月度业务技能思考答卷、讲解及实际操作验证。思考问卷突出锻炼、提高职工综合分析判断和解决实际问题的能力，紧密结合实际工作。要求全员认真思考，独立答题，按时交卷。设备管理小组对答卷进行综合评定，作为月度处、班两级考核的重要参考。之后对思考题进行集中讲解，并进行实际操作验证。

● 开展“传帮带、结对子”活动。班组将职工培训与日常工作有机地结合起来，互学互助，共同提高。班组按岗位、工种一对一结成8组对子，在日常设备消缺修理、故障处理、技术攻关、学习和培训中，安排结对子人员共同参与。在共同参与的过程中，相互进行理论和实践交流、探讨和培训，达到共同提高的目的。

● 定期对设备运行故障进行分类汇总，建立典型故障案例档案，组织职工学习。针对三峡库区蓄水156米、船闸单线运行和完建等特殊时段，班组从一开始就进行强化事故预想、故障处理、预案演练等应急处置能力的培训。每月在处技术主管、安全主管等的指导下进行一次有针对性的运行、设备、安全等方面的实战演练专题活动。

● 积极开展“五小”、QC、经济技术创新、合理化建议等群众性活动。他们的QC小组是全国交通行业优秀质量管理小组，3年来，小组围绕船闸故障频发和技术难题进行现场攻关，围绕防止船闸出现障碍、断航进行事故预想和建立应急处理预案，其中“降低三峡船闸二闸首人字门合拢停机故障率”“降低三峡船闸桥机抓梁穿退销故障率”“船舶防撞装置应急提升控制回路”等一批创新成果先后获得交通部、长航局的表彰。班组在完成日常工作之余，还主动参与交通部、长航局、南科院、三峡局科研课题的研究。

● 根据个人所需，成立兴趣学习小组，自定课题，主动攻关。他们的 PLC 小组利用工作和休息时间，对船闸现有地子站故障报警程序进行分析研究，整理出常见故障触发条件，对运行中的故障分析判断起到了极大的帮助作用。

● 逐步实施计算机网络培训。利用局域网进行经验交流和技术共享，收集西门子 PLC、力士乐液压阀件等专业理论和资料，在班务管理计算机上组织职工进行学习。

● 在重点突出岗位业务技能培训的同时，兼顾思想政治、班组管理、安全教育、班组文化等层面的学习和熏陶，力创学习型和谐班组。

● 通过班组管理和经验总结，逐步实现精细化管理。他们不断探索、总结并形成了班组“五化”精细管理，即工作岗位姿态面貌规范化、工作任务分工负责细致化、工作实施协调配合一体化、工作流程翔实具体标准化、工作结果检查考核数量化。制定详细的实施细则并严格执行，使工作质量和效率稳步提高。

**(3) 提高班组各项管理工作水平，创建学习型班组**

学习型组织可以使班组的管理水平达到更高的层次。“创优争先”活动的开展，使职工有了终身学习的意识，职工的文化和操作技能明显提高，设备故障率明显减少，船闸通航率明显提高，社会效益和经济效益凸现。加强了职工的相互沟通和了解，营造了团结和谐的班组氛围和班组文化，激发了职工学习技术、技能的热情和主动性，不断提高了业务技术水平，提高了班组各项工作管理水平的综合成效。

●“创优争先”活动的开展，使职工有了终身学习的意识。“不学习就不能胜任现在的岗位要求，不学习就要落后于团队，不学习就会在岗位竞争中落伍”成为大家的共识。职工把学习与自己的进步、与确保船闸安全运行、与为班组争荣誉有机地联系在一起，职工的思想面貌明显改善，工作热情高涨，工作执行力、创造力得到激发。

●“创优争先”活动的开展，使职工的文化水平和操作技能明显提高。目前班组中有2名职工在攻读工程硕士学位，7名职工学习大专、本科课程。选送2名职工到国有大型企业进行专业技能的深造，有6名职工的岗位技能等级在竞争上岗中得到提升，2名职工获得长江三峡通航管理局“集控操作能手”称号，1名职工获得长江三峡通航管理局“青年岗位能手”称号。职工的专业理论和操作技能特别是故障应急处置能力不断提高，为确保船闸安全畅通打下了坚实的基础。

●“创优争先”活动的开展，使船闸设备管理水平明显提高，未发生一起设备安全事故。设备停机故障率由运行初期（2003年三峡船闸投入试运行）的5.17%降到目前的0.79%。

●“创优争先”活动的开展，使船闸运行效率明显提高。通过开展岗位技术练兵，不断优化船舶调度排挡流程，大大提高了船闸运行效率，三峡船闸日运行数已由最初的16～17个闸次提高到27～28个闸次，最多时达到32个闸次，效率提高了65%以上。

运行维护四值作为一个班组，自成立以来，通过加强安全培训、经常性地开展消防安全演练和设备设施应急处置演练、严格执行施工许可制度，确保了运行设备始终处于良好的工作状态，未发生一起船闸碍航事故，未发生设备和人员安全事故。

### 44. 帘子布公司纺丝丁班强化基础管理、创建高效班组的做法

神马实业公司位于河南省平顶山市开发区，注册资本为人民币12亿元，是尼龙工业丝、帘子布的龙头企业，其中帘子布的国内市场占有率达到30%，而60%的工业丝用于出口。主营业务是生产和经营尼龙系列产品及相关化工原料、化工产品。2008年12月，神马集团与平煤集团合并成立中国平煤神马能源化工集团。

神马实业公司帘子布公司原丝一厂纺丝丁班有员工32人，多年

来始终以“一流的管理、一流的队伍、一流的产品质量”为目标，团结拼搏，开拓创新，以班组建设为平台，以提高职工素质为切入点，紧紧围绕安全生产，狠抓基础管理，把完善绩效考核制度、运用激励机制作为工作的重点，不断提升班组管理水平，收到了较好的成效，实现了操作程序标准化、工作环境有序化、素质提升全面化、效益目标最大化。该班组因成绩优异，连续 7 年被公司评为“十佳班组”“优秀班组”“安全达标班组”，2008 年被河南省评为“创新型班组”。

帘子布公司纺丝丁班强化基础管理、创建高效班组的做法主要是：

**(1) 用严格的制度落实目标任务**

俗话说，“没有规矩，不成方圆”。良好的班组管理只有建立在制度约束的基础上，才能够确保各项工作有章可循、规范有序。为此，该班组逐步建立健全行之有效的制约机制和激励机制，把责任目标落实到每个职工；推行“包区段制”，使岗位责任进一步量化、细化，切实做到人人有事做，事事有人管；通过班前班后会、技术讲座、“三日一题”、导师带徒等活动，开展“比质量，看谁的质量过得硬；比产量，看谁的超产多；比消耗，看谁的物料消耗少；比文明，看谁的文明生产好”的“四比四看”劳动竞赛，形成人人练技术、钻技能，比、学、赶、帮、超的良好氛围，使员工的思想觉悟、技术水平和劳动纪律得到提高，原丝产量、出口量和质量月月居于各运转班首位。

该班组还创新管理，采用了“安全、质量袖标法”，即连续 3 次在安全生产、质量管理、现场管理等检查中，没有违章违纪现象者，佩戴安全或质量袖标，在发奖金时给予一定的奖励，并号召全体组员向带袖标的同志学习；在岗位上开展“操作技能随机问题”“千次操作无事故”活动，使每位员工的知识和技能更加全面，使优秀人才脱颖而出。班组成员刘雷刚凭着精湛的技术，连续 6 次获“市技术能手”称号，还被授予“百名一线英杰”“鹰城技术明星”“省级技术能手”“市级劳动模范”等荣誉称号。另有 2 人获高级技工证，6 人获中级技工证，8 人获公司和厂级“技术能手”“先进标兵”称号。

**(2) 用“亲情化管理”凝聚人心**

该班组在实践中认识到，单靠制度管理不利于班组形成和谐的氛围，单靠惩罚又容易使大家出现抵触情绪。于是，班组辅之以“亲情化管理”作为硬性考核的润滑剂。班组有一名员工，以前常常在考核中“找碴儿”，造成班组气氛紧张。班组骨干多次与他沟通，遇事主动找他商量。很快，真情唤起了热情，诚意换来了尊重，这位员工的态度发生了很大的变化，不仅火气消了，还乐于为班组管理当好参谋，甚至当别人有所抱怨时，他还主动站在公正的立场上为班组说话。

班组的“亲情化管理”，使人与人的关系变得亲密和谐。班组成员李海波，2006 年家庭发生了重大变故，父母和爱人相继病故，留下一个年幼的孩子，还有一笔数目不小的外债。当大家得知这一情况后，纷纷伸出关爱之手，奉献一片爱心。很快，1 460 元的捐款送到李海波的手上，这个坚强的汉子在这一刻忍不住掉下了眼泪，是班组这个大“家”温暖了他，使他在如此沉重的打击下依然挺立不倒，很快又全力投入到正常的工作和生活中去。

**(3) 用“四个结合”提高班组成员的安全意识**

为强化职工的安全意识，该班组始终做到“四个结合”，即把班组员工的思想教育与上级的最新指示精神相结合，把操作技能培训与创优争先相结合，把质量产量与奖金发放相结合，把现场管理与安全生产相结合。他们与每名组员签订安全生产责任书、消防安全责任书及单位、员工、家属“三位一体”的联保责任书，让员工把全家合影照贴在个人更衣柜内，时刻提醒自己珍惜生命、爱护家人。把安全猜谜、观看事故案例、参加专题安全讲座等活动融入日常安全教育和培训中。在班后会上，专门将当天的质量、安全等疑难问题和隐患，以实物或现场观摩的形式展示出来，达到教育、警示的双重作用。

**(4) 用“金点子”征集活动挖潜增效**

在提升班组管理水平的过程中，必须适时地运用物质激励和精神激励相结合的办法，不断激发员工的潜能，把潜能在实际工作中转化成相应的工作能力。为激励大家争做“一专多能”的复合型人才，充分发挥团队学习创新的积极性，该班组开展了“岗位节能降耗‘金点子’征集”活动，鼓励大家针对班组管理、质量、安全、现场管理等方面积极献计献策。班组制订了详细的实施方案和考核办法，凡是对生产和管理有益的建议，一经采用，就给予一定的物质奖励和精神奖励。2009 年上半年，共收到合理化建议 126 条，被采纳 18 条，有力地促进了班组建设上台阶。

**45. 民丰特种纸公司电试班不断更新知识、提高技能的做法**

浙江民丰特种纸股份有限公司是以有 80 余年历史的民丰集团公司（前身是民丰造纸厂）为主发起人，将其与主营产品生产相关的资产进行重组改制，于 1998 年 11 月正式创立。2000 年 6 月，“民丰特纸”股票在上交所上市。公司目前占地面积 382 424 平方米，建筑面积 84 985 平方米，拥有造纸生产线 14 条，以及与之相配套的供水、产汽、发电、机加工维修制造、造纸污水处理等辅助设施。企业现有员工 2 500 人。

民丰特种纸公司热电分厂电试班有员工 5 人，主要担负着公司高压电气设备的试验和日常维护工作。近年来，随着企业的快速发展，电气设备不断更新，对技术和安全要求越来越高，面对挑战，该班组以“创优争先”活动为载体，在班组活动中努力营造自觉学习新知识的良好氛围，做到不断更新知识、不断提高技能、不断提升自身价值，实现了工作学习化、学习工作化，先后荣获公司学习型班组、浙江省“创优争先”活动示范班组等荣誉称号。

民丰特种纸公司电试班不断更新知识、提高技能的做法主要是：

**(1) 在学习中与企业共发展**

班组成员以“刻苦学习、努力工作、美好生活”为学习理念，克服了基础差、加班多、时间少等困难，利用点点滴滴的时间认真学习，把学习、工作和生活联系起来，增添了兴趣，形成了动力，取得了成果。

● 形成创建共识。电试班 5 名成员是老、中、青相结合，都是爱学习、爱钻研的职工，为了持续保持这种良好的学习势头，引导班组成员自我规划、自觉学习，班组以“创优争先”活动为契机，组织全班组员对“创优争先”活动的性质和要素、基本特点和创建思路进行了系统认知，并围绕“为什么要创优争先、能不能创优争先、如何创优争先”等话题开展深入的讨论。使大家进一步认识到新形势下“创优争先”活动的重要意义，认识到企业是在持续不断地发展，设备将不断地被更新换代，如果今天不学习，明天就会有被淘汰的可能，因此增强了学习的紧迫感和主动性。青年职工凌晨、李旭震调入电试班后，虚心向老师傅请教，从基础知识、基本操作要领开始，抓紧一切时间努力学习，目前已相继取得了高级电工资格证书；班长一马当先做表率，不仅被公司聘为技师，还荣获了公司学习型员工的称号。

● 工作学习共进。“创优争先”活动初期，有的成员基础差，觉得负担重，有的觉得加班加点多、业余时间少，就把心思放在工作上而忽视了学习。为了改变这种状况，全班在班长的带领下，每天利用班前学习时间宣讲学习型组织的基本知识，注意用身边自学成才的故事开展正面教育，同时特别强调把学习和工作、日常生活联系起来，使大家有压力但没有负担，在学习中工作和成长，在工作和成长中学习，从而在面对日益先进复杂的机器设备时，班组成员能够胸有成竹、从容应对。

● 坚持岗位培训和同行交流同步。电试班每年都积极参加公司组织的电气技术培训班，班里的每一位同志都自觉地把学习、岗位培训作为与同行交流的平台、拓展知识面的好机会。近年来，电试班员工无论参加什么级别的培训，成绩总是名列前茅。2007 年，在市电力局举办的电网 10 千伏以上用户的电力培训班中，班组成员不仅对国家电力法规、电力调度规程、先进的试验设备和试验方法及电气试验新标准有了更全面的理解，而且积极向同行学习与交流，从兄弟单位的大量工作实践中进一步认识了电力设备事故所带来的重大危害性，从而更加认真地做好电气设备的预防性试验，尽最大努力避免电气事故的发生。在学习结束后的考试测验中，参加学习的 4 名成员均名列前茅。

● 坚持集中学习与业余自学并举。在落实班组学习计划的过程中，建立了月度学习制度和工作标准，同时每个人针对自身情况，制订出符合自己的学习计划和工作目标，班组坚持每月开展两次集中学习交流，增强了学习的互动性。班组一名组员通过自学，较先掌握了计算机在工作上的应用，配合分厂绘制了大量的电气技术图纸，编制了相关的操作规程制度。近几年来，公司高压电网不断改造，高压一次主接线图经常变更，该组员不厌其烦地一遍又一遍地及时进行更改、完善，为电气运行人员及时掌握电网的运行方式、便于安全操作提供了必要的条件。

**(2) 在学习中提高技能保安全**

班组成员以“练就过硬技术，确保公司电网安全运行”为日常工作目标，为此，他们把勤学习转化为高技能，用高技能确保企业安全生产的正常运行。

● 注重学习效果，解决生产难题。为了确保公司发、配电的安全稳定运行，树立电试班的品牌，他们充分发扬吃苦耐劳和敢打硬仗的精神，坚持定期对公司发、配电设备进行巡回检查，做到巡检不留死角，出现异常及时消缺，发生电气事故不分昼夜地及时处理。2007 年 10 月，值班人员发现 35 千伏三相电压不平衡，B 相低 2 千伏左右，电试班成员连续查了两天，二次线路无异常。后经查阅技术资料并认真分析，初步判断为电压互感器B相接触不良引起，便立即采取相关安全措施，拉出电压互感器柜子检查发现，确是B相熔芯脱焊所致，从而保证了电气设备的安全运行，得到了领导的高度赞扬。电试班在完成本职工作的同时，还运用自身过硬的技能经常指导江浙一带地区小型发电厂的调试工作，解决了较多安全技术问题，在周边地区享有一定的知名度。

● 坚持良好习惯，提高修试质量。为了充分调动全班学习、工作的积极性，在班组管理中坚持日常检查考评与机制激励并行；在班组工作中，坚持及时检查修试质量和进度，做到当日工、当日清，并记录在班组日记上；在班组学习中坚持建立学习档案，定期考试，记录考核情况。把学习情况、工作质量与考核、月度奖金分配及年度评比相结合，营造了良好的学习氛围，提高了员工学习的积极性，促进了修试质量的不断提高。

● 开展交流研讨，做到成果共享。经常以班组交流会为主要载体，开展深度汇谈，做到学习成果共享。针对公司10千伏配电网络的不断更新、技术含量高、配置的综合保护型式各异等问题，全班人员开展深入的研究和讨论，通过查资料和不断摸索、总结，研究制定出一套套试验方法。如对ABB公司早期开发的英文版SCADA监控系统，他们克服英语水平不高，向他人请教或利用各种工具逐字、逐句、逐项进行了翻译，了解了监控系统的设置方法及装置的调试方法，充分消化和吸收了ABB公司和西门子公司的先进技术，有效地缩短了调试时间，节省了外请调试单位的费用，为安全运行提供了保障。

● 勇挑重担，节约成本。近两年来，公司新投产的几条生产线所属的6千伏电气系统的调试工作一直由外单位进行，费用相当高。电试班勇挑重担，主动将上述工作承接下来，在公司装备处的协调下，利用计划停机时段加班加点及时认真完成，并通过预试消除了几项安全隐患，提高了电气设备预防性试验的正确性，有效地保证了公司电网运行的安全与稳定。同时，既缩短了停机时间，又为公司节省了相当可观的资金。

**（3）在学习中营造和谐职工小家**

班组成员以“团结友爱和谐一家人”为目标建设职工小家。在学习和工作上，大家你追我赶；在待遇上，却又是你谦我让。同时，班组民主管理氛围浓厚，团队凝聚力超强，公司的提合理化建议活动、创新活动、文体活动等总是以班组集体亮相，奋勇当先。

● 营造团队氛围，构建和谐班组。通过“创优争先”活动，全班组员的集体荣誉感和团队意识得到增强，营造了团结、友爱、和谐的班组内部小环境。和谐提升了班组的整体实力，在每一次修试工作中，全班成员一方面自觉地发扬主人翁精神，急生产所急，忘我工作；另一方面互相关心、互相帮助，体现出很强的整体战斗力。2007 年 8 月，在 35 千伏 1 号主变压器投运修试工作中，由于时间紧、任务重，他们全班一条心，克服了技术上的困难，克服了炎热天气的困扰，加班加点，发扬连续作战的精神，最终圆满地完成了修试任务。

● 重视综合素质，提高自身修养。在“创优争先”活动中，注意拓宽知识点、找准结合点、突出着力点，使班组成员的综合素质、自身修养不断得到提高，更进一步把学习效果落实到解决生产问题上，落实到促进培养团队意识和建立和谐人际关系上，落实到改变生活态度、提高生活质量上。2008 年，在原 6 300 千伏安变电所控制回路改造过程中，他们根据要求自行规划和设计了改造方案，并自行改造安装及调试，出色地完成了改造项目，受到了领导的好评。这些成绩的取得，让全班组员实实在在地感受到了学习所带来的成就感。

电试班员工们在平凡的岗位上不断地学习着、创新着、努力着、快乐着，把企业的发展与自己的发展相结合，把企业的命运与自己的命运相融合，努力向知识型、智能型、创新型员工转变，而每一次成绩的取得是他们新起点的开始，他们正蓄势待发，争取在今后的工作中实现更快、更高、更强。

**其他企业生产班组自主安全管理做法与经验评述**

班组是企业最基层的组织，企业要完成各项生产经营目标任务，要不断发展壮大，都必须依靠一线生产班组来落实，各项规章制度也要依靠班组的活动去落实，从这个意义上说，班组就是企业一切工作的落脚点。如果班组安全管理基础差，未能按规定开展安全管理活动，则极容易发生安全事故。许多事故的发生，直接原因是班组成员违章作业或没有及时发现设备缺陷等事故隐患造成的。因此，班组安全管理是企业安全工作的重心所在，只有搞好班组的安全管理，才能确保安全生产。

在加强生产班组管理和班组建设上，济南铁路局加强班组建设的经验值得关注。

济南铁路局地处华东，东临沿海，西依中南，管内营业里程3 150千米，管辖的车站有295个，现有职工136 000人。由于铁路的特殊性，一个部门或机构往往分布在铁路沿线的数十个站段，而且因规模庞大、机构复杂，沟通和管理十分不易。在这种情况下，加强班组自身安全管理，提升班组自控能力，构筑班组自控管理机制就显得十分重要，是保障生产和安全的基础。因此，济南铁路局在建立班组自控运行机制、提高班组独立工作能力方面，采取了一些有效措施。

**（1）以提升班组自控能力为目标，构筑班组自控管理机制**

构筑班组自控管理机制是提升班组自我管理、自我控制以及独立工作能力的更高要求，是从依靠外部约束机制到激发班组内部动力，进行班组自主管理转变的内在要求。

● 明确管理内涵及目标。构筑班组自控管理机制的内涵就是要紧紧围绕增强班组自我管理、自我控制、自我完善、自我发展的能力，建立和整合适应铁路运输企业生产特点的班组安全考核、约束、激励、竞争机制，构建质量管理控制链条，发挥机制管理作用，使班组管理工作形成良性循环，实现班组安全质量整体优化。

● 制定自控管理标准。班组自控机制的管理与考核标准必须要以控制运输生产作业过程、提高职工素质、加强班组管理为切入点，将危及运输安全的事故及隐患、违章违纪行为、路风不良反应以及支撑运输安全的作业标准规范、成本费用控制、职工业务素质、班组基础管理等纳入考核，对班组质量形成了较强的可控力。

实现班组自控必须达到六项标准：①核心有力。以班组长为核心，由安全管理员、质量监督员、经济核算员等主要岗位人员参与的班组管理集体领导有力；班组长敢抓善管，有较高的班组管理水平和政治业务素质。②管理规范。组织健全，制度完善，分工明确，责任落实，执行认真，考核严格；生产现场纪律严明，设备完好，物流有序，信息准确，生产有序；班组内部环境整洁，文化氛围浓厚，宣传阵地主题鲜明。③安全可控。安全意识牢固，预防措施到位，现场控制措施实施到位，关键环节得到有效控制，无任何责任事故因素，无严重“三违”现象，实现安全生产。④质量达标。工作质量、设备质量、服务质量达到规定要求。工作质量严格执行作业标准；设备质量保持运行良好；服务质量达到服务对象满意，无投诉。⑤业务过硬。职工业务过硬，熟悉本岗位各项管理制度和作业标准，应知应会考试全部合格，能够处理安全生产过程中的各种突发事件。⑥任务完成。完成上级下达的各项任务指标，成本支出处于受控状态。

**（2）严格机制运作程序**

在创建自控型班组活动中，必须要坚持“导向在路局、指导在系统、领导在站段、管理在车间、落实在班组”的原则，充分发挥各级创建自控型班组机制的主动性、积极性，制订规划，完善标准，明确职责，积极推进。

● 明确管理职责。明确规定班组是自控机制的管理主体，负责自控型班组管理标准的细化落实，负责日常检查、抽查和月度考核讲评等；站段是规划实施的主体，负责标准的制定，如考核验收办法、推进措施等；路局负责组织各主管业务部门加强专业指导，对站段申报的自控型班组进行检查、验收，发现和纠正工作中存在的问题，总结推广班组自控管理的先进经验。

● 明确考核程序。通过建立路局抓指导、站段抓实施、班组抓创建、自下而上抓评定、自上而下抓考核的工作格局，层层分解责任，确保自控型班组管理机制的有序运作。一是成立路局自控型班组建设领导小组，建立分系统的班组管理机制。二是严格考核。班组管理考核采取班组自评、车间预评申报、站段组织考评、路局专业部门复审认定的程序，统一标准、统一考核、统一运用考核结果，并将考核结果作为班组各类评先、工班长奖惩、职工工资浮动的主要依据，切实发挥考核对班组工作的规范、约束和促进作用。三是强化激励。根据优中选优的原则按比例评选表彰自控型标杆班组。对自控型标杆班组实行季度奖励、动态管理。凡在考核期内发生否决情况或在季度考核中达不到规定分数的，撤销自控型标杆班组荣誉称号并停止奖励。

**(3) 突出创建重点，构筑长效机制**

● 科学设置班组。充分考虑现有技术装备水平和资源分布状况，以铁道部、路局对班组设置的原则和标准为基本依据，按照“作业集中、规模适度、专业相近、流程合理”的原则，科学设置班组，合理划分生产单元。

● 规范班组基础建设。建立有效的管理制度、设置必要的台账资料，是建设自控型班组的基本内容和必要形式。必须按照“一站（段）一制”和“必须、可行、管用”的原则，规范班组管理制度和基础台账资料。

● 提高生产经营质量。建立完善的班组生产经营质量负责制，严把质量关，加强质量监督和质量控制，落实责任追究制度。机务、工务、电务、车辆系统站段加强设备质量管理、控制和考核，督促职工严格按标准进行养护维修，确保设备始终处于良好的状态。

● 建立现场控制机制。根据班组实际，建立岗位自控、邻岗互控、作业联控的控制系统、责任系统和考核系统。切实加强对“四个关键”（关键地点、关键时间、关键人员、关键作业环节）的控制，消灭控制盲区。对关键行车班组建立包保制度，明确包保目标，确定包保内容、包保人员和包保责任。对后进班组要建立转化制度，落实整改措施，做好后进班组的转化工作。

● 大力提高职工队伍素质。以新技术、新装备、新规章、新运行图以及现有设备提速后的新变化为重点内容，重新确定有关岗位的“应知必会”内容。强化职工学技术、练硬功的激励机制建设，全面实施职工培训、考核、使用、待遇一体化的运行机制，调动职工立足岗位学技术、练硬功的积极性。积极探索并建立岗位等级制管理方式，推行“首席职工”制度，把岗位技术、业务素质作为基本要素纳入考核，激励职工岗位成才。

● 加强班组信息化建设。要充分发挥办公网络的优势，建立班组网络管理系统，及时反馈班组管理信息，逐步实现全局班组管理的信息化和网络化。积极开发研制全局班组管理统计信息系统，建立班组长、班组信息源点数据库，提高班组管理的科学化、信息化水平。

**（4）加强班组长培训，强化班组长队伍建设**

班组长的素质和能力是自控型班组建设能否取得实效的先决因素。必须加强班组长的培训和教育，在坚持对班组长“每两年轮训一遍”的基础上，结合自身实际，定期对班组长进行管理知识、规章制度和业务知识的培训。探索建立班组长任职资格制度，明确班组长任职条件和班组长选拔任用程序。落实班组长权限，适当赋予班组长一定的权力。努力提高班组长的待遇，根据班组设置状况和所承担的任务，明确班组长配备标准、津贴和相关待遇。注重做好后备班组长的培养和选拔工作。

**(5) 开展创建自控型班组活动实际效果**

济南铁路局开展创建自控型班组活动以来，班组的面貌焕然一新。班组的管理方式发生了变化，管理者与被管理者之间的矛盾减少了，也给企业管理工作提供了新思路。往日，班组管理靠“高压”政策，实行人盯人的管理模式，虽然有一定效果，但不能从根本上解决问题，职工心里有怨气。正如一位职工所说：“过去我们干活时，领导在旁边监督着，我们心里很别扭。现在，班组成了一个利益共同体，每个人干活都自觉自愿。”班组自己管自己，企业用经济杠杆促进班组自我管理，使职工的学习自觉性、工作积极性、安全生产主动性得到充分调动，管理者也比以前轻松多了。

## 三、企业生产班组自主安全管理做法探讨

班组是企业生产经营活动中最基层的组织，是企业的细胞，也是企业安全管理的最终落脚点。班组安全管理工作的好坏，不仅影响到班组的安全生产，而且还会影响到整个企业的安全生产、社会形象以及各项经济指标的实现。随着企业的不断发展和市场竞争的日益激烈，企业的安全管理工作特别需要依靠最基层的班组力量来实现。在日常工作中，只有切实加强班组安全管理，才能为员工创造一个良好的工作环境，才能激发员工的工作积极性和创造性。做好班组安全管理工作，是企业长期以来一直在探索解决的重要课题，这需要不断地深入研究探讨，并且在实践中摸索探寻最适合本企业班组管理的方法，从而促进企业的发展。

### 1. 提升企业班组安全管理工作的方法

班组是企业的基本组成部分。如果说企业是安全生产系统的机体，那么班组则是这一机体的细胞。班组生产安全的最终目的是实现员工的生命安全，班组生产安全与否决定企业安全生产的命运，班组生产作业过程的安全是一切安全生产工作的归宿。因此，企业应该制定“夯实安全生产基础，注重班组安全建设，保障生产效益稳定发展”的安全建设战略目标，确立“依靠员工、面向岗位、重在班组、落实现场”的安全建设思路。在提升班组安全管理工作方面，有这样一些方法可供参考。

#### (1) 创建班组安全文化，强化员工安全意识

人是生产过程中最活跃的要素，是安全生产的实践者，安全管理的根本目的是为了人的安全。坚定不移地树立“生产为了安全，不安全不生产”的思想，是建立安全长效机制的前提和基础，也是尊重员工基本生存权的具体体现。因此，在班组安全文化建设中要始终坚持“安全第一”的原则，以实现人的价值、保护人的生命安

全与健康为宗旨。

● 发挥理念先导作用。心态安全是安全文化建设的基础和前提，最能体现人本思想。追求安全健康是人皆有之的基本需求，可是为什么生产企业违章生产作业的现象屡禁不止呢？最根本的问题就是观念问题，就是没有树立正确的安全理念。比如说，员工为了尽早下班，没有做好工作交接，导致事故发生。“我要安全”本来应是职工本能的内在需要，可现在却变成了管理者强迫被管理者必须完成的一项硬性指标。如果上述错误观念不破除，正确的安全理念不树立，那么，以人为本的安全文化建设就永远是一座空中楼阁。

● 发挥宣传教育作用。生产单位安全管理的落脚点在班组，防范事故工作的终端是每一位员工，目的就是要努力保证他们的人身安全以及生产安全。因此，如何认真地树立起每一位员工的安全意识，使之实现从“要我安全”到“我要安全”的根本性转变，是企业安全文化建设的中心任务。坚持以人为本的安全方针，营造“人人关注安全”的良好氛围，必须拓宽安全教育形式，建立起全方位、全过程、全员的安全环境。通过报刊、板报、标语、横幅和安全知识竞赛、演讲比赛等形式多样的活动，加强安全生产宣传攻势，做到寓教于乐，使安全生产意识深入人心，安全知识广为传播，潜移默化地规范人的安全行为，培养人的安全心态。

● 发挥管理规范作用。员工安全素质的高低与安全管理者采用的方法有直接联系。过去，管理者抓违章更多依赖的是批评教育加经济处罚。不可否认，批评和罚款能使违章职工的思想受到触动，但仅仅通过经济手段控制违章现象是不现实的。为了增强管理效果，管理者应在严格执行刚性制度的同时，注重柔性管理方法的使用。领导和管理人员要发挥模范带头作用，当生产条件达不到安全要求或可能危害员工健康时，不得盲目指挥、违章操作。尤其是当威胁到员工的生命安全时，要把保证员工的安全放在第一位。此外，要为员工创造优美、舒适的工作环境，确保员工心情舒畅、精力充沛地去工作。

**(2）规范制度建设，履行岗位安全生产责任制**

通过建立健全安全生产责任制，明确规定班组成员在安全工作中的具体任务、责任和权利，做到一岗一责，以便使安全工作事事有人管、人人有专责、办事有标准、工作有检查，职责明确、功过分明，从而把与安全生产有关的各项工作同班组成员联系起来，形成一个严密高效的安全管理责任系统。建立健全安全生产责任制，是把安全工作任务落实到每个工作岗位的基本途径。而岗位安全生产责任制是班组安全之魂，执行班组岗位安全生产责任制是实现班组安全的基本保证。

● 提高现场安全防护标准，加强生产过程的安全管理。企业的一切生产任务都要在班组完成，各项规章制度都要靠班组落实，把班组安全工作的重点放在现场，是企业把整个安全生产目标转化为实施运作的有效途径。搞好现场安全管理，必须把影响安全生产的主要因素有机地结合起来，只有通过高标准、严要求、勤检查等手段搞好班组的现场安全管理，才能确保安全生产。

● 建立班组全员、全过程、全方位的安全管理网络。全员，是指每个班组成员都要担负一部分安全工作，真正把安全工作落实到每个人，不仅形成“安全工作、人人有责”的氛围，还要真正做到“事事有人管、事事有人查”。安全管理工作要像其他生产工作一样，细化到班组的每一个成员。道理很简单，因为生产是整个班组成员协作完成的，所以每一个人都要参与安全管理。改变过去安全工作只是安全职能部门或是安全员的事，其他人仅是配合工作的观念。全过程、全方位，是指安全工作要渗透到生产过程的全部细微之处，使每件事情、每个环节或流程都“可控、在控”，及时发现并消除隐患，保证安全生产。

● 提高班组事故预防和应急处理能力。班组安全管理的目的之一就是要防止生产安全事故的发生。为了做好预防工作，必须首先搞清楚班组、岗位都有哪些易发生事故和风险的地方，根据风险情况制定预防事故的措施和事故应急预案。同时利用班组学习时间加强班组成员之间的交流和事故应急预案演练工作，使班组成员对本班组所有应急处理工作做到明白无误，对生产现场的危险点了如指掌。

**(3) 重视班组长的培养，提高班组安全管理水平**

班组长来自生产一线，扎根生产一线，是企业的兵头将尾，其自身素质十分重要，因为班组长的综合素质最终体现在班组各项工作的绩效上。特别是安全工作，班组长更要真抓实干，来不得半点马虎。作为班组长，是班组安全生产第一责任人，任何工作都不能脱离和违背安全的要求，对班组的状态要做到心中有数。因此，班组长要针对班组的具体情况，转变工作作风，以科学、合理、有针对性的方式方法开展工作。在安全管理上，班组长一方面要以身作则，率先垂范；另一方面，班组长在管理上一定要坚持“严、实、狠”，绝不能在安全上讲情面。

综上所述，加强班组安全文化建设，搞好班组安全管理工作，有许多工作要做，要认识到班组安全文化建设的重要性，牢固树立“安全生产重于泰山”的观念，以稳定安全生产形势、稳定员工队伍为班组安全管理工作的切入点和落脚点，明确各自的安全责任，搞好安全管理，以确保整个企业的安全生产状况稳步好转。

**2. 创新班组安全管理工作的思路与方法**

班组是企业的基本单位，企业的各项工作任务和目标都要通过班组来落实，因此，企业的安全管理必须从班组抓起。但班组安全管理在继承传统管理方法的基础上，还要根据实际不断创新。

**(1) 创新班组安全管理理念，树立班组安全管理的核心**

班组长是班组的核心，既是生产者，又是管理者，具有承上启下的特殊作用。因此，要抓好班组安全管理，必须从班组长抓起。

首先，班组长要牢固树立班组安全第一责任人的形象。要抱着对企业和职工安全高度负责的态度，要起到模范表率作用，身体力行，严格遵守各项规章制度，在此基础上认真抓好“三违”控制，及时制止不安全行为；班组长要确立技术权威的地位，努力提高安全管理水平；要善于学习，在技术上能够独当一面；在班组管理中不墨守成规，能够不断提出新的设想和办法，并带领班组成员进行实践；要有良好的群众基础，善于做群众工作，掌握班组成员的思想动态，及时帮助有困难的职工，把大家团结在自己的周围。

其次，班组安全员要强化安全监督的作用。安全员要有高度的责任心，踏实严谨的工作作风；作风要实、标准要高，了解情况要细、检查管理要严，传达信息要快、落实文件要及时，思考问题要多、检查交流要勤；安全员要有良好的心态、宽广的胸怀。在班组安全管理中，安全员经常会得不到别人的理解，甚至会得罪人，因此，安全员要不怕委屈，善于在逆境中开展工作。

最后，班组成员要落实安全岗位责任，安全工作直接关系到班组每位成员的切身利益，归根结底是职工自己的事情。为了使每位职工都能认识到安全生产的重要性，并能自觉地参加管理，堵住事故发生的漏洞，必须落实安全责任，明确岗位职责，实现自我管理、自我约束。

**(2) 创新班组安全教育、培训的方式方法**

安全教育要突出实效。据统计，班组所发生的事故绝大多数与人的因素有关。因此，必须把安全教育工作放到首位，使职工从被动的“要我安全”转变为主动的“我要安全”。安全教育要从正、反两方面入手，树立先进典型，以先进人物为榜样，促使职工自觉增强安全责任心。

班组安全教育以事故案例为教材，使职工牢记血的教训，能够时刻引以为戒。同时要注重进行奖惩教育，对工作认真负责、遵章守纪、制止“三违”行为、及时发现和排除隐患、避免人身伤亡和重大设备损坏事故的有功人员，要大力宣传和表彰，并给予重奖、重用。对因工作失职、自由散漫、麻痹大意或有“三违”行为者，要严格按照规章制度给予处罚和处分；技术培训要重在实用，对新参加工作的人员要进行严格的岗前技术培训，合格后方能跟班见习。班组整体技术水平的高低，体现在班组成员对本岗位实用技术的掌握和运用能力上。因此，班组要对全体职工进行业务技术培训，落实安全管理的效果重在实践。

提高班组安全管理水平，安全规章制度的贯彻落实极其重要。要严格执行国家和本企业的安全工作规程和管理制度。对于生产一线班组来说，安全规章制度是实现安全生产的根本保证。要结合班组的工作实际，积极开展各项安全活动，如岗位练兵、反事故演习、事故预想等，加深班组成员对有关规章制度的理解和认识。要分解管理任务，明确个人责任，以班组六大员为基础，按照全员参与、全员管理的原则将安全制度管理目标分解到班组每一位成员，从而提高班组成员参与管理的普遍性和积极性。

**(3) 创新班组安全管理思路，不断提升安全管理水平**

班组在安全管理中，要正确处理安全与效益的关系。班组生产中任何一个环节出现问题，都会或多或少地给企业带来损失。事实证明，事故是最大的浪费，是对效益的一种损害，而安全出效益，安全本身就是效益。因此，在班组生产中，要树立全局观念，明确安全与效益的辩证关系，在安全与效益发生矛盾时，坚定不移地把安全放在第一位。实现安全生产，不仅关系到企业的经济效益和社会影响，还关系到每一位职工的切身利益和家庭幸福，因此，在处理安全与效益的关系时，对于保证安全，可以言之有据、理直气壮，要求自己、他人以及整个班组服从安全的要求。

**3. 以人为本是加强企业班组建设的根本**

企业是大家，班组是小家，管好班组与管好企业是相辅相成的。通过总结班组管理的经验教训，要达到提高企业生产班组综合业务素质的目的，可从以下几个方面着手：

**(1) 以人为本是加强企业班组建设的根本**

班组管理，顾名思义，就是要通过管来理顺工作关系、工作程序，挖掘所有潜力，把最基层每个人的积极性和创造性调动起来，把最基层班组人员的能力充分发挥出来；有效地提高工作质量、效率和降低成本，为企业创造更多的效益。不论是管理大家还是管理小家，最关键的都是人的管理，因为人是最主要的，任何事情都要通过人去做，通过人去实现，所以要教育班组员工认清自己的责任，履行自己的职责，提高班组员工主人翁意识，最大限度地挖掘蕴藏在员工身上的潜能，人尽其才、物尽其用，保证各项任务的完成。

● 提高班组长的主人翁精神和责任感。通过班组建设，使班组长进一步明确班组在企业中的地位和作用，认识到企业的生存和发展不仅与企业的领导者有关，与班组同样有关。俗话说，企业管理千条线，班组管理一根针。企业的各项经营技术指标和工作任务都要通过班组的努力才能更顺利地实现。所以，通过班组建设使班组长的管理水平不断提高，才能为企业全面完成既定的目标提供保证。

● 健全民主制度，强化民主管理。要搞好班组建设，班组长必须从“单干型”转向“群管型”，充分发挥和调动每个组员的积极性，使全体组员都能参政、议政。在班组建设中所有先进的单位，都采用二长（班组长和工会小组长）、六大员（宣传员、质量员、安全员、福利员、核算员和考勤员）的民主管理体系，通过班务公开管理制度，以人为本，使班组每一名成员成为内部管理的主体。不定期地召开班务会，围绕生产任务、工作质量、规章制度等进行专题讨论，把不同意见和建议统一起来，形成共识，促使班组成员思想一致。集体讨论制定出严格的班组管理制度，实行定人定项管理，将考核指标量化到个人，建立健全班组管理台账。在长期的实践中，各项制度、措施得到补充、完善，使班组成员看到干多干少、干好干坏就是不一样。通过班务公开，进一步增强班组分配和奖罚的透明度，充分体现“按劳分配”的原则，激发班组成员干好本职工作的主动性、积极性，充分体现效益分配的公平、公正、公开性。

● 加强班组的思想理论建设。每个职工个体间存在着意识上、观念上、认识上的差异，应采用“结对子、创文明”的人员搭配方法，切实有效地开展帮教活动。把班组学习和培训作为思想建设的工作园地，全面宣传企业的精神文明建设，把企业精神融入班组精神之中，培育班组职工树立正确的人生观、价值观，以主人翁的姿态，理直气壮地去搞好班组管理，鼓励人人参与施教，培养职工为集体利益、群众利益去拼搏的精神；有针对性地进行多重引导，从而使职工从内心拥护企业的方针及决策，当个人利益与班组集体利益有矛盾时，自觉服从集体利益，竭尽全力发挥自己的潜能。班组长应较好地掌握新时期企业思想政治工作的特点、内容和方法，学会运用关心职工利益、了解职工疾苦、掌握职工心理等方法，有针对性地开展形式多样的思想政治工作。在班组建设的实践中，要增强班组的凝聚力，就得让组员热爱班组，说一句关心的话，道一声亲切的问候，解决一个小小的困难，都是最实际的思想工作，都会激发起组员对班组的热爱。

● 积极培育班组员工的业务素养。开展多种形式的业务培训，安排一定的时间组织班组员工学习业务知识，开展岗位技能练兵；也可以一边干一边学，在干中体会，在干中实践，在干中创新，进而提高技术能力和管理能力，适应新产品、新设备、新技术的需要，适应新形势、新机制、新体制的需要，为企业尽心尽责地创造财富。

**(2) 班组长是抓好班组管理的关键**

加强班组建设的关键是要有一个胜任工作的班组长。班组长在企业中处于“兵头将尾”的特殊地位。他们既是班组一切活动的组织者，又是管理者。班组长工作能力的大小和素质的高低直接关系到班组管理的质量，决定着班组工作的效率，凡是管理搞得好的班组，班组长都起着至关重要的作用。因此，提高班组长的素质是班组管理的重要任务，不但要提高班组长的专业知识素质，还要提高思想素质；不但要提高技术能力，还要提高协调管理能力，更要提高班组长的综合能力。

● 班组长应对自身综合素质有一个正确的评估，要有提高自身综合素质的紧迫感，尽一切努力固强补弱，避免因自身某个方面的素质不够而影响到班组的健康发展。要通过各种方法多学习、多实践，遇到问题虚心求教，在学习和实践中不断充实自己，使自己的弱项变强、强项更强，综合素质不断提高，工作起来能够得心应手、游刃有余。

● 班组长不仅工作能力要强，而且还要有一定的组织能力和协调能力；不仅要有吃苦耐劳的精神，而且还能调动班组人员的积极性。要清楚仅靠一个人的劳心劳力是不能真正管理好班组的，切忌班组管理变为班长管理。班组长应成为集中班员智慧的吸铁石、团结友爱的纽带、靠得住的主心骨、信得过的知心人。善于用信任换取支持，使班组成员明白班组的事是大家的事，大家的事大家办。只有大家都来参与班组管理，成为班组的主人，才能创造一个民主、宽松的环境，使大家都感觉到班组大家庭的温暖，使班组充满生机与活力。

● 班组长对班组的各项工作要进行科学合理的安排，应知人善任，要了解班组成员的长处、短处，在劳动组合中要尽可能地扬长避短，实现最佳组合，使班组成为每个人都能施展自己能力的舞台。

● 班组长应具有敬业爱岗精神，有高度的事业心和责任感。班组长的工作是一项既辛苦又细致的工作，既要管人，又要管事；既要抓生产，又要抓管理；既要求质量，又要讲进度。这就决定了班组长应该不断增强为班组服务的意识，才能推动班组不断前进、不断创新，出色地完成各项工作任务。

**（3）制度建设是抓好班组管理的保障**

俗话说，“没有规矩，不成方圆”。同理，班组管理也不能缺少相应的标准和规章制度。只有用标准、制度来规范班组成员的行为，规范工作中的纵向步骤和横向关系，使工作程序最佳化，把工作中的不安全因素降到最低，把工作成本降到最低，把各种消耗降到最低，才能使工作的效益最大化。企业要结合班组工作的实际情况，制定和完善《班组管理标准》，并组织班组人员学习和贯彻落实，对各岗位的职责进行明确的规定，对班组各项技术工作和工作流程进行科学分层、分类，制定工作流程作业卡，对班组的台账、原始记录和技术资料进行分级、分人管理，职责明确，责任到人。

**(4) 齐心协力是抓好班组管理的基础**

要搞好班组管理工作，只靠班组长自己单干是不行的，要有班组骨干和全班员工的支持才能成功。因此，班组管理也要有团队精神，要建立班长负责制和民主管理相结合的机制，紧紧围绕班组管理坚持“人人有事做、事事有人管”的原则，使全班员工牢固树立起与企业同呼吸、共命运的信念，共同做好班组的管理工作。

● 坚持召开班组民主生活会，通过职工的广泛参与，提出对班组管理的看法和建议，交流思想，消除误解。一般情况下，要决定一件事情最好先摆到桌面上，听取全班人员的建议，充分讨论，然后班委进行研究决定，再通过民主生活会的形式予以公布。只有把大多数人的意愿集中起来，精心营造大家一起工作心情舒畅的氛围，才能充分调动和发挥班组员工的积极性和创造性，主动为班组挑担子、负责任，为班组和企业的发展贡献力量。

● 合理分工，人尽其才。班组管理工作很多，通过合理分工，形成人人参与、大家来做的局面。这样，不仅可以改变少数人忙不过来的状况，还可以培养大家都来关心班组管理，努力实现人尽其才，使民主分工管理收到良好的效果。

**(5) 激励机制是抓好班组建设的动力**

企业对班组长应合理授权、积极支持，为班组长的发展提供空间。每年应给班组长一定的时间进行业务、技术和管理方面的培训，激发班组长的工作积极性，增强班组长的才干和适应技术发展的需求，充分发挥他们的才能，从而带动全班搞好班组工作。此外，还要制定班组工作的激励办法，把班组的所有工作纳入激励范围，体现多劳多得，少劳少得，干好干坏不一样。要使班组人员尝到多干活、干好活的甜头，克服那种只扣不奖的考核办法，及时表扬先进，鞭策后进，在班内形成赶、帮、超的良好氛围，促进班组管理向上突破。班组成员综合素质的提高是一项长期的工作，需要所有成员齐心协力，心往一处想，劲往一处使，互相学习、互相帮助，共同提高、共同进步。对于企业来说，加强企业的班组管理与建设，就是企业发展和创新的真正动力和源泉。

**4. 推广“白国周班组管理法”，加强班组建设**

2009 年 10 月 27 日，国家安全生产监督管理总局、国家煤矿安全监察局、国务院国有资产监督管理委员会、中华全国总工会、共青团中央联合发文，学习推广“白国周班组管理法”，加强煤矿班组安全建设。

推广“白国周班组管理法”，其重要作用，正如中华全国总工会副主席张鸣起指出的那样：“班组是企业最基层、最活跃的组织，是企业活力的源头，也是企业各项工作的落脚点和具体实践者。班组建设是企业建设的重要组成部分和关键环节，班组建设的好坏，不仅体现和反映了企业的生产、经营管理水平，而且将直接影响企业的社会形象、经济效益和安全生产。”

加强班组安全生产建设是强化安全基础管理的重要组成部分。班组是安全生产的最基层组织，安全生产的法律法规、规程、标准和相关规章制度的贯彻落实，以及先进适用安全技术的推广应用都要落实到班组、体现在现场。关口前移，实现班组规范化管理、标准化建设，是夯实安全基础，创建本质安全型企业，推进企业安全发展和可持续发展的关键环节。

加强班组安全生产建设是减少“三违”、防范事故的有效途径。据统计，生产安全事故多数是由“三违”造成的。有效遏制重特大事故，减少事故总量，就要落实班组长、职工岗位安全生产责任制，充分发挥班组安全生产第一道防线的作用，减少和杜绝“三违”，为实现安全生产形势的稳定好转提供重要保障。

“白国周班组管理法”，不仅探索、形成了一套具有煤矿生产特点的班组管理模式，也为其他企业找到了依靠职工群众搞好安全生产的有效途径；不仅解决了现场管理薄弱的问题，也为实现全员、全过程、全方位的安全管理提供了手段；不仅在构建和谐班组上做出了积极探索，也把安全生产与构建社会主义和谐社会的任务落实到了基层；不仅继承和发展了煤炭行业重视班组建设的优良传统，也坚定了其他行业企业搞好安全生产、推动安全发展的信心。其作用不仅仅局限于促进了煤矿安全基础管理，而且对全国各行各业各类企业的安全生产基础工作都有示范引领作用，也为安全监管提供了抓手。

加强班组安全生产建设的指导原则是：使每个班组成员都牢固树立“安全发展”理念，认真贯彻落实“安全第一、预防为主、综合治理”的方针。把班组安全生产建设作为加强安全生产基层和基础管理的重要工作，倡导先进的班组安全文化，健全完善班组安全生产责任制，建立激励约束机制，加强班组安全教育和规范化管理，深入开展安全质量标准化工作，加强现场安全管理和隐患排查治理，提高企业现场安全管理水平。

加强班组安全生产建设的目标是：提高防范事故、保证安全的五种能力，即提高班组安全生产的组织管理能力、提高班组职工自觉抵制“三违”行为的能力、提高业务保安能力、提高隐患排查治理能力和提高防灾、避灾及自救等应急处置能力。通过不断地提高班组安全生产能力，使班组职工真正做到不伤害自己、不伤害别人、不被别人伤害，实现班组安全生产，为保障全国安全生产奠定基础。

**5. 班组建设在化工企业安全生产中的作用**

化工生产具有高温高压、有毒有害、易燃易爆、易中毒等危害，也正是这些危害在血淋淋的教训中诞生出一系列化工安全生产规章制度。化工生产需要安全，而且时时刻刻呼唤着安全对生命的保护。搞好化工安全生产，政府和企业的高度重视是其重要的保障，班组安全工作更加至关重要，它是企业化工安全生产的最有效的基础保障。

**(1) 班组在企业生产中的重要地位**

班组是企业的细胞，是企业管理构成中最基本的管理单位，在企业中，工作的进展、任务的完成、产品的质量、成本的高低等生产状况，无不与班组有着最重要的直接联系。

● 班组是企业各项生产工作任务的具体组织落实者。班组直接面对具体的人和事，企业的各项工作都要通过班组落实到各个具体的执行者，并且整个执行过程一直在班组长的指挥和督促之下进行，整个工作的情况受控于班组，因而在企业工作中担当着重要的角色。

● 班组成员是各项工作的具体执行主体。企业的各项工作任务都需要通过具体的人去完成，每项工作任务完成的好坏，接受工作任务的人是关键，对工作的完成情况起着决定性的作用。在化工生产中，不论班员是在一线从事工艺操作，还是从事辅助生产的机、电、仪等设备的维护，都存在化工危害的危险。一旦工作中发生事故，首先受到伤害的是操作者，同时也会给他人和企业造成危害，重大事故还会使企业一蹶不振，甚至倒闭。由此可见，企业生产的具体执行者对企业有着重要的作用。

**(2) 班组在企业中所处的位置决定了班组安全工作的重要性**

班组不仅是企业管理的基本单位，也是企业安全工作的基本单位，班组安全工作是班组工作的重要组成部分，其重要性主要体现在以下几个方面：

● 班组安全工作的直接性。班组安全工作的直接性首先体现在班组是化工危害的直接接触者、生产过程的直接控制者和化工事故的直接处理者。班组直接战斗在企业生产的第一线，在化工生产中他们属于直接与“魔鬼”打交道的人，如果班组成员对化工有毒有害物的认识不够，对化工生产的原理、过程不熟悉，在化工生产工作中漠视安全生产规章制度，盲目蛮干或侥幸从事，就不能有效地将化工事故这一“魔鬼”消灭在萌芽状态。班组安全工作的直接性同时还体现在班组是安全工作的直接落实者和监督者，班组直接承担着其成员的安全教育、业务技术培训，班组成员的安全意识、业务技术水平的高低也直接关系着化工生产的安全与否。

● 班组安全工作的时效性。班组直接战斗在化工生产的前沿阵地，能最有效地对整个班组生产的安全状况做到全方位的及时监控，在生产过程中，及时制止违纪、违规、违章作业，及时准确判断事故并沉着有序地组织处理，及时对事故进行分析并总结吸取处理的经验和教训，这些都只有通过班组才能做到，也只有通过班组这样做，才能将化工安全生产落到实处，充分保障化工生产的安全。

**（3）抓好化工班组安全工作的现实性**

班组安全工作是企业安全工作的基础，是企业安全工作的重要组成部分，对于班组的安全工作，外围环境的导向与自身的安全建设密不可分。在企业的经营、生产过程中，进一步强化班组安全工作，抓紧、抓好班组的安全文化建设是一个重要课题。

● 抓好班组安全工作，必须要有企业各级领导的高度重视。企业领导对班组安全工作的重视，不是开个会讲几句话，会上强调强调，走走形式那样简单，必须融入自身的行动去具体抓，抓落实。这一点对于企业中车间、工段等基层领导尤为重要，领导重视会为班组安全工作营造一种良好的外部环境。

● 抓好班组安全工作，必须要选好班组长和班组安全员。选好班组长和班组安全员是抓好班组安全工作的关键。随着企业经营机制的转变、人员的精减，班组很难配备专职安全员，一般可由班组长兼任，也可以通过自荐或班组民主选举出既有威望又热心于安全工作的人员担当。

● 抓好班组安全工作，需要制定行之有效的安全生产责任制。化工安全生产不能出现管理的断层和缺口，制定班组以及个人安全生产责任制，就是为了在安全管理上形成一个有效的闭环，建立起一级对一级负责的约束机制。责任制的内容和要求需要根据不同班组的具体情况而定，但必须量化责、权、利的具体指标，否则责任制就容易流于形式。

● 将安全教育和技术练兵融为一体，加强员工培训，提高员工的安全技术水平。将安全教育和技术练兵融为一体，加强员工培训，是化工企业提高员工业务技术素质的重要方法之一。传统的技术培训仅停留在教职工如何做，而将安全教育融在一起，是要进一步让员工懂得怎样做才是最好、最安全的，为什么要这样做，这样做有什么好处，不这样做有什么危害，可能出现什么问题和事故。这些在培训中都必须让员工充分掌握，也只有员工对这些问题知道得更透彻，使其对化工生产有全面清晰的认知，在实际工作中才能增强应变能力和判断处理能力，才能减小或克服化工生产中可能导致的对员工自身、他人的危害。

**(4) 抓好班组安全工作，必须加强班组自身安全建设**

班组的安全建设是一项系统工程，它与班组的其他工作密不可分，要求班组长和班组安全员密切配合，从整个班组工作的全局出发，将班组安全工作有机地融入其他工作中，才能使班组安全建设得到加强，安全工作行之有效。

● 要搞好班组安全建设，必须形成班组的凝聚力、亲和力、向心力。班组只有让员工感受到家的温暖，有温馨和关爱，才好开展工作，要做好这一点，班组长和班组安全员首先要有高尚的情操和高超的业务素质，办事公道，工作干练，树立起自身的威信。还需要开动脑筋，多想办法组织有利于班员身心健康的各种活动，进行员工之间的讨论、交流、沟通。要形成班组的凝聚力、亲和力、向心力，需要付出许多精力，甚至有时要牺牲一些利益，但只有做好这一工作，班组的各项工作才会得心应手。

● 加强班组安全建设，要在班组营造一种良好的安全文化氛围。牢固树立“安全第一”的思想意识，变工作中的“要我安全”为“我要安全”。营造这种氛围是一个长期的循序渐进的过程，需要从点点滴滴的积累开始，进行这种积累的方式方法很多，班组可以通过一些活生生的事故案例进行启迪教育，也可以引入一些新的安全管理方式来充实班组的安全文化内容，树立新的安全理念。

● 加强班组安全建设，就是要在班组形成一个良好的安全管理闭环。这个闭环就是将安全这一要素落实到班组具体的各项生产工作中，它是班组安全建设的中心和安全工作的重点。这一闭环包括预想环节、落实环节、监控环节和总结环节，班组如能将以上安全管理环节做好，不仅可以杜绝人为事故带来的危害，而且面对生产工作中的突发事件，也能进行及时有效的处理，确保生产安全。

**6. 班组建设在煤矿企业安全生产中的作用**

班组是企业最基本的组成部分。在煤矿企业安全生产中，班组建设显得尤为重要。通过事故统计分析可以看出，煤矿生产中的诸多事故，均是由于现场出现的事故隐患没有及时得到消除，从而导致事故的发生。而事故隐患则多数滋生于班组生产的每一道工序之中。因此，只有加强班组建设，抓好班组安全管理，实现个人无违章、岗位无隐患、班组无事故，才能真正确保煤矿企业的安全生产。

**（1）建立科学规范的班组长选拔和培训考核机制**

班组长作为“兵头将尾”，是煤矿企业生产现场最重要的管理者，发挥着带领班组完成安全生产任务的重要作用。可以说，班组长素质的高低决定了煤矿企业安全生产和经济效益的好坏。因此，一定要高度重视对班组长的选拔、培养，充分发挥班组长在班组中的重要作用。

● 充分认识班组长在煤矿企业中的重要作用。当前煤炭企业快速发展，需要大力提升矿井技术装备水平和规模效益，这不仅需要一大批懂经营、会管理的企业经营人才，更需要一大批熟练掌握矿井安全生产先进技术、具有较高实际操作技能的班组长。

● 加强对班组长班组管理知识的培训。一方面要对班组长进行思想政治教育和技术业务培训，另一方面还要对班组长进行班组管理基础知识培训，并严格进行考核，使班组长不仅具有较高的思想水平和技术业务水平，同时具有较高的班组管理能力，能够独立解决日常生产中的技术和管理问题。

● 对班组长实行竞聘上岗。对思想觉悟高、业务素质较强，又具有一定管理水平的青年职工，可以通过竞争选拔到班组长岗位上来。同时，要给德才兼备、工作出色的班组长创造发展空间，在评先、晋级、转正等方面给予优先考虑，进一步调动他们的工作积极性。

**(2) 提高班组成员的业务技术素质**

班组成员作为各项安全生产规章制度的执行者、现场各项施工工序的具体操作者，要想提高他们的执行力和操作水平，就必须充分利用班前会、安全学习日等时间，采取集中学习、脱产或不脱产培训等方式，加大对他们的安全教育和培训力度。

安全教育和培训是消灭人的不安全行为的最基本措施。因此，必须加强对班组成员的安全教育和培训，对不知者进行安全知识教育，对知而不能者进行安全技能教育，对既知又能而不为者进行安全态度教育。通过安全教育和培训，实现班组每一个成员都能够自觉遵守安全法规，养成正确的作业习惯和规范的作业行为，保证施工质量，掌握在异常情况下处理意外事件的能力，消除事故隐患，减少事故的发生。

在“矿井—区队—班组”三级达标体系中，班组达标是基础，是控制生产全过程的具体表现。只有进一步加强现场管理，强化职工安全教育和培训，规范班组每一个成员的作业行为，使他们上标准岗、干标准活，牢固树立上一道工序为下一道工序服务的思想，才能把事故消灭在萌芽状态，真正实现班组达标。

**(3) 加强班组内部各项管理**

要强化班组内部管理，就必须建立健全班组内部各项规章制度，并认真贯彻执行；分配上要做到公开、公平、公正，奖惩要做到有奖有罚，奖罚分明；工作任务安排上要做到合理，优化劳动组合，量化工艺流程，充分利用工时，实现正规循环；要进一步加强现场环境治理，给职工创造一个安全、舒适的工作环境；要充分调动班组成员的安全生产积极性，把每一个成员的兴趣、爱好和注意力都引导到有利于安全生产上来，变“要我安全”为“我要安全”。同时，还要认真抓好班组成员之间的自保互保工作，做到“三不伤害”，实现班组安全生产无事故。

综上所述，班组安全管理是煤矿企业安全管理的基础，班组的安全生产是实现企业安全生产的关键。因此，班组建设在煤矿安全生产中起着极为重要的作用，它对煤矿企业实现安全生产、提高经济效益，乃至实现矿区和谐、稳定发展，均起着重要的推动作用。

**7. 企业生产班组安全管理需要注意的七个重点**

班组作为企业的前沿阵地，是执行和落实规章制度的主体，也是安全生产的主体，只有班组安全生产搞好了，才能保障企业的安全稳定，才能提高企业的经济效益。因此，企业安全管理水平的好坏，从某种意义上来说，关键在于班组的安全管理。为促使企业班组安全建设上水平，确保企业的持续、稳定、健康发展，必须在认真总结以往班组安全建设经验的基础上，紧紧抓住以人为本这个关键，努力建设高标准的合格安全班组，推动企业的发展。

**(1) 班组安全管理工作的动力来源于员工的安全素质**

● 全面提高班组长的安全素质。班组长自身素质的高低直接影响着班组的安全管理，这就要求班组长必须要有强烈的事业心和责任感，既要懂生产、精技术、通安全、熟管理，又要有一套灵活的工作方法，有效地带动班组成员形成合力。同时作为班组的安全第一责任人，应加强自己的安全生产意识、安全知识素养和安全责任感。平时不仅要注意学习安全知识，宣传安全生产的重要性，而且还要带头严格执行安全工作的各项规章制度，只有这样才能被班组员工所尊重、信任。

● 做好员工的安全思想教育工作，提高全员的安全防范意识。抓安全管理工作必须严格，并要认真坚持做好，管理得严格与否直接影响到员工的安全意识。管理严格了，员工思想上有种紧迫感、压力感；管理松懈了，员工就会产生松口气的思想，安全意识就会随之下降，无形中形成安全隐患。所以，在管事的同时管人，而在管人时必须先管人的思想。对于那些安全意识淡薄、安全认识缺乏的员工进行安全教育，要针对生产岗位现状对症下药，克服其散漫心态、侥幸心态、依赖心态。加大安全教育工作的投入，提高安全思想认识和自我防范的安全意识。只有做好员工的安全思想教育工作，才能使员工保持工作热情，才能统一思想、行动一致，才能在工作时心情舒畅，消除人的安全隐患，从而提高工作效率。

● 定期开展班组安全教育活动，提高班组整体素质。开展班组安全教育活动是提高员工安全意识的重要手段，班组安全教育活动一般都有较为固定的模式，如签到、点名、发言、讨论、总结、点评。但在实际工作中不能拘泥于形式，要让活动气氛既严肃又活泼，重在直观简练，一目了然，结合实际；与员工的工作或日常生产息息相关，主题范围要小，小才能说清、说透，大就空了。只有这样，员工才有兴趣听、有兴趣谈，乐于参与班组安全教育活动，了解自己岗位上的危险源及防范措施，保护自己、保护他人，进而关注企业的安危。形式多样地开展好班组安全活动，可调动员工在生产中学习安全知识，促使安全制度深入人心，培养良好的安全生产习惯。如“班组安全竞赛活动”“班组长安全承诺”“HSE 标杆班组创建活动”等，调动班组长创优争先、你追我赶的积极性，对班组安全工作起到超前防范、超前控制、防患于未然的作用。

**（2）贯彻以人为本的安全方针，创建班组安全文化**

人是生产过程中最活跃的要素，是安全生产的实践者，安全管理工作的根本目的是为了人的安全。坚定不移地树立"以人为本、安全第一"的思想，是建立安全长效机制的前提和基础，也是尊重员工基本生存权的具体体现。因而，在企业安全文化建设中，要始终坚持以人为本的原则，以实现人的价值、保护人的生命安全与健康为宗旨。

● 发挥好理念先导作用。心态安全是安全文化建设的基础和前提，最能体现人本思想。不论是管理者还是普通员工，只有心态安全，才会行为安全；只有行为安全，才能保证安全生产制度落到实处。以安全价值观为核心的安全理念是心态安全文化建设的灵魂。

● 发挥好宣传教育作用。企业安全管理的落脚点在班组，防范事故工作的终端是每一个员工，目的就是要努力保证他们的人身安全。因此，如何认真地培养每一个员工的安全意识，使之实现从"要我安全"到"我要安全"的根本性转变，是企业安全文化建设的中心任务。坚持以人为本的安全方针，营造"人人关注安全"的良好氛围，必须拓宽宣传教育思路，建立起整体性、全方位、全过程、全员的安全环境。通过电视、音像制品、报刊、板报、标语、横幅、读本等媒介和安全知识竞赛、演讲比赛、歌咏比赛、文艺演出等形式多样的活动，加大安全生产宣传力度，做到寓教于乐，使安全生产意识深入人心，安全知识广为传播，潜移默化地规范人的安全行为，培养人的安全心态。

● 发挥好亲情感染作用。从理论上讲，促使全员树立正确的安全意识，最基本、最有效的手段就是宣传教育。安全生产的宣传教育适应了员工对安全生产知识的内在需求，从主观上讲，员工是愿意接受的。但是以往的安全教育，不是大道理满堂灌，就是家长式的训斥。要解决安全教育入心入脑的问题，还应注重情感投入，可采用亲情教育法，如在会议室、操作室设立"幸福栏"，把每个家庭成员对自己的安全企盼写在照片的下面，时时提醒员工牢记亲人的嘱托；采用为员工过生日、送警句、家访谈心、兄弟交心等方法，不失时机、潜移默化地向员工宣传安全思想。

● 发挥好安全管理规范作用。员工安全素质的高低与安全管理者采用的方法有直接联系。过去，管理者抓“三违”更多依赖的是批评教育加经济处罚。不可否认，批评和罚款能使违章员工的思想受到触动，但仅仅通过经济手段控制“三违”现象是不现实的。尤其是个别管理人员在执行制度的过程中方法简单粗暴，很容易使员工感情上受到伤害，进而对安全管理人员产生抵触情绪和逆反心理，使经济处罚的有效作用大打折扣。为了增强管理效果，管理者应该在严格执行刚性制度的同时，注重柔性管理方法的使用。企业管理人员要发挥模范作用，当生产条件危害员工健康及生命安全时，不得盲目指挥、违章操作，要把保证员工的安全放在第一位。此外，要为员工创造优美、舒适的工作和生活环境，确保员工心情舒畅、精力充沛地工作。

**(3) 班组安全管理工作要实现目标化**

为了发挥班组安全目标管理的功能，实现企业安全生产经营目标的良性循环，必须注重安全目标的制定、分解、实施、考核、保证等五个环节。安全目标的制定要切合实际，要在企业总体目标的指导下，形成个人向班组负责、班组向车间负责、车间向企业负责的层次管理；安全目标的分解要着重于展开并逐个落实，使车间对班组的各项安全管理工作都能够简便化、统一化、正规化地展开，对具体目标要做到数据化；目标确定、分解后，就必须着重加强相互之间的责任感，激发班组全员潜在的积极性、创造性、主动性，努力实现班组安全管理方法科学化、内容规范化、基础工作制度化；班组安全目标的考核要和安全责任制挂钩，要避免考核时重“硬”轻“软”的倾向，更不能以“硬”指标掩盖或取代“软”指标；班组必须有确定的安全保证体系，即班组安全管理组织网络保证、物质措施保证等。班组安全目标管理是整个班组安全管理工作的重要组成部分，只有把班组安全目标实现了，企业的安全基础才能夯实。

**(4) 班组安全管理工作的重点在现场**

搞好班组现场安全管理工作主要包括以下几个方面：

● 高标准，严要求。各班组根据实际情况，制定出现场安全管理的标准和要求，现场安全管理不但要求制度全，而且要求标准高。

● 严执行，勤检查。健全的制度必须严格地执行才能发挥作用。班组成员只有遵守现场安全管理的各项要求，才能保证现场各项安全工作落到实处。同时还要经常进行安全检查，主要有企业的定期检查、车间的随机抽查、班组的全面检查，对查出的不安全问题或隐患限期整改。

● 奖罚明，严考核。班组应制定现场安全考核标准。每月班组长在考核中严格按标准进行，坚持实事求是，做到一丝不苟，达到奖优罚劣的目的。

**(5) 班组安全管理工作是一个动态过程**

所谓动态安全管理，是指在整个生产过程中，对生产的工艺流程和生产作业过程进行安全跟踪、预测控制，使安全生产在每时、每班、每个环节和角落都得到保证。对于企业班组来说，动态安全管理要做好五个控制，即制度控制、作业控制、重点控制、跟踪控制和群防控制。班组动态安全管理工作是一种群体行为，只靠班组长和班组安全员远远不够，必须采取宏观控制和微观管理相结合、专业管理和群众自主管理相结合的方式，特别要注意发挥岗位员工的主人翁积极性。

**(6) 预防和警惕班组员工的习惯性违章**

习惯性违章是一种长期的、习以为常的、受心理定式支配的行为方式，受麻痹大意、侥幸心理、自以为是、求快图省事等因素的影响支配，具有顽固性和多发性的特点。其具体表现有违章作业和违章指挥等，它往往直接导致事故的发生，对安全生产危害极大。

对此，班组安全管理工作建设必须要有清醒的认识，要杜绝习惯性违章，就必须从教育入手，从源头抓起。因此，作为班组长，一方面要长期地、坚持不懈地对员工进行反习惯性违章的教育，从思想上提高对习惯性违章危害性的认识，自觉抵制习惯性违章，变“你要我杜绝习惯性违章”为“我要杜绝习惯性违章”；另一方面，对具体的习惯性违章案例要进行深入细致的调查研究，尤其是对自己身边发生的事故苗头等，要找出具体原因和规律性的东西，从中吸取教训，从根本上消除产生习惯性违章行为的因素。反习惯性违章的工作重点应该在班组，企业存在的习惯性违章行为绝大部分发生在班组，也就是说，班组是反习惯性违章的前沿阵地，因此，要大力加强班组的习惯性违章的安全管理，定期开展“安全日”活动，加强班组的安全监督检查，落实岗位安全生产责任制，落实步步确认、时时监护制度等，以此来制约违章行为的发生。

**(7) 班组安全管理工作的保障是作业标准化**

所谓作业标准化，就是在对作业系统调查分析的基础上，现行作业方法的每一操作程序和每一动作进行分解，以科学技术、规章制度和实践经验为依据，以安全、质量、效益为目标，对作业过程进行改善，从而形成一种优化作业程序，逐步达到安全、准确、高效、省力的作业效果。班组作业标准化是预防事故、确保安全的基础，它能够有效地控制人的不安全行为，尤其能够控制“三违”现象的产生。从数理统计结果可以看出，企业中发生的事故有90%发生在班组，班组中有90%的事故是由“三违”现象引起的。班组作业标准化把企业各项安全要求优化为管理标准、技术标准、工作标准，把人的行为限制在动作标准之中，从根本上控制违章作业，特别是习惯性违章作业，保证班组人员上标准岗、干标准活、交标准班，从而消除侥幸心理、冒险蛮干的不良现象。

企业的一切生产任务都要在班组完成，各项规章制度都要靠班组落实，把班组安全工作的重点放在现场，是企业把整个安全生产目标转化为实施运作的有效途径。搞好现场安全管理，必须把影响安全生产的主要因素（即人、机、料、法、环）有机地结合起来，只有通过高标准、严要求、勤检查等手段搞好班组的现场安全管理工作，才能确保安全生产和企业经济效益的稳步增长。

**8. 班组职工心理疲劳对生产作业安全的影响**

美国心理学家迈尔提出的疲劳动机理论认为，一个人在从事某项活动中体验到疲劳的程度，依赖于个体分配给任务的能量值，依赖于个体对完成这次任务的需要和动机的水平。这就是说，在实际工作中，具有高动机水平的工人从总能量中分配给工作的能量值比较高，他们在工作中干劲大、效率高、安全状态好，只要不把这些工作能量完全耗尽，一般不会感到极度疲劳。而低动机水平的工人，由于从总能量中分配的工作能量值比较低，他们虽然工作并不紧张，消耗的能量也并不太多，但也会体验到非常劳累，对安全造成负面影响。

目前在企业以及班组的安全生产管理中，管理多停留在安全规章制度、措施办法的执行，安全防护用品的使用，以及对发生违章或构成事故的处罚上，从心理特征方面进行必要的调整还很不足，值得关注。

**(1) 心理疲劳概念和产生心理疲劳的因素**

心理疲劳是指人的肢体工作强度不大，但由于神经系统紧张程度过高或长时间从事单调、厌烦的工作而引起的疲劳。心理疲劳的本质应该是由于心理功能、神经系统方面利用过度、紧张过度，从而导致其功能降低所产生的疲劳或者是由单调、重复的工作所引起的一种厌倦感。心理疲劳会导致倦于工作，不想再干。心理疲劳也会减弱生理活动，如厌烦、忧虑等都会损害身体健康，使器官的活动效率降低。

产生心理疲劳的因素主要有：

● 心理负荷因素。心理负荷可解释为单位时间内人体所承受的心理活动工作量。心理负荷过高或过低都极易引起心理疲劳。过高的心理负荷造成作业人员高度的心理应激，使人体的紧张程度过高。心理能力使用过度能造成心理疲劳，而心理负荷过低也能引起心理疲劳。单调、乏味的长时间操作会引起作业人员极度厌烦，它能引起并加速作业人员心理疲劳的产生。

● 工作态度和动机因素。心理疲劳与人的工作态度和动机有很大关系。工作热情高、有积极工作动机的作业人员可以忽视外界负荷对人体的影响而持续工作。工作热情低、毫无持续工作动机的作业人员对外界负荷极为敏感，往往夸大或高估不利的因素。

● 期望因素。期望对心理疲劳的产生也相当明显。许多研究者探索 8 小时工作效率的变化规律，结果发现，随着工作时间的延续，工作效率逐渐下降，休息后继续工作，则工作效率有一定的回升。令人更为感兴趣的现象是，每当工作日即将结束时，作业人员的工作效率又会出现较明显的回升。毫无疑问，意识到结束时间快到、结束工作的期望很快就要实现，这会促使作业人员的劳动积极性大大提高，从而使绩效得到提高。由此可以看出，由于期望的即将实现，作业人员生理上可能很疲劳，但其心理疲劳或者说是疲劳体验却不明显。

● 情绪因素。心理疲劳与生理疲劳的不同点之一，就是心理疲劳易受情绪因素的影响。消极的情绪使作业人员体验到更多的疲劳效应，积极的情绪往往使作业人员将操作中积累的疲劳感冲得一干二净。当一场重大比赛结束之后，胜利的一方往往由于取得了胜利而兴奋、喜悦，比赛中的疲劳已忘记；失败的一方由于失败而悲伤、消沉，比赛之后就倍感劳累。

● 精神负重因素。精神负重也是心理疲劳产生的一个重要原因，尤其是中年人。中年人长期背负着精神压力，在工作、事业开创、人际关系处理和家庭角色的扮演以及对家庭和事业的不断权衡方面，总是处于一种思考、焦虑、烦闷、恐惧、抑郁的压力之中，从而容易陷入“心力衰竭”的状态，这便是心理疲劳了。

(2) **心理疲劳的表现形式**

● 身体不适，工作能力下降。早晨起床后，感到全身无力，四肢沉重，心情不好，甚至不愿意和别人交谈。眼睛容易疲劳，视力迟钝，全身感到不舒服，眩晕、头痛、头重、背酸、恶心等。困乏，可是躺在床上又睡不着。

● 记忆力减退，工作失误较多。心理疲劳的人记忆力减退，学习、工作不起劲，什么都懒得去做，在日常工作中错误多、效率低。记忆力是职工重要的心理要素之一，没有好的记忆力，就不能很好地按章办事。

● 情绪失控，影响沟通。有些心理疲劳的人在感情上容易冲动，神经过敏，芝麻大的事也会大动肝火，直接导致各班组、各工种之间的沟通障碍，使一些经过沟通可以避免的问题得不到控制。

● 思维迟钝，工作应急处理能力减弱。心理疲劳最容易导致思维迟钝，影响应急处理能力。作为一名职工，没有较强的思维能力就难以对付非正常情况下的各种作业，对一些突发事件就无法进行妥善处理，容易造成不良后果。

● 注意力不集中，工作准确率降低。心理疲劳的一个重要表现就是注意力不集中，产生错觉。错觉就是人的感知产生了错误的判断，心理疲劳的职工容易发生误认信号、错误操作等问题，无法准确地进行每项工作，最终酿成严重后果。

(3) **心理疲劳对安全生产作业的影响**

心理疲劳对安全生产作业有重要影响，主要体现在：

● 心理疲劳危及人身安全。班组职工如果心理疲劳，就无法集中注意力，无法不折不扣地执行有关的安全管理规定，就容易发生人身伤害。如班前在家刚吵完架的员工，身心疲惫，心理极度疲劳，在作业时，有可能忘记安全操作规程，就容易发生人身伤害事故。

● 心理疲劳易造成简化作业程序。心理疲劳的职工干劲不足，存在惰性心理。表现为在具体工作中简化作业程序，能省事就省事，能省力就省力，能将就凑合就将就凑合，进行自认为省时省力的作业时，很容易造成严重后果。

● 心理疲劳易产生违章违纪。如果在工作中职工能够严格遵守有关规章制度，发生事故的概率将大大减小，但恰恰心理疲劳的职工，存在厌倦心理，情绪不稳定，对现行规章制度有莫名的抵触情绪，违章违纪现象增多，严重危及作业安全。

**(4) 克服心理疲劳，确保生产作业安全**

班组长应格外关注班组成员的心理疲劳问题，如果发现存在问题，就需要及时化解，确保生产作业安全。

● 培养兴趣，消除疲劳。生产作业经常是单调枯燥的，生产过程中需要精神高度紧张，因此培养浓厚的兴趣是消除心理疲劳的关键。积极培养职工对工作的兴趣，使职工心理处于一种良好的应激状态。培养兴趣，消除疲劳，可以采取以下三条应对措施：一是运用激励机制，提高职工的工作热情。职工的工作热情有些时候是被动产生的，工作热情的高低，往往是由暂时的精神和物质上的满足决定的，职工热情高了，心理疲劳消除了，安全就能得到保证。所以，表扬、表彰的作用要远远大于处罚的作用，激励机制将会提高职工的工作热情。二是增强职工的归属感。班组在抓安全、抓效率的同时，要解决好职工生活上存在的困难，优化工作环境，解除职工的后顾之忧，使职工有家的感觉。三是减轻职工负担。对日常需要填记的表格、簿册、台账、报表等要进行整理、分类，删减一些无关紧要的项目，保留生产必需的内容。

● 提高职工能力，减轻精神负担。职工能力提高了，工作起来就轻松了，心情也就愉快了，工作差错也就会相应减少，精神负担也就会相应减轻。一是进行技能培训，提高职工业务水平。业务培训要本着适用的原则，不适用的职工不愿意听，培训的方法要灵活，要有新意、有兴趣，讲求效果。二是加强思想道德培训，提高职工自觉安全工作的意识。思想道德建设是全民建设的重要组成部分，培训的内容要有时代特色，思想道德建设也要与时俱进，一些陈旧的理论很有可能不适合现代职工的胃口，调动不起来他们学习的积极性，也就谈不上效果了。

心理疲劳无处不在，但又时常被人们所忽视，这也是潜在的事故隐患，需要及时消除。因此，班组需要深入探讨心理疲劳对生产作业安全的影响，探寻应对方法，较好地解决问题，从而实现安全生产的有序可控、长治久安。